CHARLES BIGOT

GLOIRES & SOUVENIRS MILITAIRES

Hachette & Cie

GLOIRES
ET
SOUVENIRS MILITAIRES

CET OUVRAGE EST ILLUSTRÉ

De vingt-quatre Planches hors texte, tirées en Couleurs, d'En-têtes et de Culs-de-lampe gravés par MM. ROUGERON et VIGNEROT, d'après les aquarelles de MM. ALFRED PARIS, LE BLANT, DELORT et MAURICE ORANGE. — La couverture et les quatre frontispices ont été exécutés par les mêmes graveurs, d'après les compositions et les aquarelles de M. A. GIRALDON.

CHARLES BIGOT

GLOIRES
ET

D'APRÈS LES MÉMOIRES

Du Canonnier Bricard, du Maréchal Bugeaud, du Capitaine Coignet,
d'Amédée Delorme, du Timonier Ducor, du Général Ducrot, de Maurice Dupin,
du Lieutenant général Duc de Fezensac, du Sergent Fricasse,
de l'Abbé Lanusse, du Général de Marbot, du Maréchal Marmont duc de Raguse,
de Charles Mismer, du Colonel de Montagnac,
de Napoléon I*er*, du Maréchal de Saint-Arnaud, du Comte Philippe de Ségur,
du Général de Sonis, du Colonel Vigo-Roussillon.

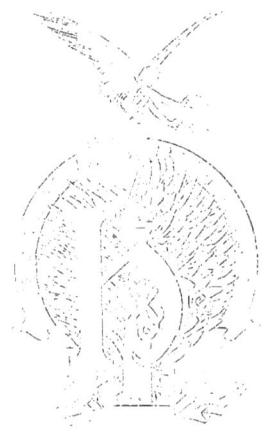

PARIS

79, BOULEVARD SAINT-GERMAIN, 79

1894

AUX SAINT-CYRIENS

D'AUJOURD'HUI ET DE DEMAIN

LEUR MAITRE D'HIER

Charles BIGOT

PRÉFACE

L'AUTEUR de ce livre avait espéré le présenter à ses lecteurs, à ses élèves surtout. Cette joie lui a été refusée. Il aimait son titre de professeur à Saint-Cyr, il en était fier. Il l'a gardé tant qu'il lui est resté un semblant de force. Soldat, blessé mortellement, il refusait de quitter sa place dans le rang.

Préparant son cours de Littérature Militaire, l'idée lui était venue de grouper ces récits des témoins : généraux, simples soldats, aumôniers, héros souvent sans le savoir. Mais tel coin de la mêlée ne peut-il, la plupart du temps, peindre mieux que ne le fait l'histoire elle-même l'aspect de la lutte et l'ivresse de la victoire, et n'arrive-t-il pas que les croquis d'un peintre soient plus spirituels et plus vivants que son tableau achevé ?

Que ces pages soient d'humbles petits volontaires de 1792 courant à l'appel de la Patrie en danger, comme Fricasse ou Bricard, ou d'un Maréchal de France comme Marmont jugeant son maître, ou d'un officier jeune, un peu hâbleur, superbe d'entrain et d'héroïsme, comme Marbot, que l'on se batte en Italie ou en Égypte, en Allemagne ou en Autriche, c'est la terrible épopée napoléonienne qui surgit à nos yeux. Après les pures gloires de la République, c'est la folie des conquêtes, ce sont les neiges de la Russie après le soleil d'Austerlitz ; mais que ces pages soient signées de l'inimitable Coignet ou de Bricard, de Marbot ou de Ségur, de Fezensac ou de Marmont, une figure toujours présente, Napoléon, adoré ou maudit, les domine toutes.

Au lendemain du grand silence, où le canon s'est tu, où la France épuisée a repris des forces, c'est l'Afrique, avec des hommes comme Bugeaud, Montagnac, Saint-Arnaud, puis, après la Crimée, les souvenirs de la lutte si douloureusement présente à tous les esprits français : la guerre d'hier.

L'auteur, qui cependant n'avait pas peur des souvenirs poignants, sachant que la souffrance qui en sort est salutaire, ne voulait pas s'arrêter à cette date terrible. Nos soldats, depuis, ont été heureux, aussi bien que vaillants : il eût voulu le dire. Il n'en a pas eu le temps. Le livre finit par l'admirable lettre du général de Sonis.

Depuis la première République jusqu'à la troisième, un lien unit ces récits écrits par des soldats, les uns lettrés, les autres sachant à peine tenir une plume : tragiques ou gais, échos de victoires ou de défaites, un même souffle les anime, l'amour sacré de la Patrie.

BATAILLE DE VALMY.

1792-1804

Un Volontaire de 1792

Je m'appelle Fricasse et je suis né, en 1775, au village d'Antreville dans la Haute-Marne. Étant enfant, j'avais appris à lire et à écrire. En 1792 j'étais jardinier chez le citoyen Quillard à Château-Vilain. Celui-ci commandait la garde nationale du canton. Il donna l'ordre que toutes les communes se rassemblent au chef-lieu le 24 août 1792. Le 24, au matin, il nous dit :

« Vous savez sans doute la besogne que j'ai à remplir : il nous faut plusieurs volontaires; ceux qui veulent quitter mon service sont libres. Si toutefois il ne se trouvait pas assez de volontaires, tous les pères de famille et les garçons seront obligés de tirer au sort. Si ce n'est pas votre dessein de partir, eh bien! mes amis, je ferai tout ce qui dépendra de moi pour vous rendre service en en faisant partir d'autres à votre place. »

Nous voilà donc à la ville où tous les villages du canton étaient rassemblés. En premier lieu, il ne se trouvait guère de volontaires. Il était une heure de l'après-midi que plusieurs compagnies de la garde nationale, composées de cent soixante hommes, n'avaient pas encore fourni l'homme qu'il leur fallait. Dans le nombre se trouvait la mienne, et je me trouvais rempli d'un désir depuis longtemps. Combien de fois j'avais entendu, par les papiers, la nouvelle que notre armée française avait été repoussée et battue partout! Je brûlais d'impatience de voir par moi-même des choses qu'il m'était impossible de croire. Vous direz que c'est l'innocence qui me faisait parler ainsi, mais je me disais souvent en moi-même : « Est-il donc possible que je n'entende dire que des malheurs?... » Oui! il me semblait que, si j'avais été présent, le mal n'aurait pas été si grand. Je ne me serais pas dit meilleur soldat que mes compatriotes, mais je me sentais du courage, et je pensais que, avec du courage, on vient à bout de bien des choses.

En ce moment, pour remplir mon devoir, je me suis présenté à la tête de la compagnie; je leur ai demandé s'ils me trouvaient bon pour entrer dans ce bataillon. Les cris de toutes parts se sont fait entendre : « Oui! nous n'en pouvons pas trouver un meilleur que vous! »

Me voilà donc enregistré par le capitaine et le juge de paix, sans avoir prévenu mon maître de mon sentiment, dans le moment qu'il s'offrait à me rendre service. Je conviens que ce n'était pas bien fait de ma part, mais j'étais timide. La timidité et la jeunesse empêchent quelquefois de dire sa façon de penser.

C'est huit jours après que j'ai quitté la maison; j'ai été dire adieu à mon père et à ma mère. Cela m'a bien attendri de voir verser des pleurs à toute la famille sur mon éloignement sans leur aveu. Depuis ce moment, je voyage. Le lecteur pensera si j'ai bien ou mal fait.

(Journal de marche du Sergent Fricasse.)
PUBLIÉ PAR M. LORÉDAN LARCHEY.

Valmy

(1792)

LE 19 septembre, à la pointe du jour, poursuivant notre route, nous arrivâmes à Sainte-Ménehould dans un camp considérable. Le général Dumouriez, qui commandait en chef, vint nous passer en revue; il fit une

Un Volontaire de 1792.

petite harangue très énergique, et termina en nous engageant au respect, à l'obéissance, à n'avoir, à l'avenir, la bouche ouverte que pour déchirer la cartouche. Nos tentes arrivèrent ainsi que la paille, et nous prîmes notre rang de bataille. De tous côtés, les troupes arrivaient et campaient de suite. De notre camp, on voyait une hauteur. Sur notre gauche, une armée, aux ordres du général Kellermann, occupait une plaine très vaste et faisait face à l'armée prussienne; son camp portait le nom de « la Lune ».

Le 20, à la pointe du jour, forte canonnade du côté du camp de la Lune. L'armée de Kellermann était aux prises avec l'armée prussienne. Aussitôt la générale fit mettre notre camp sous les armes. Le général Dumouriez envoya plusieurs divisions pour renforcer Kellermann. Dans la matinée, le feu fut on ne peut plus vif; une grande partie de nos troupes filèrent pour prendre position contre l'ennemi; nous restâmes en réserve sur une hauteur. Dumouriez était au centre de notre colonne; surveillant le mouvement de l'ennemi, il donnait des ordres en conséquence. La bataille fut extrêmement sanglante et ne se termina qu'à la nuit. Cette journée fut honorable pour l'armée française; l'ennemi fit une perte considérable en hommes et en chevaux; les Français perdirent aussi beaucoup de monde. Deux caissons remplis de munitions, auxquels un obus de l'ennemi communiqua le feu, causèrent une grande perte en faisant explosion.

Le 21, il y eut suspension d'armes.

Le 22, on nous fit lever le camp; la troupe resta en bataille une partie de la journée, sur une hauteur où nous reçûmes la pluie. Le soir, on donna l'ordre de redresser nos tentes.

Les 23 et 24, toute la troupe fut employée à faire des retranchements, et à creuser des trous contre la cavalerie.

Le 25, temps de pluie si affreux que l'on ne pouvait se retirer des boues. Cependant le général Kellermann attaqua l'armée prussienne avec une colonne de grenadiers de tous les corps, et la chassa jusque sous les murs de Verdun.

Dans cette position, souvent l'armée manquait de pain, car, outre les chemins impraticables pour les voitures, souvent la route était interceptée par la cavalerie ennemie.

Le 26, à la pointe du jour, nous nous aperçûmes que la hauteur occupée par l'ennemi avait été abandonnée pendant la nuit. Nous y trouvâmes quantité d'hommes et de chevaux enterrés derrière le camp, ce qui avait occasionné une contagion affreuse; quantité de meubles des paysans, dispersés çà et là, avaient été apportés par les Prussiens pour en faire du feu.

Le 27, on fit assembler sur le front du camp toute la troupe, sans armes; aussitôt, nous vîmes arriver, avec Dumouriez, deux commissaires de la Convention nationale. Ils annoncèrent aux troupes que la France venait d'abolir la royauté, et qu'un gouvernement républicain lui avait été substitué. Cette nouvelle fut reçue avec enthousiasme, aux cris mille fois répétés de « Vive la République! Vive Dumouriez! »

(*Journal du Canonnier Bricard*).
PUBLIÉ PAR SES PETITS-FILS, ÉDITÉ PAR M. LORÉDAN LARCHEY.
(Ch. Delagrave, Éditeur.)

Patriotisme des Volontaires

Le 5 octobre 1793, à la redoute de gauche, au camp retranché de Falise, à Maubeuge, entre le bois du Tilleul et nos avant-postes, une sentinelle française et une sentinelle hollandaise étaient à soixante pas l'une de l'autre, ce qui leur donnait facilité de converser. Quatre soldats de mon poste se sont avancés; les Hollandais, qui étaient dans le bois du Tilleul, ont été portés par la curiosité à se mêler de la conversation. Cependant, un Français reconnaît, parmi les Hollandais, son frère, qui était le plus empressé à demander comment nous étions, ce que nous pensions, et si les vivres ne nous manquaient pas.

Réponse : « Il ne manque rien aux républicains. »

Par dérision, ils répliquaient que nous mangions déjà nos chevaux, et que, avec notre papier, nos assignats, il fallait mourir de faim. Ils ajoutaient qu'ils nous tenaient dans leurs filets, qu'ils nous feraient danser une dernière fois *la carmagnole*. Celui-là disait que, quoique Français, il prendrait plaisir à nous voir arracher la langue.

Un volontaire lui dit : « Camarade, vous ne paraissez pas Hollandais, et sans doute il n'y a pas longtemps que vous êtes sorti de France. Vous paraissez bien sanguinaire pour une patrie qui renferme vos parents, mais que vous ne devez pas espérer revoir, car la loi, prononçant votre arrêt de mort, ferait tomber votre tête. Voilà ce qui est réservé aux coquins de votre espèce. »

Son frère, qui l'avait reconnu, interrompit la conversation en disant : « Laissez-moi voir ce coquin! C'était autrefois mon frère. »

L'autre dit : « Si j'ai été ton frère, je le suis encore. »

Le volontaire dit que non, qu'il s'en était rendu indigne. « Tu sais, malheureux, ajouta-t-il, que je suis parti volontairement. Qu'il te souvienne de la promesse faite! Tu as promis d'avoir soin de notre mère, mais tu as faussé ton serment, tu l'as laissée sans subsistance, et dans le chagrin ; tu es indigne de vivre, tu n'es pas un humain, mais un vrai barbare. »

(Il faut remarquer que ce soldat généreux faisait part à sa mère de la moitié de sa paye.)

Les Hollandais, qui entendaient un peu le français, ne manquèrent pas de le blâmer, et le lâche se retira. Son frère arme son fusil, tire, et l'attrape à la cuisse. Il se relève et s'enfonce dans le bois....

Un dragon autrichien, du régiment de Cobourg, chargeait un des nôtres, du 12e dragons. Après avoir tiré chacun leur coup de pistolet, ils s'approchent pour se sabrer. Quelle surprise ! Ils se reconnaissent pour frères ; depuis quinze ans ils ne s'étaient vus. A l'instant, leurs sabres tombent, ils sautent de cheval et se sautent au cou l'un de l'autre, sans pouvoir dire un seul mot. Notre dragon fut trouver le général Jourdan pour le prier de ne point considérer son frère comme déserteur, ni comme prisonnier, et le général consentit à incorporer cet homme dans le régiment..

A l'affaire du 5 prairial, près Grand-Reug, le citoyen Mercier, fusilier de la compagnie d'Horiot,... combattit un hussard autrichien. Deux coups de sabre sur la tête et sur le poignet gauche le terrassèrent. « Rends-toi, coquin ! dit le hussard.

— Un lâche le ferait, dit Mercier, mais moi, non ! »

Il se relève, prend son fusil de la main droite, met le canon sur la saignée du bras gauche, pose le doigt sur la détente et tue le hussard. Mais les blessures de ce vrai républicain étaient très dangereuses. Il est mort un mois après.

J'ai vu dans cette affaire des braves républicains couverts de blessures rassembler toutes leurs forces au moment où ils allaient exhaler le dernier soupir, s'élancer pour baiser cette cocarde, gage sacré de notre liberté conquise ; je les ai entendus adresser au ciel des vœux ardents pour le triomphe des armées de la République.

Cailac, un de nos capitaines, eut la jambe fracassée par un boulet, et mourut au bout de trois semaines, disant : « Ma vie n'est rien ; je la donnerais mille fois pour que la République triomphe. »

Atteint au ventre d'un éclat d'obus, un grenadier du bataillon dit à ceux qui voulaient lui porter secours : « Laissez-moi, mes amis, laissez-moi mourir ! je suis content, j'ai servi ma patrie. » Et il expire.

(Journal de marche du Sergent Fricasse.)
PUBLIÉ PAR M. LORÉDAN LARCHEY.

Un épisode de la guerre de Belgique

(MARS 1793)

Le 16, le canon se fit entendre dès la pointe du jour; notre division fit des marches et des contremarches toute la matinée. Vers deux heures après midi, l'armée française, postée sur une hauteur, faisait face à l'ennemi qui occupait une grande plaine. Nous étions harassés de fatigue et de besoins, car, marchant depuis trente-six heures à travers des terres labourées sans prendre aucune subsistance, nous aurions bien désiré un moment de repos qui permît qu'on distribuât du pain. Mais les malheurs qui survinrent dans le reste de la journée me prouvèrent bien que nous n'avions encore rien fait ni enduré. A l'angle d'un village, nous rencontrâmes le général Dumouriez, suivi de son état-major, posté derrière un gros buisson et observant les mouvements de l'ennemi. Il vint à la tête de notre colonne et dit : « Allons, braves enfants de la Patrie, c'est aujourd'hui le jour de gloire! » Il donna ordre à nos trois bataillons d'attendre, derrière un chemin creux, l'ennemi qui s'avançait en forces. L'infanterie défila dans le chemin, et nous passâmes avec l'artillerie, sur la droite, du côté opposé de l'ennemi. A peine arrivés à notre position, une armée d'hommes à cheval fonça sur nous. Aussitôt nous mîmes en batterie. La cavalerie ennemie avançait au grand trot. Avec quatre pièces de canon de quatre, nous commençâmes à rompre les pelotons ennemis qui ne ralentissaient point le trot. Un adjudant général sans expérience, qui commandait les trois bataillons, ordonna trop tôt le feu de brigade; nos ennemis, voyant qu'on les mettait en joue, se courbèrent sur le cou de leurs chevaux pour essuyer avec moins de danger la décharge. La distance était si grande qu'aucun ne fut atteint. L'ennemi profite de cette mauvaise manœuvre pour arriver, bride abattue, tournant le ravin pour prendre la colonne en queue. Par malheur, les charretiers de nos caissons furent tués ou s'enfuirent; les chevaux égarés vinrent avec les caissons se placer devant nos pièces et favoriser l'ennemi, qui enfonça nos bataillons déjà en désordre. Plusieurs voix firent entendre le « sauve-qui-peut! » La cavalerie, massacrant une partie des canonniers de Poitou, entra dans nos rangs et fit une boucherie horrible. Notre armée en bataille sur la hauteur fit, pour arrêter cette marche en avant, un feu terrible sur nous, puisque nous étions pêle-mêle avec eux. Après avoir fait notre possible pour sauver nos pièces, nous ne songeâmes plus qu'à fuir, en évitant les coups de sabre. Toute mon attention dans la mêlée était pour mon pauvre frère, servant à la même pièce. Dans ce moment, un cavalier m'allongea un coup de sabre qui, par hasard, fut paré avec l'écouvillon que je tenais dans mes mains ; la brosse de mon écouvillon fit ombrage à son cheval, qui se cabra, et donna le temps à un volontaire de me porter secours en tuant d'un coup de fusil mon adversaire. Ce moment suffit pour perdre de vue mon pauvre frère. Cependant une de nos colonnes s'avançait en faisant sur l'ennemi une fusillade meurtrière. Les régiments de dragons de Cobourg et de La Tour, qui nous chargeaient, étaient presque tous poussés de boisson ; ils firent une résistance opiniâtre, mais ils furent contraints de prendre la fuite en laissant grand nombre de leurs camarades sur le champ de bataille. Notre brigade se rallia et reprit sa première position.

Mon premier mouvement fut de demander à tous les camarades : « Où est mon frère ? L'avez-vous vu ? Tirez-moi d'inquiétude. »

Un d'eux me dit avec surprise: « Comment, te voilà, mon cher Bricard ! on venait de me dire que tu étais tué !

— Oh ! m'écriai-je, sans doute, c'est mon malheureux frère ! »

Il s'efforça de me persuader le contraire, et, dans le doute cruel où je me trouvais, je poursuivis ma recherche sur le champ de bataille, couvert de morts et de blessés. J'appris qu'un de nos amis nommé Blerzy venait d'être tué ; la mort de ce brave et estimable camarade me fit verser les larmes qui m'étouffaient. Je continuai à courir, de cadavre en cadavre. Plusieurs camarades vinrent à moi et cherchèrent à me consoler en me persuadant que mon frère n'était pas tué. Puis la pluie vint, avec la nuit, répandre sur le champ de bataille l'obscurité.

Ne pouvant supporter l'incertitude cruelle où je me trouvais, je fus toute la nuit visiter les granges et les écuries où avaient été transférés nos pauvres blessés ; partout j'appelais mon frère, pour toute réponse, je n'entendais que des gémissements.

Vers minuit, sur la plaine, par une pluie affreuse, sans m'apercevoir du danger, je m'étais égaré dans l'armée ennemie. Quelle fut ma surprise en entendant crier : « Wer da ? », le « Qui vive ? » des Impériaux !

Revenant sur mes pas, je fus arrêté par nos sentinelles, qui d'abord me prirent pour un homme qui cherchait à déserter à l'ennemi ; elles m'indiquèrent mon chemin pour retourner au camp, où je passai le reste de la nuit assis, attendant avec impatience l'aube du jour. Dès que je l'aperçus, je me rendis à Tirlemont, pour m'informer à l'ambulance si on avait évacué des blessés de la veille ; on me répondit affirmativement, les blessés étaient déjà évacués sur Louvain. Je revins avec une lueur d'espérance. J'arrivai à ma compagnie, harassé de fatigue et de douleur, tombant de faiblesse. Les camarades m'excitèrent à manger, mais il m'était impossible de prendre aucune subsistance. Je remarquais qu'on me regardait d'un œil triste et embarrassé ; un ami vint à moi pour chercher de nouveau à me consoler. Je lui dis : « Il est inutile de me cacher ce que nécessairement il faut que je sache ; au nom de l'amitié, tirez-moi de l'incertitude. Il me semble que si je connaissais son malheur, je serais soulagé, car si le sort de la guerre nous a séparés pour jamais, eh bien ! nous le regretterons, nous le vengerons ! »

Il ne me répondit rien et fut consulter les camarades. Un instant après, revenant à moi, il me dit : « Ton frère a eu la mort la plus douce que puisse avoir un guerrier ; tu sais que, pendant la mêlée, notre armée, postée sur la hauteur, fit un feu considérable. Eh bien ! un obus venant de cette hauteur prit notre ami à la ceinture et le coupa en deux ; il reçut la mort sans avoir le temps de pousser un souffle. Enfin, les camarades viennent de lui rendre les derniers devoirs. » A peine avait-il achevé, que je tombai sans connaissance.

Cependant, les ennemis avaient fait un mouvement et on battait la générale dans le camp. Je revins à moi ; au bruit des tambours, du mouvement des troupes et de l'artillerie, je recouvrai mes forces, mais, un moment après, elles m'abandonnèrent. Cependant, il fallait partir ; les camarades me montèrent sur une pièce de canon, et nous nous mîmes en marche. Depuis trois jours je n'avais rien pris, ni repos, ni nourriture.

(Journal du Canonnier Bricard.)
PUBLIÉ PAR SES PETITS-FILS, ÉDITÉ PAR M. LORÉDAN LARCHEY.
(Ch. Delagrave, Éditeur.)

Siège de Nimègue

(OCTOBRE 1794)

Le 6 brumaire, toute la brigade marcha sur Nimègue, par des chemins impraticables. Le canon se faisait entendre de l'autre côté de la ville ; c'étaient les divisions des généraux Souham et Bonneau qui forçaient l'ennemi à rentrer dans Nimègue. A portée des remparts, les ennemis nous envoyèrent des boulets qui contraignirent à se retirer. Nous fûmes derrière une avenue de saules, dans une grande prairie, proche le Wahal, fleuve qui passe au pied de Nimègue. Les ennemis établirent une batterie sur l'autre rive et tous les boulets venaient dans notre colonne ; aussitôt nous fûmes placer trois pièces de 4 sur la digue ; nous tirâmes plusieurs coups et ils cessèrent le feu. Ensuite, on chercha à couler à fond des petits bâtiments chargés de tonneaux; les ennemis ripostèrent et la canonnade fut très vive; mais la nuit étant venue, nous fûmes obligés de renoncer à notre entreprise. Ordre de retourner à notre brigade qui était toujours en bataille dans la prairie. Il tombait une pluie semblable à des cordes; à chaque instant nos chevaux tombaient avec les pièces, dans les fossés; le temps était extrêmement noir, et nous ne savions où nous étions. Sur les neuf heures, un de nos caissons fut tellement embourbé avec les chevaux, que nous restâmes deux grandes heures à travailler comme des nègres, dans l'eau et dans la boue jusqu'aux reins, pour les retirer de ce mauvais pas. Cependant, à force de travail, nous arrivâmes sur le minuit où était notre brigade; nous étions dans un état déplorable, nos vêtements n'étaient que boue; il tombait une pluie comme il n'y a point d'exemple et nous étions dans une prairie où on enfonçait dans l'eau jusqu'à mi-jambe. Néanmoins, il fallut rester là; les soldats étaient si fatigués que, malgré le froid et la pluie, ils dormaient debout. Nous prîmes le parti de nous former en faisceaux pour nous parer un peu de la grande pluie qui ne cessa de tomber pendant toute la nuit.

Le 7, à la pointe du jour, au lieu de repos et de subsistances, il fallut aller attaquer les ennemis; nos soldats intrépides oublièrent, pour un moment, leurs besoins et leurs fatigues. Le bataillon d'infanterie légère fonça sur l'ennemi et s'empara de plusieurs redoutes, où il assomma les canonniers hollandais à coups de crosse de fusil; mais l'ennemi, qui faisait un feu croisé sur cette batterie, contraignit à abandonner ce poste. Nos tirailleurs, malgré la mitraille, parvinrent, à travers les broussailles, à aller jusque sous la forteresse.

Notre bataillon, resté en bataille, fut relever le bataillon de troupes légères qui était très fatigué; les tirailleurs se retirèrent après avoir perdu une douzaine d'hommes. Le 5ᵉ bataillon de Paris ne fut pas plus heureux, car la journée fut très chaude et très meurtrière. Avec nos pièces, nous nous embusquâmes derrière la ligne pour protéger la retraite de nos tirailleurs en cas de revers.

Pendant la nuit du 8 au 9, notre bataillon fut relevé par un autre. Vers le minuit, l'ennemi, présumant que nous voulions faire une tentative, fit un feu terrible sur tous les points; cela donna une alerte. Lorsque nous fûmes instruits du motif de cette canonnade, nous remîmes les armes avec faisceaux.

Au point du jour, on nous fit établir dans un endroit où la prairie était un peu plus ferme, et, comme il était probable que nous resterions dans cette position durant le siège, nous fûmes chercher de la paille pour nous coucher, et faire des petites baraques, afin de nous mettre un peu à l'abri du temps pluvieux.

Les divisions Moreau, Souham et Bonneau bloquèrent la ville. Notre brigade resta dans la prairie pour boucher toutes les issues du côté de la Hollande.

Le 9, les divisions ouvrirent la tranchée, ce qui occasionna un feu terrible des ennemis; de notre côté, nous coupâmes tous les saules et broussailles qui les masquaient et favorisaient les sorties. On poussa des boyaux vers le corps de la place et on établit des batteries pour interrompre les communications.

Les 10 et 11, la canonnade fut vive, principalement les nuits. Le général Chardon, à la tête d'une brigade d'infanterie légère, fit des prodiges de valeur; sans cesse éparpillés autour de la place, en tirailleurs, ils inquiétèrent les ennemis et leur détruisirent beaucoup de monde.

La pluie tombait toujours à flots, de manière que nous étions très mal à l'aise dans notre prairie. Nous allions à la tranchée, de vingt-quatre heures en vingt-quatre heures, pour servir les pièces en batterie; nous étions aussi chargés de faire travailler un grand nombre de paysans pour faire du feu, car nous n'avions, dans cet endroit, que des saules qui ne voulaient pas brûler.

Le pain parvenait difficilement par de mauvaises routes; nous en recevions une demi-ration, et encore était-il mauvais. Nous éprouvions encore une grande privation de sel; nous étions obligés de saler notre soupe avec de la poudre à canon. Nous avions de la viande à discrétion; car la prairie était couverte de bêtes à cornes dont les propriétaires étaient réfugiés dans Nimègue.

Avec peine, nous nous voyions partir journellement quantité de militaires pour les hôpitaux; la plupart ne pouvaient pas supporter d'aussi longues souffrances; la fraîcheur de la terre, dans une saison aussi avancée, causa des douleurs qui devenaient dangereuses.

Le 14, vers les quatre heures du soir, la garnison de Nimègue fit une sortie vigoureuse; les troupes de tranchées furent d'abord repoussées, car le temps était si noir que le mouvement de l'ennemi fut très favorisé. A l'instant, les troupes du camp prirent les armes et se portèrent au secours des bataillons de tranchées; le combat devint violent; nous eûmes vingt pièces de canon qui ne cessèrent pas de tirer à mitraille; la fusillade ne fit qu'un roulement pendant une heure entière. Le ciel paraissait embrasé par la canonnade et la mousqueterie des combattants. Cependant nos troupes bravèrent la résistance des ennemis, et les chassèrent jusque dans la ville, en leur faisant éprouver une perte considérable. Plusieurs soldats ennemis y mirent tant d'acharnement qu'ils se battaient encore corps à corps dans les retranchements, pendant que leurs gens étaient déjà rentrés en ville. Nous perdîmes au moins quatre cents hommes.

Pendant cette action, nous attaquâmes la ville de notre côté afin de proléger notre armée; mais les ennemis ne répondirent point; nos tirailleurs tuèrent plusieurs sentinelles des postes avancés.

Sur les sept heures du soir, nous rentrâmes dans nos mauvaises baraques, traversés jusqu'aux os.

On construisit de grandes redoutes de chaque côté de la ville, pour placer des pièces de gros calibre, afin de couper le pont de bateaux établi sur le Wahal, seul point de retraite et de secours qui restât aux assiégés, dans la direction des îles de Beveland.

Le 16, ces batteries commencèrent à faire feu et firent très bon effet; l'incendie fut mis dans la ville à plusieurs reprises. Les ennemis faisaient toujours un feu foudroyant, principalement sur les batteries du siège. Les habitants des environs désespéraient de la réussite de notre entreprise. Effectivement, nous regardions comme difficile de soumettre une place si considérable, hérissée de canons de premier calibre et défendue par les eaux, surtout dans une saison aussi avancée. Nous perdions tous les jours beaucoup de monde par suite de l'insalubrité de notre emplacement

Le 17, le feu fut terrible pendant toute la journée; les ennemis paraissaient vouloir faire de grands efforts pour faire lever le siège.

Dans la nuit du 17 au 18, on s'aperçut que leurs sentinelles étaient en plus petit nombre. Vers les deux heures, les ennemis redoublèrent le feu, et un instant après il y eut un calme extraordinaire.

A la pointe du jour, nos avant-postes cheminèrent vers la place et s'aperçurent que les gardes avancées des assiégés avaient évacué. Un instant après, nous vîmes, sur le Wahal, plusieurs barques chargées de soldats qui sortaient de Nimègue. Les Français avancèrent; les habitants de la ville vinrent au-devant d'eux, disant que les ennemis avaient profité de ce que le pont était encore praticable pour évacuer. Quelle fut notre surprise en voyant une grande quantité de soldats dans des barques sur le Wahal! Le général français fit sommer ces troupes de venir à notre rive; ils obéirent sans difficulté. C'étaient neuf cents Hollandais qui avaient été trahis par les Anglais, dans l'évacuation de la place; ils convinrent que les Anglais évacueraient les premiers et que les Hollandais tiendraient dans la ville jusqu'à la pointe du jour, et, par conséquent, formeraient l'arrière-garde. Mais les Anglais, après avoir passé, coupèrent le pont de manière que les Hollandais furent contraints de se jeter à la hâte dans des barques, pour éviter d'être pris. Arrivés à l'autre rive, les Anglais les traitèrent de lâches et leur refusèrent le passage. Les Français s'emparèrent des batteries commandant la rivière et forcèrent les Hollandais à aborder.

Les Hollandais vomirent toutes les horreurs contre les Anglais, principalement les officiers supérieurs.

Ce fut avec admiration que je vis cette forteresse qui me parut être de première classe. Les ennemis avaient mis hors d'état de service quantité de bouches à feu. Cette prise fut importante, car cette ville était une des clefs de la Hollande.

(Journal du Canonnier Bricard.)
PUBLIÉ PAR SES PETITS-FILS, ÉDITÉ PAR M. LORÉDAN LARCHEY.
(Ch. Delagrave, Éditeur.)

La prise de Coblentz

28 Vendémiaire an 3 (19 oct. 1794).

Le général Marceau au général Jourdan, commandant en chef
l'armée de Sambre-et-Meuse.

Obligé de la préférence[1], mon cher général. Tout en étant très flatté du vaste champ que ta confiance veut bien ouvrir à la bravoure de mes braves frères d'armes, je t'avoue franchement que je n'eusse point été fâché qu'une autre division eût à remplir cette tâche. Ne crois pas que les difficultés que nous pourrons rencontrer pour remplir tes intentions entrent pour quelque chose dans ce que je te dis. Nous saurons et les vaincre et les aplanir, mais les besoins urgents dont ma division est accablée et la nécessité de guérir plus de deux mille cinq cents galeux pour lesquels les établissements sont déjà formés, et qui sont dans les remèdes depuis six ou sept jours, sont des considérations que j'aurais tâché de faire valoir s'il m'eût été permis de faire quelques observations. Je ne te parlerai point des fatigues qu'elle a éprouvées plus qu'aucune de celles qui arrivent du siège. Elles sont passées, et les victoires qu'elle a cueillies sous ton commandement les lui ont fait oublier. Mais en vérité je ne puis m'empêcher de te faire part de mes craintes.... Cependant sois tranquille. A moins d'ordres contraires de ta part (et je te fais l'aveu bien sincère que je t'en remercierais) je pars demain et ferai tout pour que tu sois satisfait. Je ne puis suivre la grande route puisque, non seulement elle est trop proche du Rhin et que l'ennemi a des batteries tout le long de la rive droite de ce fleuve, mais encore qu'il l'a coupée en plusieurs endroits ainsi que les ponts qui se trouvent sur la petite rivière d'Aywaille. Je me dirigerai donc sur la droite et ferai en sorte de faire demain quatre lieues, c'est-

---

1. Marceau venait de recevoir de Jourdan l'ordre de marcher sur Coblentz avec sa division et de s'en emparer.

à-dire d'aller jusqu'à Lammertorf; après demain, à Heppingen; de là à Andernach, ensuite à Kamillenberg et enfin à Coblentz. Je te vois déjà sourire et me dire : Halte-là, citoyen, vous n'irez peut-être pas si vite. Tu as raison sans doute, mais il est de l'homme de proposer et tu sais, suivant le proverbe — qui dispose. Je te souhaite le bonsoir et t'engage à me faire part des nouvelles dispositions que tu pourrais avoir prises. Cela serait joli. Je t'embrasse.

29 Vendémiaire an 3 (20 oct. 1794).

Je n'ai pu faire que trois lieues. Les chemins sont abominables et je ne suis parti de Bonn qu'à une heure de l'après-midi. Demain je me porterai sur Andernach. Je n'y arriverai pas sans doute, mais je l'approcherai. J'ai prévenu de mon mouvement les généraux Debrun, Taponier et Moreau. Ils feront sans doute quelque chose pour nous aider.

L'ennemi croyant que nous allions tout bonnement passer par la grande route se tenait prêt à nous taper de la bonne manière. Il a été trompé, car à l'instant où il se préparait une fête, un par file à droite l'a sans doute dérouté.

Je t'écrirai demain et t'embrasse aujourd'hui.

30 Vendémiaire an 3 (21 oct. 1794).

Je pars, mon cher général, sans trop savoir où je pourrai aller aujourd'hui. On m'annonce de fort mauvais chemins. Tant pis, dis-je, mais il faut aller. Je te donnerai des nouvelles ce soir. Je n'en ai point de l'ennemi. Je ferai en sorte de le voir ce soir et t'en rendrai bon compte s'il est possible.

Je te salue fraternellement.

30 Vendémiaire an 3.

Je suis moins étonné de la lenteur de l'armée de la Moselle à arriver à Coblentz, car, le diable m'emporte, il n'y a pas d'exemple de chemins aussi montueux et aussi mauvais. Je n'ai pu faire que trois lieues et ai mis douze heures pour cela. Le manque de pain se fait déjà sentir. En vérité je vais redoubler de zèle pour me débarrasser de ces inconvénients et prendre tout d'une haleine cette maudite ville.

Demain je serai à Andernach dont je suis distant de trois lieues et je suis obligé de suivre encore les chemins de traverse. Après, je ne sais quand j'arriverai....

Je te salue fraternellement.

1ᵉʳ Brumaire an 5 (22 oct. 1794).

J'arrive enfin à Andernach après douze heures de marche. Je n'ai rencontré que quelques hussards qui ont été chargés auprès de Coblentz par la reconnaissance que j'avais poussée. Cinquante à peu près de ces hussards montés et équipés viennent augmenter la collection. Nous leur avons tué quelques hommes, blessé beaucoup et je n'ai perdu que trois ou quatre hommes tués ou égarés.

Je te ferai passer les clefs d'Andernach avec celles de Coblentz, je l'espère. Car demain je me propose de taper cette ville. J'ai prévenu les généraux de l'armée de la Moselle, mais il faut un cran pour les remuer. Ils sont toujours à Meyen et autres lieux. Je t'écrirai demain et t'instruirai du résultat. Je fais des vœux pour qu'il réponde à tes désirs.

Je t'embrasse fraternellement.

2 Brumaire (25 oct.).

Tes désirs sont satisfaits, mon cher général. J'ai pris Coblentz et dans trois heures je suis dedans. Les généraux de l'armée de la Moselle ont été émoustillés par le bruit de notre canon. Ils sont venus avec quelques bataillons être témoins de la leçon que j'ai encore donnée aux entêtés. Je te rendrai compte de l'affaire qui m'a rendu maître de la position en avant de Coblentz. L'ennemi a perdu du monde et j'ai pris une pièce de canon. Les redoutes ont été enlevées de vive force et tournées par la cavalerie. Je t'embrasse.

De Coblentz, 2 Brumaire.

D'après les renseignements que j'avais pris hier, tant sur la position que sur la force de l'ennemi, je me suis décidé à l'attaquer ce matin dans son camp devant Coblentz. En conséquence, je suis parti avec une division à la pointe du jour. Je me suis dirigé sur cette ville en suivant la chaussée qui y conduit.

Le combat s'est engagé à une demi-lieue de la ville. Notre cavalerie a bientôt eu forcé celle des Autrichiens à chercher un asile derrière les retranchements nombreux qu'ils avaient faits. Alors s'est engagée une canonnade assez vive de part et d'autre, mais qui a été de peu de durée, notre cavalerie ayant, par un coup hardi, tourné les retranchements et par conséquent forcé l'ennemi à fuir dans la ville. Il y a été poursuivi vivement et s'il n'eût eu la précaution de couper le pont sur la Moselle qu'il est indispensable de passer pour y entrer, malgré le feu croisé des batteries qu'il avait, tant sur la rive droite de la Moselle, dans les retranchements de la ville même, que de celles de la forteresse, un grand nombre seraient tombés sous nos coups. Plusieurs cependant ont été taillés en pièces dans la retraite. Une quarantaine sont faits prisonniers et une pièce de canon est en notre pouvoir.

L'impossibilité de m'emparer de vive force d'une ville qui, comme tu le sais, est dominée par une forteresse qui est à même de la réduire quand il plaira à celui qui commandera dedans, m'a fait prendre le parti de proposer au général autrichien de me la remettre. Ma proposition était appuyée de la simple menace de la réduire en cendres en cas de refus. Il en a sagement agi et y a consenti. J'ai aussi, moi, été obligé de consentir à ce que je ne pouvais empêcher, c'est-à-dire de lui laisser enlever ses canons, etc. Aussitôt le pont rétabli, j'ai fait entrer la garnison et me suis moi-même logé dans la ville.

C'est avec la plus vive satisfaction que je saisis l'occasion de rendre justice aux troupes que je commande. Rien n'égale leur ardeur, malgré une marche pénible faite à travers les bois et dans des chemins impraticables, sans pain et sans souliers. Elle a combattu avec ce courage qui caractérise les Républicains. Je ne puis faire trop d'éloges à la cavalerie. C'est à elle à qui je suis redevable de la promptitude avec laquelle j'ai enlevé la position de l'ennemi puisqu'elle a affronté tous les dangers en chargeant et tournant ses redoutes. L'engagement qu'il y eut hier entre deux corps à peu près d'égale force et dans lequel l'ennemi n'a pas eu l'avantage, lui prouvera sans doute que nous sommes supérieurs en plus d'un genre.

Deux brigades de l'armée de la Moselle sont arrivées à cinq heures du soir à la hauteur de Coblentz. Si elles n'ont pas partagé nos dangers, il faut leur savoir gré de leur bonne volonté.

Coblentz est une charmante ville. Je t'engage à y venir et te prie de vouloir bien, par un courrier extraordinaire, me faire part au plus tôt de tes intentions sur les points que je dois occuper. En attendant, je suis à Coblentz et ne ferai aucun mouvement sans ton ordre.

Je t'embrasse fraternellement, vais boire à ta santé, et me coucher, car je suis diablement fatigué.

Marceau.

Un autre que moi aurait eu de quoi faire une brillante lettre de notre brillante expédition, mais nous battre ferme vaut mieux que toutes les fleurs de rhétorique. L'affaire a été chaude, mais enfin nous y sommes. J'oubliais de te dire que nous n'avons perdu qu'un homme et deux chevaux.

(Correspondance de Marceau.)

Un trait de Masséna

Masséna avait déjà rendu son nom célèbre, lorsqu'une faute grave faillit briser totalement sa carrière.

On était au début de la campagne de 1796; le général Bonaparte venait de prendre le commandement en chef de l'armée, ce qui plaçait sous ses ordres Masséna, sous lequel il avait jadis servi. Masséna, qui menait alors l'avant-garde, ayant battu auprès de Cairo un corps autrichien, apprit que les chefs ennemis avaient abandonné dans l'auberge d'un village voisin les apprêts d'un joyeux souper; il forma donc avec quelques officiers le projet de profiter de cette aubaine et laissa sa division campée sur le sommet d'une montagne assez élevée.

Cependant, les Autrichiens, remis de leur terreur, revinrent à la charge et fondirent au point du jour sur le camp français. Nos soldats, surpris, se défendirent néanmoins avec courage; mais leur général n'étant point là pour les diriger, ils furent acculés à l'extrémité du plateau sur lequel ils avaient passé la nuit, et la division, attaquée par des ennemis infiniment supérieurs en nombre, allait certainement subir une grande défaite, lorsque Masséna, après s'être fait jour à coups de sabre parmi les tirailleurs autrichiens, accourt par un sentier depuis longtemps connu de lui et apparaît devant ses troupes, qui, dans leur indignation, le reçoivent avec des huées bien méritées!... Le général, sans trop s'émouvoir, reprend le commandement et met sa division en marche pour rejoindre l'armée. On s'aperçoit alors qu'un bataillon, posté la veille sur un mamelon isolé, ne peut en descendre par un chemin praticable sans faire un très long détour qui l'exposerait à défiler sous le feu de l'ennemi! Masséna, gravissant la montée rapide sur ses genoux et sur ses mains, se dirige seul vers ce bataillon, le joint, harangue les hommes, et les assure qu'il les sortira de ce mauvais pas s'ils veulent l'imiter. Faisant alors remettre les baïonnettes dans les fourreaux, il s'assoit sur la neige à l'extrémité de la pente, et, se poussant ensuite en avant avec les mains, il glisse jusqu'au bas de la vallée.... Tous nos soldats, riant aux éclats, font de même, et, en un clin d'œil, le bataillon entier se trouva réuni hors de la portée des Autrichiens stupéfaits!... Cette manière de descendre, qui ressemble beaucoup à ce que les paysans et les guides suisses appellent la *ramasse*, n'avait certainement jamais été pratiquée par un corps de troupes de ligne. Le fait, tout extraordinaire qu'il paraisse, n'en est pas moins exact, car non seulement il

Comment Masséna sortit son bataillon d'un mauvais pas.

m'a été certifié par les généraux Roguet père, Soulés, Albert et autres officiers faisant alors partie de la division Masséna, mais, me trouvant, neuf ans plus tard, au château de la Houssaye, lorsque le maréchal Augereau y reçut l'Empereur et tous les maréchaux, je les entendis plaisanter Masséna sur le nouveau moyen de retraite dont il avait usé en cette circonstance.

Il paraît que le jour où Masséna s'était servi de ce bizarre expédient, souvent employé par lui lorsqu'il était contrebandier, le général Bonaparte, nouvellement placé à la tête de l'armée, comprenant que, arrivé très jeune au commandement en chef, il devait par cela même se montrer sévère envers les officiers qui manquaient à leur devoir, ordonna de conduire Masséna devant un conseil de guerre, sous l'inculpation d'avoir abandonné son poste, ce qui entraînait la peine de mort ou tout au moins sa destitution !... Mais, au moment où ce général allait être arrêté, commença la célèbre bataille de Montenotte, dans laquelle les divisions Masséna et Augereau firent deux mille prisonniers, prirent quatre drapeaux, enlevèrent cinq pièces de canon et mirent l'armée autrichienne dans une déroute complète.... Après ces immenses résultats, auxquels Masséna avait si grandement contribué, il ne pouvait plus être question de le traduire devant des juges. Sa faute fut donc oubliée, et il put poursuivre sa glorieuse carrière.

(Mémoires du Général de Marbot.)
(Plon et Nourrit, Éditeurs.)

L'ambition de Bonaparte

Le jour même de notre entrée à Milan, en 1796, et au moment où le général Bonaparte se disposait à se coucher, il causa avec moi sur les circonstances où nous nous trouvions, et il me dit à peu près les paroles suivantes : « Eh bien, Marmont, que croyez-vous qu'on dise de nous à Paris ; est-on content ? » Sur la réponse que je lui fis, que l'admiration pour lui et pour nos succès devait être à son comble, il ajouta : « Ils n'ont encore rien vu, et l'avenir nous réserve des succès bien supérieurs à ce que nous avons déjà fait. La fortune ne m'a pas souri aujourd'hui pour que je dédaigne ses faveurs : elle est femme, et plus elle fait pour moi, plus j'exigerai d'elle. Dans peu de jours nous serons sur l'Adige, et toute l'Italie sera soumise. Peut-être alors, si l'on proportionne les moyens dont j'aurai la disposition à l'étendue de mes projets, peut-être en sortirons-nous promptement pour aller plus loin. De nos jours, personne n'a rien conçu de grand : c'est à moi d'en donner l'exemple. » — Ne voit-on pas dans ces paroles le germe de ce qui s'est développé ensuite ?

(Mémoires de Marmont.)
(Perrotin, Éditeur.)

Capitulation de Mantoue
(janvier 1797)

Depuis longtemps la garnison de Mantoue était à la demi-ration; les chevaux étaient mangés. On fit connaître à Wurmser les résultats de la bataille de Rivoli : il n'avait plus rien à espérer. On le somma de se rendre ; il répondit fièrement qu'il avait des vivres pour un an. Cependant, à quelques jours de là, Klenau, son premier aide de camp, se rendit au quartier général de Serurier. Il protesta que la garnison avait encore pour trois mois de vivres, mais que, le maréchal ne croyant pas que l'Autriche pût dégager la place à temps, sa conduite serait réglée par les conditions qu'on lui ferait. Serurier répondit qu'il allait prendre les ordres du général en chef à ce sujet. Napoléon se rendit à Roverbella ; il resta, incognito, enveloppé dans sa capote, pendant que la conversation s'engagea entre les deux généraux. Klenau, employant tous les arguments d'usage, dissertait longuement sur les grands moyens qui restaient à Wurmser et la grande quantité de vivres qu'il avait dans ses magasins de réserve. Le général en chef s'approcha de la table, prit la plume et écrivit près d'une demi-heure ses décisions en marge des propositions de Wurmser, pendant que la discussion durait toujours avec Serurier. Quand il eut fini : « Si Wurmser, dit-il à Klenau, avait seulement pour dix-huit ou vingt jours de vivres et qu'il parlât de se rendre, il ne mériterait aucune capitulation honorable ; mais je respecte l'âge, la bravoure et les malheurs du maréchal. Voici les conditions que je lui accorde, s'il ouvre ses portes demain. S'il tarde quinze jours, un mois, deux mois, il aura encore les mêmes conditions ; il peut attendre jusqu'à son dernier morceau de pain. Je pars à l'instant pour passer le Pô et je marche sur Rome. Vous connaissez mes intentions, allez les dire à votre général. »

Klenau, qui n'avait rien conçu aux premières paroles, ne tarda pas à juger à qui il avait affaire. Il prit connaissance des décisions, dont la lecture le pénétra de reconnaissance pour un procédé aussi généreux et aussi peu attendu. Il ne fut plus question de dissimuler ; il convint qu'il n'avait plus de vivres que pour trois jours. Wurmser fit solliciter le général français, puisqu'il devait traverser le Pô, de venir le passer à Mantoue, ce qui lui éviterait beaucoup de détours et de mauvais chemins ; mais déjà tous les arrangements de voyage étaient disposés. Wurmser lui écrivit pour lui exprimer toute sa reconnaissance, et, peu de jours après, il lui expédia un aide de camp à Bologne pour l'instruire d'une trame d'empoisonnement qui devait avoir lieu dans la Romagne, et lui donna les renseignements nécessaires pour s'en garantir. Cet avis fut utile.

Le général Serurier présida aux détails de la reddition de Mantoue, et vit défiler devant lui le vieux maréchal et tout l'état-major de son armée. Déjà Napoléon était dans la Romagne. L'indifférence avec laquelle il se dérobait au spectacle si flatteur d'un maréchal de grande réputation, généralissime des forces autrichiennes, à la tête de son état-major, lui remettant son épée, fut remarquée dans toute l'Europe.

La garnison de Mantoue montait encore à 20 000 hommes, dont 12 000 bien portants, trente généraux, quatre-vingts commissaires et employés de toute espèce, et tout le grand quartier général de Wurmser. Dans les trois blocus, depuis le mois de juin, 27 500 soldats étaient morts dans les hôpitaux de cette place ou avaient été tués dans les diverses sorties.

(Mémoires de Napoléon.)

Lannes et l'Armée pontificale

(FÉVRIER 1797)

L'EMPEREUR d'Autriche avait envoyé au pape un certain général Bartolini et le vieux général Colli, notre adversaire du Piémont, pour organiser ses troupes ; mais tout cela aboutit seulement à dépenser de l'argent et n'eut d'autre résultat que d'assembler dix à douze mille malheureux, dont pas un seul n'avait l'intention de se battre. On va en juger par le récit suivant.

A une lieue en avant d'Ancône, on avait retranché une hauteur présentant une belle position, et le camp de l'armée papale y était placé : une artillerie convenable armait ses retranchements, et tout annonçait l'intention de se défendre. Si cette intention eût existé, il eût été extravagant de l'exécuter ainsi; il fallait s'en tenir à occuper et à défendre les places fortes, et Ancône, fortifiée régulièrement, pouvait, avec les plus mauvaises troupes du monde, nous arrêter longtemps; mais il y avait dans la manière d'agir de l'ennemi une espèce de forfanterie, toujours condamnable, et plus particulièrement encore en pareille circonstance. A la vue d'un ennemi ainsi formé, nous nous arrêtâmes pour faire nos dispositions. En attendant l'exécution de quelques ordres préparatoires, le général Lannes s'avança sur le bord de la mer, et, au détour du chemin, il se trouva face à face avec un corps de cavalerie ennemi, d'environ trois cents chevaux, commandé par un seigneur romain, nommé Bischi. Lannes avait avec lui deux ou trois officiers et huit ou dix ordonnances. A son aspect, le commandant de cette troupe ordonne de mettre le sabre à la main. Lannes, en vrai gascon, paya d'effronterie, et fit le tour le plus plaisant du monde : il courut au commandant, et, d'un ton d'autorité, il lui dit : « De quel droit, monsieur, osez-vous faire mettre le sabre à la main ? Sur-le-champ le sabre dans le fourreau ! — *Subito*, répondit le commandant. — Que l'on mette pied à terre, et que l'on conduise ces chevaux au quartier général. — *Adesso* », reprit le commandant. Et la chose fut faite ainsi. Lannes me dit le soir : « Si je m'en étais allé, les maladroits m'auraient lâché quelques coups de carabine ; j'ai pensé qu'il y avait moins de risque à payer d'audace et d'impudence. » Et par l'événement il eut raison. Lannes avait peu d'esprit, mais une grande finesse de perception, beaucoup de jugement dans un cas imprévu et périlleux.

Les ordres donnés, les colonnes formées, les troupes s'ébranlèrent pour attaquer l'ennemi; un coup de canon donna le signal du mouvement, et à ce signal toute la ligne ennemie se coucha par terre. On battit la charge, et, sans tirer ni recevoir de coups de fusil, on arriva aux retranchements. Ils étaient difficiles à franchir ; mais, avec l'aide de ceux qui étaient chargés de les défendre, la chose devint aisée. Toute cette petite armée mit bas les armes et fut faite prisonnière ; Ancône ouvrit ses portes. Telle fut l'action principale de cette campagne, dirigée contre le pape : le général Bartolini, après avoir établi la veille les troupes dans cette position, était parti immédiatement, et le général en chef Colli n'avait pas quitté Rome.

(*Mémoires de Marmont.*)
(Perrotin, Éditeur.)

Lannes leur cria : « Sur-le-champ, le sabre dans le fourreau ! »

Bonaparte pendant la campagne d'Italie

(1796-1797)

Nous étions tous très jeunes, depuis le chef suprême jusqu'au dernier des officiers, tous brillants de force, de santé, et dévorés par l'amour de la gloire. Notre ambition était noble et pure ; aucun sentiment d'envie, aucune passion basse ne trouvait accès dans nos cœurs ; une amitié véritable nous unissait tous, et il y avait des exemples d'attachement allant jusqu'au dévouement : une entière sécurité sur notre avenir, une confiance sans bornes dans nos destinées nous donnaient cette philosophie qui contribue si fort au bonheur, et une harmonie constante, jamais troublée, formait d'une réunion de gens de guerre une véritable famille ; enfin cette variété dans nos occupations et dans nos plaisirs, cet emploi successif de nos facultés du corps et de l'esprit, donnaient à la vie un intérêt et une rapidité extraordinaires. Mais je n'ai encore rien dit de la manière d'être particulière du général Bonaparte à cette époque, et c'est ici le moment d'en faire le tableau.

Dès l'instant même où Bonaparte arriva à la tête de l'armée, il eut dans sa personne une autorité qui imposait à tout le monde ; quoiqu'il manquât d'une certaine dignité naturelle, et qu'il fût même gauche dans son maintien et ses gestes, il y avait du maître dans son attitude, dans son regard, dans sa manière de parler, et chacun, le sentant, se trouvait disposé à obéir. En public, il ne négligeait rien pour maintenir cette disposition, pour l'augmenter et l'accroître. Mais dans l'intérieur, avec son état-major, il y avait de sa part une grande aisance, une bonhomie allant jusqu'à une douce familiarité. Il aimait à plaisanter, et ses plaisanteries n'avaient jamais rien d'amer : elles étaient gaies et de bon goût ; il lui arrivait souvent de se mêler à nos jeux. Son travail était facile, ses heures n'étaient pas réglées, et il était toujours abordable au milieu du repos. Mais, une fois retiré dans son cabinet, tout accès non motivé par le service était interdit. Quand il s'occupait du mouvement des troupes et donnait des ordres à Berthier, son chef d'état-major, comme lorsqu'il recevait des rapports importants, pouvant motiver un long examen et des discussions, il gardait seulement près de lui ceux qui devaient y prendre part, et renvoyait toutes les autres personnes, quel que fût leur grade. On a dit qu'il dormait peu, c'est un fait complètement inexact : il dormait beaucoup, au contraire, et avait même un grand besoin de sommeil, comme il arrive à tous les gens nerveux et dont l'esprit est très actif. Je l'ai vu souvent passer dix à onze heures dans son lit. Mais, si veiller devenait nécessaire, il savait le supporter et s'indemniser plus tard, ou même prendre d'avance du repos pour supporter les fatigues prévues ; enfin il avait la faculté précieuse de dormir à volonté. Une fois débarrassé des devoirs et des affaires, il se livrait volontiers à la conversation, certain d'y briller ; personne n'y a porté plus de charme et n'a montré, avec facilité, plus de richesse ou d'abondance dans les idées. Il choisissait ses sujets et ses pensées plutôt dans les questions morales et politiques que dans les sciences, où, quoi qu'on ait dit, ses connaissances n'étaient pas profondes. Il aimait les exercices violents, montait souvent à cheval, y montait fort mal, mais courait beaucoup. Enfin, à cette époque heureuse, si éloignée, il avait un charme que personne n'a pu méconnaître. Voilà ce qu'était Bonaparte pendant la mémorable campagne d'Italie.

(Mémoires de Marmont.)
(Perrotin, Éditeur.)

Un service funèbre en honneur de Hoche

Détails de la fête qui a eu lieu le 30 vendémiaire an VI de la République française. Nous l'avons célébrée à Neuf-Brisach, en l'honneur du général Hoche, un des grands hommes que la République a perdus....

Cette fête de reconnaissance a été annoncée la veille par plusieurs décharges d'artillerie ; le lendemain 30, à six heures du matin, une décharge d'artillerie s'est faite de quart d'heure en quart d'heure ; les cloches de la ville ont été sonnées pendant une heure. A dix heures, les autorités civiles et militaires se sont assemblées et se sont rendues à la maison communale où tout le monde devait se réunir. Quand tout a été prêt, on s'est mis en marche ; le cortège était ouvert par un détachement de cavalerie de la garde nationale, ensuite venaient les vieillards rangés en deux rangs ; le premier qui marchait à la tête portait une bannière sur laquelle était écrit : *Nos enfants suivront notre exemple.* Marchaient après eux des jeunes femmes habillées de blanc, un crêpe en écharpe ; un petit garçon de sept à huit ans portait une bannière sur laquelle était écrit : *Il était bon père et bon époux.* — Après eux marchaient une quantité de jeunes filles de huit à onze ans, aussi habillées de blanc ; elles portaient dans leurs mains des guirlandes de laurier et de chêne, et de petites corbeilles remplies de toutes sortes de fleurs. Après, venait notre musique qui jouait des airs funèbres ; après, venait un char de triomphe attelé de deux chevaux gris-souris avec des harnachements de deuil ; aux quatre coins étaient placées quatre jeunes citoyennes âgées de onze à douze ans, bien mises, coiffées en cheveux, avec une guirlande de roses par-dessus ; un ruban très large, tricolore, mis en écharpe.

Ces quatre citoyennes portaient chacune une bannière sur laquelle on avait inscrit : 1° *Il allait être le Bonaparte du Rhin;* 2° *Immortel après destinée;* 3° *Il a inspiré la Terreur aux rois;* 4° *Son ennemi fuit devant sa vaillance.*— Au milieu du char était placé en effigie le cercueil, couvert d'un drap mortuaire ; dans l'un des bouts était écrit : *Ici gît Hoche.* Son portrait était au bas de cet écriteau ; au milieu dudit cercueil était placé un chapeau bordé en or, avec le panache tricolore qui est la coiffure de nos généraux. Les coins du drap mortuaire étaient portés par les quatre plus anciens de service parmi les officiers et soldats indistinctement. Les estropiés qui se sont trouvés dans les dépôts, qui étaient à Brisach, suivaient le char. Ensuite venaient les tambours voilés en noir, qui exécutaient de temps en temps des roulements sombres. Ensuite venaient les généraux, les officiers de la garnison et les autorités civiles ; il y avait un détachement de cent hommes faisant la haie, et un détachement de grenadiers qui suivaient le cortège sur deux rangs ; le reste de la troupe était sans armes.

Après avoir fait le tour de la ville en dedans, tout le cortège a été conduit à l'église ; on a placé l'effigie de cercueil sur un autel qui avait été préparé, et tout le tour était décoré de larmes. La musique a joué plusieurs airs funèbres. Puis on nous a fait le détail de la manière dont on avait fait l'enterrement à Paris, et comment toutes les communes de la République devaient célébrer une fête de reconnaissance pour le général Hoche. Ce discours fini, les jeunes citoyennes ont chanté plusieurs hymnes funèbres et républicains. Puis notre chef de demi-brigade a fait un discours où il a rappelé plusieurs traits de bravoure du citoyen Hoche ; ensuite la musique a joué à plusieurs reprises, pendant que toutes les jeunes citoyennes porteuses de guirlandes, de couronnes de lauriers et de branches de chêne, les déposaient autour du cercueil et par-dessus Ceci a été exposé plusieurs jours à l'église, et chacun s'est retiré dans ses logements.

(*Journal de marche du Sergent Fricasse.*)
PUBLIÉ PAR M. LORÉDAN LARCHEY.

Bataille des Pyramides

(1798)

L'ennemi avait pris position sur la rive gauche du Nil, vis-à-vis le Caire, entre Embâbeh et les pyramides. Il était nombreux en infanterie, en artillerie et en cavalerie. Une flottille considérable, parmi laquelle il y avait même une frégate, protégeait son camp. La flottille française était restée en arrière ; elle était d'ailleurs fort inférieure en nombre. Le Nil étant très bas, il fallut renoncer aux secours de toute espèce qu'elle portait et aux services qu'elle pouvait rendre. Les Mameluks, les aghas, les marins, fiers de leur nombre et de la belle position qu'ils occupaient, encouragés par les regards de leurs pères, de leurs mères, de leurs femmes, de leurs enfants, étaient pleins d'ardeur et de confiance. Ils disaient qu' « au pied de ces pyramides, bâties par leurs ancêtres, les Français trouveraient leurs tombeaux et finiraient leurs destins ».

Le 21 juillet 1798, à deux heures du matin, l'armée se mit en marche. Au jour, elle rencontra une avant-garde de Mameluks, qui disparut après avoir essuyé quelques coups de canon. A huit heures, les soldats poussèrent mille cris de joie à la vue des quatre cents minarets du Caire. Il leur fut donc prouvé qu'il existait une grande ville qui ne pouvait pas être comparée à ce qu'ils avaient vu depuis qu'ils étaient débarqués. A neuf heures, ils découvrirent la ligne de bataille de l'armée ennemie. La droite, composée de 20 000 janissaires, Arabes et milices du Caire, était dans un camp retranché en avant du village d'Embâbeh, sur la rive gauche du Nil, vis-à-vis Boulâq ; ce camp retranché était armé de quarante pièces de canon. Le centre et la gauche étaient formés par un corps de cavalerie de 12 000 Mameluks, aghas, cheiks et autres notables de l'Égypte, tous à cheval et ayant chacun trois ou quatre hommes à pied pour le servir ; ce qui formait une ligne de 50 000 hommes. La gauche était formée par 8 000 Arabes-Bédouins à cheval, et s'appuyait aux pyramides. Cette ligne avait une étendue de trois lieues. Le Nil, d'Embâbeh à Boulâq et au Vieux-Caire, était à peine suffisant pour contenir la flottille dont les mâts apparaissaient comme une forêt. Elle était de trois cents voiles. La rive droite était couverte de toute la population du Caire, hommes, femmes et enfants, qui étaient accourus pour voir cette bataille, d'où allait dépendre leur sort. Ils y attachaient d'autant plus d'importance que, vaincus, ils deviendraient esclaves.

L'armée française prit le même ordre de bataille dont elle s'était si bien

Service funèbre en honneur de Hoche.

trouvée à Chobrâkhyt, mais parallèlement au Nil, parce que l'ennemi en était maître. Les officiers d'état-major reconnurent le camp retranché. Il consistait en de simples boyaux qui pouvaient être de quelque effet contre la cavalerie, mais étaient nuls contre l'infanterie; le travail était mal tracé, à peine ébauché; il avait été commmencé depuis deux jours seulement. L'artillerie était de fer, sur affûts marins; elle était fixe et ne pouvait pas se remuer. L'infanterie paraissait mal en ordre et incapable de se battre en plaine. Son projet était de se battre derrière ses retranchements. Elle était peu redoutable, ainsi que les Arabes, si nuls un jour de bataille. Le corps des Mameluks était seul à craindre, mais hors d'état de résister. Desaix en tête, marchant par la droite, passa à deux portées de canon du camp retranché, lui prêtant le flanc gauche, et se porta sur le centre de la ligne des Mameluks. Reynier, Dugua, Vial et Bon le suivirent à distance. Un village se trouvait vis-à-vis du point de la ligne ennemie qu'on voulait percer; c'était le point de direction. Il y avait une demi-heure que l'armée s'avançait dans cet ordre et dans le plus grand silence, lorsque Mourad-Bey, qui commandait en chef, devina l'intention du général français, quoiqu'il n'eût aucune expérience des manœuvres des batailles. La nature l'avait doué d'un grand caractère, d'un brillant courage et d'un coup d'œil pénétrant. Il saisit la bataille avec une habileté qui aurait honoré le général le plus consommé. Il sentit qu'il était perdu s'il laissait l'armée française achever son mouvement, et qu'avec sa nombreuse cavalerie il devait attaquer l'infanterie pendant qu'elle était en marche. Il partit comme l'éclair avec 7 ou 8 000 chevaux, passa entre la division Desaix et celle de Reynier, et les enveloppa. Ce mouvement se fit avec une telle rapidité qu'on craignit un moment que le général Desaix n'eût pas le temps de se mettre en position; son artillerie était embarrassée au passage d'un bois de palmiers. Mais les premiers Mameluks qui arrivèrent sur lui étaient peu nombreux. Une décharge en jeta la moitié par terre. Le général Desaix eut le temps de former son carré. La mitraille et la fusillade s'engagèrent sur les quatre côtés. Le général Reynier ne tarda pas à prendre position et à commencer le feu de tous côtés. La division Dugua, où était le général en chef, changea de direction et se porta entre le Nil et le général Desaix, coupant, par cette manœuvre, l'ennemi du camp d'Embâbeh et lui barrant la rivière; elle se trouva bientôt à portée de commencer la canonnade sur la queue des Mameluks; 45 ou 50 hommes des plus braves, beys, kâchefs, Mameluks, moururent dans les carrés; le champ de bataille fut couvert de leurs morts et de leurs blessés. Ils s'obstinèrent pendant une demi-heure à caracoler à portée de mitraille, passant d'un intervalle à l'autre, au milieu de la poussière, des chevaux, de la fumée, de la mitraille, de la fusillade et des cris des mourants. Mais enfin, ne gagnant rien, ils s'éloignèrent et se mirent hors de portée. Mourad-Bey, avec

5 000 chevaux, opéra sa retraite sur Gyzed, route de la haute Égypte. Le reste, se trouvant sur les derrières des carrés, appuya sur le camp retranché, au moment où la division l'aborda. Le général Rampon, avec deux bataillons, occupa un fossé et une digue qui interceptaient la communication entre Embâbeh et Gyzeh. La cavalerie qui se trouvait dans le camp, étant repoussée par la division Bon, voulut regagner Gyzeh; mais, arrêtée par Rampon et par la division Dugua, qui l'appuyait, elle hésita, flotta plusieurs fois, et enfin, par un mouvement naturel, s'appuya sur la ligne de moindre résistance, et se jeta dans le Nil, qui en engloutit plusieurs milliers. Aucun ne put gagner l'autre rive. Le camp retranché ne fit aucune résistance. L'infanterie, voyant la déroute de la cavalerie, abandonna le combat, se jeta dans de petites barques ou à la nage. Le plus grand nombre descendit le Nil, le long de la rive gauche, et se sauva dans la campagne, à la faveur de la nuit. Les canons, les chameaux, les bagages tombèrent au pouvoir des Français.

Mourad-Bey avait fourni plusieurs charges, dans l'espoir de rouvrir la communication avec son camp et de lui faciliter la retraite. Toutes ces charges manquèrent. A la nuit, il opéra sa retraite et donna le signal par l'incendie de la flotte. Le Nil fut sur-le-champ couvert de feu. Sur ces navires étaient les richesses de l'Égypte, qui périrent, au grand regret de l'armée. De 12 000 Mameluks, 5 000 seulement, avec Mourad-Bey, se retirèrent dans la haute Égypte; 1 200, qui étaient restés pour contenir le Caire avec Ibrahim-Bey, firent, depuis, leur retraite sur la Syrie; 7 000 périrent dans cette bataille si fatale à cette brave milice, qui ne s'en releva jamais. Les cadavres des Mameluks portèrent, en peu de jours, à Damiette, à Rosette et dans les villages de la basse Égypte, la nouvelle de la victoire de l'armée française.

Au moment de la bataille, Napoléon avait dit à ses troupes, en leur montrant les pyramides : « Soldats, quarante siècles vous regardent! »

(Mémoires de Napoléon.)

Désastre naval d'Aboukir[1]

(1798)

Le 14 Thermidor, vers une heure de l'après-midi, nous aperçûmes dans le lointain environ quatorze ou quinze voiles faisant route sur Alexandrie.

---

1. Bricard, l'auteur de ce récit, était alors en garnison à Alexandrie.

Nous présumâmes d'abord que c'était la tête du convoi qui devait venir de Toulon. Ces voiles s'approchèrent, et nous vîmes très distinctement des bâtiments à deux ponts, entre autres plusieurs frégates, mais ne portant aucun pavillon. Deux se détachèrent de l'escadre, et vinrent à force de voiles jusque près de l'entrée du Port-Vieux ; une de nos galères, mouillée en avant du port, leur tira plusieurs coups de canon auxquels elles ne répondirent point. Virant de bord, elles déployèrent le pavillon anglais, rejoignirent leur escadre, et toutes forcèrent de voiles du côté d'Aboukir où était mouillée notre escadre.

Vers les six heures du soir, ils s'approchèrent d'elle et la canonnade se fit entendre d'une vive force. De notre camp, on voyait la lumière et la fumée des coups de canon, mais on ne pouvait distinguer ce qui se passait. Vers les neuf heures, le feu était des plus violents, le roulement des bordées faisait tressaillir. A dix heures, une flamme considérable fit présumer que l'incendie était dans un vaisseau. Une petite heure après, une grande explosion fit connaître qu'un vaisseau venait de sauter. La commotion du coup fit trembler tout Alexandrie. Alors le feu cessa ; il se fit un silence lugubre, on eût dit les deux escadres englouties.

Une demi-heure après, la canonnade reprit. A minuit, il partit d'Alexandrie quatre cents marins de rempart. Peu de temps après, le feu fut moins vif. Par moments, la canonnade redoublait, et ensuite se ralentissait. Dans la matinée du 15, on entendit un second vaisseau sauter. Nous étions dans une inquiétude cruelle. On renvoya encore trois cents marins.

Vers midi, il se répandit le bruit que l'escadre anglaise était totalement détruite ; que c'étaient leurs bâtiments que nous avions vu sauter et que ceux que nous voyions brûler étaient leurs débris. Cette nouvelle fit grand plaisir. L'espoir de la paix mit l'allégresse dans les cœurs ; déjà chacun chantait les louanges de notre marine. Mais vers six heures du soir, cette joie se changea en tristesse. On entend de toutes parts : « Notre escadre n'existe plus : tout est pris, brûlé ou coulé par les Anglais ! » Ce coup terrible consterna tout le monde ; chacun se regardait et personne ne disait mot. La perte était si considérable que l'on avait peine à y croire.

(Journal du canonnier Bricard.)
PUBLIÉ PAR SES PETITS-FILS, ÉDITÉ PAR M. LORÉDAN LARCHEY.
(Ch. Delagrave, Éditeur.)

Excursion aux Fontaines de Moïse

Suez est au bord de la mer Rouge, située à 2 600 toises de l'extrémité du golfe, et à 4 ou 500 toises de l'embouchure de l'ancien canal. La ville a joui d'une assez grande prospérité. Les géographes arabes la décrivent comme une oasis. L'eau provenait probablement du canal. Il y pleut assez pour qu'en recueillant l'eau dans des réservoirs on puisse en avoir suffisamment, non seulement pour les besoins de la ville, mais encore pour la culture. Aujourd'hui il n'y a rien; les citernes sont peu spacieuses et mal entretenues; l'eau, pour les hommes, vient des fontaines de Moïse; pour les chevaux et les chameaux, de la fontaine de Suez, située à une lieue sur le chemin du fort Ageroud. La ville contient un beau bazar, quelques belles mosquées, des restes de beaux quais, une trentaine de magasins et des maisons pour une population de 2 à 3 000 âmes. Dans le temps du séjour des caravanes et des bâtiments de Djeddah, Suez contient en effet cette population; mais, quand les affaires sont terminées, elle ne reste habitée que par deux ou trois cents malheureux. La rade est à une lieue de la ville; les navires y mouillent par huit brasses d'eau; elle a une lieue de tour; elle communique à la ville par un chenal qui a 60 ou 80 toises de largeur, et à basse mer 10 pieds d'eau, ce qui faisait 15 ou 16 à haute mer. Le fond est bon, les ancres y tiennent; c'est un fond de sable vaseux. La rade est couverte par des récifs et par des bancs de sable. Son vent traversier est le sud-est, qui règne rarement dans ces parages.

Napoléon employa la journée du 27 décembre 1798 à visiter la ville et à donner quelques ordres pour l'établissement d'une batterie qui pût protéger le chenal et le port. Le 28, il partit à cheval pour se rendre aux fontaines de Moïse. Il traversa à trois heures du matin le Ma'dych, bras de mer guéable à marée basse, qui a trois quarts de lieue de large. Le contre-amiral Ganteaume monta une chaloupe canonnière, embarqua des sapeurs, les ingénieurs, plusieurs savants, et s'y rendit par mer. Les fontaines de Moïse sont à trois lieues de Suez; on en compte neuf. Ce sont des sources d'eau sortant de mamelons élevés de quelques toises au-dessus de la surface du sol. Elles proviennent des montagnes qui sont à quatre lieues de là. Ces sources sont à sept cents toises de la mer. On y voit les ruines d'un aqueduc et de plusieurs magasins qui avaient été construits par les Vénitiens dans le XVe siècle, lorsqu'ils voulurent intercepter aux Portugais la route des Indes.

Les sapeurs commencèrent à fouiller; ils travaillèrent jusqu'à la nuit. Le général en chef monta à cheval pour retourner à Suez. Ceux qui étaient venus par mer s'embarquèrent sur la canonnière. A neuf heures du soir, les chasseurs d'avant-garde crièrent qu'ils enfonçaient. On appela les guides : les soldats s'étaient amusés à les griser avec de l'eau-de-vie, et il fut impossible d'en tirer aucun renseignement. On était hors de route. Les chasseurs s'étaient guidés sur un feu qu'ils avaient pris pour les lumières de Suez : c'était le fanal de la chambre de la chaloupe canonnière, ce que l'on remarqua promptement : il changeait de place à chaque instant. Les chasseurs s'orientèrent et déterminèrent la position de Suez. Ils se mirent en marche à cinquante pas l'un de l'autre ; mais après avoir fait 200 toises, le chasseur de tête cria qu'il enfonçait. Il fallut reployer cette ligne, et, en tâtonnant ainsi dans plusieurs directions, ils eurent le bonheur de trouver la véritable. A dix heures du soir, l'escadron était rangé en bataille au milieu du sinus, les chevaux ayant de l'eau jusqu'au ventre. Le temps était noir; la lune ne se leva cette nuit-là qu'à minuit; la mer était un peu agitée et le vent paraissait vouloir fraîchir ; la marée montait, il y avait autant de danger à aller en avant qu'à reculer. L position devint assez critique pour que Napoléon dit : « Serions-nous venus ici pour périr comme Pharaon ? Ce sera un beau texte pour les prédicateurs de Rome ! » Mais l'escorte était composée de soldats de huit à dix ans de service, fort intelligents. Ce furent les nommés Louis, maréchal des logis, et Carbonnel, brigadier, qui découvrirent le passage. Louis revint à la rencontre; il avait touché bord. Mais il n'y avait pas un moment à perdre : l'eau montait à chaque moment. Caffarelli du Falga était plus embarrassant que les autres, à cause de sa jambe de bois; deux hommes de 5 pieds 10 pouces, nageant parfaitement bien, se chargèrent de le sauver; c'étaient des hommes d'honneur, dignes de toute confiance. Rassuré sur ce point, le général en chef se hâta pour gagner la terre. Se trouvant sous le vent, il entendit derrière lui une vive dispute et des cris. Il supposa que les deux sous-officiers avaient abandonné du Falga. Il retourna sur ses pas; c'était l'opposé : celui-ci ordonnait aux deux hommes de l'abandonner. « Je ne veux pas, leur disait-il, être la cause de la mort de deux braves; il est impossible que je m'en puisse tirer ; vous êtes en arrière de tout le monde; puisque je dois mourir, je veux mourir seul. » La présence du général en chef fit finir cette querelle. On se hâta, on toucha la terre; Caffarelli en fut quitte pour sa jambe de bois; ce qui lui arrivait du reste toutes les semaines. La perte fut légère, quelques carabines et quelques manteaux.

L'alarme était au camp. Quelques officiers eurent la pensée d'allumer des feux sur le rivage, mais ils n'avaient pas de bois; ils démolirent une maison, ce qui demanda du temps. Cependant le premier feu était allumé sur le rivage lorsqu'on prit terre. Les plus vieux soldats, qui avaient appris leur catéchisme, racontaient la fuite de Moïse, la catastrophe de Pharaon, et ce fut pendant longtemps l'objet de leurs entretiens.

(*Mémoires de Napoléon.*)

Bataille du Mont Thabor
(1799)

K LÉBER était parti dans la direction du Jourdain et était revenu sur les derrières de l'ennemi; le jour avait paru avant qu'il eût pu le joindre. Le 15 avril, à sept heures du matin, il se trouva en présence; il tomba sur les premiers postes, qu'il égorgea. Mais l'alarme fut bientôt dans le camp; toute cette multitude monta à cheval, et, ayant reconnu le petit nombre des Français, marcha sur eux. Kléber était perdu. En homme de cœur et de tête, il fit tout ce qu'on pouvait attendre de lui : il soutint et repoussa un grand nombre de charges; mais les Turcs avaient gagné tous les chaînons du mont Thabor et tous les monticules qui cernaient les Français. Nos vieux soldats comprenaient tout le danger de leur position, et les plus intrépides commençaient à souhaiter qu'on encloûat l'artillerie et qu'on se fît jour par les hauteurs escarpées de Nazareth. Le général Kléber délibéra sur le parti à prendre; sa position était cruelle, lorsque tout à coup des soldats s'écrièrent: « Voilà le petit caporal! » Des officiers d'état-major vinrent instruire le général Kléber de ce bruit; il se fâcha, en démontra l'impossibilité, et ordonna que le conseil continuât de délibérer. Mais les vieux soldats de Napoléon, accoutumés à ses manœuvres, réitérèrent leurs cris; ils croyaient avoir vu luire des baïonnettes. Kléber monta alors sur une hauteur et braqua sa lunette; les officiers d'état-major en firent autant, mais ils ne découvrirent rien; les soldats eux-mêmes crurent s'être fait illusion : cette lueur d'espérance s'évanouit. Kléber se décida enfin à abandonner son artillerie et ses blessés, et ordonna que l'on formât la colonne pour forcer le passage. Il est probable que les soldats avaient aperçu le luisant des baïonnettes dans un moment où les colonnes s'étaient trouvées sur un terrain un peu plus élevé et plus découvert. Le général en chef mettait une grande importance à cacher sa marche, afin de pouvoir gagner un mamelon qui coupait toute retraite aux Turcs. Mais tout à coup son attention fut fixée par un mouvement de toute l'armée ennemie qui se serrait contre les carrés de Kléber. Plusieurs officiers d'état-major mirent pied à terre, braquèrent leurs lunettes, aperçurent distinctement que l'ennemi se préparait à une charge générale, et que les carrés de Kléber avaient l'air de perdre contenance : c'était la formation de la colonne d'attaque. Les moments étaient précieux. Kléber se trouvait entouré par 30 000 hommes, dont plus de la moitié était à cheval ; le moindre retard pouvait être funeste. Le général en chef ordonna à un carré de monter sur une digue. La tête des hommes et les baïonnettes furent aussitôt aperçues par les amis et les ennemis. En même temps une salve d'artillerie démasqua le mouvement. On aperçut bientôt le mouvement de Kléber qui se reformait en carrés, et les chapeaux au bout des baïonnettes en signe d'allégresse, ce qui fut suivi d'une décharge d'artillerie de reconnaissance. L'armée ennemie, étonnée, surprise, s'arrêta court. Les Mameluks d'Ibrahim-Bey, les plus lestes, qui se trouvaient le plus à portée, coururent ventre à terre pour reconnaître ces nouvelles troupes; ils furent suivis par tous les Naplousiens, les plus alarmés de voir des colonnes fermer le chemin de leur pays. Les trois carrés français s'arrêtèrent un moment et se coordonnèrent. Un détachement de 300 hommes surprit et pilla le camp, les bagages, et prit les blessés de l'armée turque; il mit le feu aux tentes, spectacle qui inspira de l'effroi aux ennemis. Quelques corps de cavalerie turque s'approchèrent à portée de fusil des carrés ; mais, accueillis par la mitraille, ils s'éloignèrent. De son côté, Kléber marcha ; la jonction ne tarda pas à s'effectuer. Le désordre, l'épouvante, devinrent extrêmes chez l'ennemi; cette armée se sauva, partie sur Naplouse, partie sur le Jourdain. On se peindrait difficilement les sentiments d'admiration et de reconnaissance des soldats. Les ennemis avaient perdu beaucoup de monde dans les différentes charges qu'ils avaient faites pendant la matinée; ils en perdirent davantage pendant la retraite. Plusieurs milliers se noyèrent dans le Jourdain ; les pluies avaient élevé les eaux et rendu le gué très difficile. Kléber eut 250 à 300 hommes tués ou blessés; la colonne du général en chef en eut 3 ou 4. Telle est la bataille du mont Thabor. Napoléon monta sur cette montagne, qui est en pain de sucre élevé, dominant une partie de la Palestine.

(*Mémoires de Napoléon.*)

Bataille d'Aboukir

(1799)

Notre petite armée était réunie dès le matin; elle ne comprenait encore que les divisions Lannes, Bon et Murat, soit environ 6 000 hommes. Les

Turcs avaient débarqué 18 000 janissaires, qui étaient une excellente infanterie. Ils avaient une bonne artillerie, servie par des canonniers anglais. Leurs positions étaient flanquées par les feux des deux escadres anglaise et turque.

Le général Bonaparte, après avoir examiné les positions de l'ennemi, se décida à l'attaquer immédiatement. Il réunit les officiers et les sous-officiers au centre. Il nous dit que le sort de l'armée dépendait du combat que nous allions livrer; que la mort ou l'esclavage serait le sort des vaincus, qu'il connaissait assez les braves qu'il avait l'honneur de commander pour être persuadé qu'ils mourraient tous, ou qu'ils seraient vainqueurs.

L'on se prépara, tout de suite, à combattre; il n'était pas un soldat qui ne comprît qu'il s'agissait de vaincre ou de mourir. En ce moment, le général en chef avait repris sa lunette et étudiait le terrain, quand un boulet emporta un aide de camp qui était auprès de lui, et alors, toute cette armée qui, la veille, lui avait dit des injures pendant une marche longue et pénible, qui semblait depuis longtemps fort détachée de lui, poussa un cri de terreur. Tout le monde trembla pour les jours de cet homme, qui nous était devenu si précieux, alors que, peu d'instants avant, il était généralement maudit[1].

Les Turcs occupaient, outre le fort et la redoute, une ligne de défense plus avancée, appuyée à deux mamelons de sable situés, l'un sur le bord de la mer, l'autre sur le bord du lac Mahadieh. Entre les deux se trouvait un village, qu'ils occupaient aussi. Leur camp était formé par le village retranché d'Aboukir.

Leur première ligne se trouvait à une demi-lieue de la seconde. Elle était occupée par environ 6 000 hommes. Nous attaquâmes les deux mamelons des ailes.

Le général Lannes enleva le mamelon de droite; le général Destaing, qui nous commandait, celui de gauche, pendant que le général Murat faisait filer sa cavalerie le long du lac Mahadieh. Après une assez vive résistance, nous délogeâmes les Turcs, qui, se voyant tournés, voulurent se retirer, mais la cavalerie les chargea, les coupa de leur seconde ligne de défense et les sabra presque tous, en les poussant vers la mer; comme ils ne voulurent pas se rendre, on les y noya.

Lannes et Destaing se rabattirent vers le village, qu'ils attaquèrent, de droite et de gauche. L'ennemi s'y défendait courageusement, espérant être soutenu par sa seconde ligne. En effet, une colonne sortit du camp retranché d'Aboukir; mais bientôt mitraillée de front, fusillée par nous et prise en flanc par la cavalerie, elle fut refoulée avec pertes. Pendant ce temps, nous enlevions

---

1. La phrase est textuelle. Elle exprime assez exactement l'état des esprits à l'égard de Bonaparte. Depuis l'expédition de Syrie il était de moins en moins populaire dans l'armée. (P. V. R.)

le village du centre. Les défenseurs furent ou tués sur place ou sabrés par la cavalerie et jetés à la mer.

Ainsi la première ligne était emportée, quatre ou cinq mille Turcs avaient déjà péri. Le général en chef qui, d'abord, avait songé à refouler les Turcs dans la presqu'île et à attendre les divisions Kléber et Reynier, pour les attaquer de nouveau, prit le parti de poursuivre immédiatement les avantages obtenus. En conséquence, nous reçûmes l'ordre de marcher contre la seconde ligne de défense.

Nous nous formâmes en colonnes par pelotons. La division Lannes à droite, le centre composé d'un bataillon de la 18e et d'un bataillon de la 32e et des troupes de la garnison d'Alexandrie; le 1er bataillon de la 32e, dont je faisais partie, à l'extrême gauche, le long de la mer.

Le centre tenta un assaut sur la redoute qui formait le saillant du village d'Aboukir. Cette redoute avait un bon fossé, et était fraisée et palissadée. Elle était protégée par le feu du fort, qui la dominait, et flanquée par deux tranchées avec parapets qui traversaient toute la presqu'île et qui étaient remplies d'Osmanlis. En outre, la flotte, partagée en deux escadres, balayait de son artillerie les abords de cette redoute. Les deux bataillons du centre ne purent franchir le fossé de la redoute et furent obligés de reculer pour se rallier.

Encouragés à cette vue, les Turcs firent une sortie générale de la redoute et de leurs retranchements pour couper des têtes et poursuivre le centre. Mais celui-ci, déjà rallié, les reçut vigoureusement et avec sang-froid. Pendant ce temps, la division Lannes, qui avait continué de filer à l'extrême droite, s'aperçoit que la redoute est à peu près dégarnie. Elle y court aussitôt, y entre par la gorge, couronne les parapets et s'y maintient malgré le feu violent des escadres. Quand les Turcs virent la redoute occupée derrière eux, ils voulurent y rentrer, mais ils furent reçus par un feu meurtrier partant de tous les parapets. Pendant que ceci se passait, le 1er bataillon de la 32e avait aussi continué de se porter en avant, par la gauche, de façon à tourner également les Turcs, par leur extrême droite. Nous nous étions formés en bataille sur le terrain qui se trouvait entre la gorge et la redoute et la mer, en potence derrière le retranchement des Turcs....

Les Turcs qui étaient sortis pour suivre notre centre, ne pouvant rentrer dans la redoute, furent obligés de passer sous le feu de deux de ses faces, pour se rejeter vers nous, et nous leur barrions le passage. Ils étaient comme affolés. Ils arrivaient en désordre, en foule confuse. Le nombre en était si grand, que nos soldats n'osaient pas frapper les premiers qui se présentèrent; mais bientôt on s'aperçut qu'éperdus, ils ne se défendaient pas, et ne cherchaient qu'à se sauver; le bataillon tomba sur cette masse informe à coups de baïonnnette. Là se produisit une scène de carnage horrible. Pris entre la redoute, qui les fusillait, le centre qui les talonnait, et notre bataillon qui était sur leur flanc, ces malheureux Turcs furent presque tous massacrés.

Nous marchâmes pêle-mêle avec les fuyards, au village qu'il fallait traverser pour aborder le fort; mais là s'engagea, dans les rues, un combat plus meurtrier pour nous.

Ce village d'Aboukir formait le camp des Turcs. Le séid Mustapha-Pacha, général en chef du corps expéditionnaire, s'était réfugié, avec ses janissaires, dans l'une des principales maisons. La compagnie de grenadiers dans laquelle je servais attaqua cette maison. Nous essayâmes d'enfoncer la porte. Nous nous serrions contre les murs, ce qui gênait les Turcs pour tirer sur nous, mais, de la terrasse, ils assommèrent plusieurs grenadiers avec de grosses pierres, des meubles et tout ce qui leur tombait sous la main, même des couffins pleins de sacs d'argent. Enfin, la porte céda et nous nous précipitâmes dans la cour. J'étais en tête. Un Turc furieux vint à moi, le sabre à la main. Je pensais le tuer en faisant feu sur lui, mais je voulais ménager mon coup de fusil pour un danger plus grand. Je baissai ma baïonnette. Le Turc leva le bras pour me donner un coup de sabre sur la tête, je saisis ce moment pour le frapper; mais avec la main gauche il para le coup. Heureusement je m'étais ménagé. Je doublai rapidement, la main du Turc avait continué son mouvement, je me précipitai sur lui en lui enfonçant ma baïonnette dans la poitrine. Il tomba à la renverse. Je lui mis un genou sur l'estomac et lui ôtai son sabre, il me l'abandonna et saisit, à sa ceinture, un poignard que je n'avais pas aperçu. Me relevant alors brusquement, je lui donnai avec son propre sabre un coup au travers du corps qui le coupa presque en deux. C'était une excellente lame qui m'aurait certainement fendu la tête, si ce Turc avait paré mon deuxième mouvement.

Ce succès m'avait enhardi. J'aperçus un escalier. Je m'y précipitai à la tête des grenadiers et le gravis à la course. Comme j'arrivais à la plus haute marche, ma baïonnette baissée en avant, un nègre qui était caché la saisit. Je ne pouvais être secouru par les grenadiers; l'escalier était si étroit que l'on ne pouvait le monter que un à un. Je fus contraint de tourner mon fusil de biais, en cédant au mouvement de celui qui tenait la baïonnette, puis avec l'index de la main droite je pressai la détente et lâchai le coup dans le corps du nègre, qui tomba raide mort. D'autres Turcs, qui étaient embusqués, saisirent ce moment pour fondre sur moi, le pistolet à la main. J'étais désarmé, les grenadiers derrière moi me crurent mort et firent un mouvement rétrograde. Le brave Désert, fourrier de la compagnie, les arrêta. Ma mort me paraissait certaine; j'avais plusieurs pistolets sur la poitrine, quand

Un épisode de la bataille d'Aboukir.

un des Turcs me dit en arabe que, si je voulais les protéger, ils se rendraient. Je ne demandais pas mieux. Je leur dis de poser les armes, et qu'il ne leur serait fait aucun mal. Ils le firent aussitôt. Mais, dans ce moment, des coups de fusil partirent d'une maison voisine, et un grenadier fut tué sur l'escalier où nous étions. Ses camarades, furieux, se précipitent et m'entraînent dans l'intérieur des chambres, tuant tous ceux qu'ils y rencontrent. Je criais, en vain, qu'ils s'étaient rendus, on ne m'écoutait pas. J'entrai dans une grande chambre où était le pacha. Des janissaires, sans arme, l'entouraient et paraient, avec leurs bras nus, les coups de sabre et de baïonnette qu'on lui portait. J'en vis qui, ayant un bras coupé, tendaient l'autre pour garantir leur général. Quel exemple d'attachement! Je cherchais aussi de toutes mes forces à protéger le pacha, que je considérais comme mon prisonnier.

Cependant le capitaine Sudrier, commandant la compagnie, étant arrivé, me vint en aide, et nous parvînmes à sauver le pacha, qui en fut quitte pour la perte de trois doigts, tranchés par un coup de sabre. Il fut amené prisonnier au général en chef....

La nuit mit fin au combat.

Presque toutes les batailles se ressemblent; celle d'Aboukir, par la situation qui nous était faite et la disproportion des forces qui y combattirent, ne ressemble à aucune.

Les soldats que nous avions à combattre n'étaient pas de ces misérables fellahs qui composaient l'infanterie des Mameluks dans nos batailles précédentes; c'étaient de braves janissaires, portant un fusil sans baïonnette, le rejetant en bandoulière sur le dos, après s'en être servis, puis s'élançant sur l'ennemi le pistolet et le sabre à la main. Ils avaient une artillerie nombreuse et bien servie, et plus encore le concours de l'artillerie de gros calibre des deux flottes anglaise et turque.

Cependant dans ce combat 6000 Français détruisirent 13000 ou 14000 Turcs. Je n'avais jamais vu un aussi petit nombre d'hommes en tuer un si grand.

De toutes les batailles qu'a livrées Bonaparte, y compris Rivoli et Castiglione, en Italie, celle d'Aboukir est la plus glorieuse pour lui et pour la nation. Là il fut réellement général en chef. Il développa tous ses talents, montra du courage personnel, en chargeant à la tête du 14ᵉ dragons, et sut profiter des fautes de ses adversaires avec le plus heureux à-propos.

Au moment où le combat allait s'engager, Berthier, son chef d'état-major, lui dit, devant nous :

« Mon général, quelle est la troupe que vous désignez pour la réserve? »

Bonaparte répondit à haute voix :

« Une réserve! me prenez-vous pour le général Moreau? »

Et, en effet, à quoi bon une réserve pour une troupe qui, jusqu'au dernier homme, doit vaincre ou mourir?

Le combat avait été rude. Nous avions 1 500 ou 1 400 hommes hors de combat. La plus grande partie des blessés étaient gravement atteints; beaucoup étaient estropiés par le feu prodigieux de l'artillerie de l'escadre.

Mais tout n'était pas fini.

Les débris de l'armée ennemie étaient resserrés dans le fort et la moitié du village d'Aboukir. Nous en occupions l'autre moitié. Le soir, nous fûmes relevés par d'autres troupes. Nous pûmes coucher sous les tentes turques, derrière la grande redoute.

La journée du 26 fut tranquille, on se reposait des deux côtés.

Le 27, nous étions de tranchée, car il s'agissait d'un véritable siège. Nous travaillâmes la nuit à nous organiser défensivement et à nous couvrir par des retranchements et des traverses, dans les rues où se trouvaient nos postes avancés.

La compagnie de grenadiers formait la tête des avant-postes de droite, celle de voltigeurs couvrait les avant-postes de gauche. Celle-ci s'était barricadée dans un santon (sorte de chapelle arabe) isolé.

Dès le point du jour, l'ennemi commença à tirailler, et le feu continua toute la journée, sans grands résultats. On se tâtait!

Le 28 juillet, dès le matin, nous vîmes appareiller l'escadre légère des ennemis, qui se partagea en deux divisions. Elles vinrent mouiller près de la côte, de façon à pouvoir croiser leurs feux sur le village. Aussitôt qu'elles furent mouillées, elles ouvrirent sur nous un feu très vif, et en peu d'instants les maisons qui nous protégeaient furent criblées. Le fort tirait aussi sur notre front, de façon que nous étions canonnés de trois côtés.

Après que l'on eut ainsi préparé leur attaque, les Turcs se portèrent en avant et attaquèrent nos postes bravement. Nous les reçûmes de même et les contînmes. Mais bientôt nous nous aperçûmes qu'ils cheminaient à droite et à gauche de la rue que nous occupions, ce qui était facile dans des maisons en terre. Ils avaient fait communiquer toutes les maisons d'un même côté, par une longue galerie, et s'étaient ainsi avancés à couvert jusque sur nos derrières. (Nous ne connaissions pas ce genre d'attaque.) Quand ils nous eurent ainsi tournés, ils percèrent des créneaux dans ces maisons et ils nous tiraient de là à bout portant. En peu de temps, la compagnie de grenadiers perdit deux officiers et la moitié de son effectif. Je fus envoyé près du commandant de la réserve du bataillon, pour lui faire part de notre situation qu'il ne pouvait voir, et lui dire que, si l'on ne portait pas promptement du secours à cette compagnie, elle était complètement perdue. Le commandant Ungues, qui commandait la réserve, voulut voir par lui-même et me dit de le guider. En arrivant près de nos postes, on nous tira plusieurs coups de carabine des terrasses des maisons. Le colonel Darmagnac, commandant le 52ᵉ, arrivait au même moment. Il me dit :

« D'où tire-t-on ?

— De cette maison », répondis-je en allongeant le bras pour la désigner.

Le commandant regarde par-dessus mon épaule. Un coup part; la balle perce le parement de ma manche, suit mon bras sans le toucher, et tue raide le commandant Ungues. Le colonel me dit : « Engagez les grenadiers à tenir bon, je vais envoyer du secours ». Je repartis.

Quand j'arrivai à la compagnie, elle était de plus en plus compromise. Les Turcs nous tiraient, des terrasses au-dessus de nos têtes, des maisons voisines, à bout portant; un instant après, toutes nos communications étaient coupées. Il ne nous restait d'autre moyen de salut que de sauter par-dessus nos retranchements et les Turcs qui étaient déjà dans le fossé; de tourner à gauche dans la grande rue du village que le feu du fort enfilait et de rejoindre la demi-brigade. Nous prîmes ce parti, le lieutenant Isnard, moi, et environ vingt-cinq grenadiers, la plupart blessés aux membres supérieurs. Nous sautâmes par-dessus notre retranchement ; nous faisant jour à coups de baïonnette, bien peinés d'abandonner les blessés qui ne pouvaient pas nous suivre et qui nous imploraient de ne pas les quitter. Ces malheureux eurent tous la tête tranchée quelques instants plus tard. Nous partîmes à la course. Les Turcs qui occupaient les maisons nous criblaient de coups de fusil. Je ne pus bien voir ce qui se passait autour de moi, je courais tant que je pouvais, et l'on me tirait pour ainsi dire au vol. J'arrivai à un poste de la demi-brigade suivi de *six* grenadiers. Ces six hommes et le fourrier furent les seuls avec moi qui aient survécu. Le reste périt sur place ou en route par le feu des Turcs et peut-être aussi par celui des Français. Le lieutenant Isnard avait été tué.

Le mouvement que nous venions de faire avait découvert nos voltigeurs, mais comme leur poste du santon était isolé, ils s'y étaient barricadés. Il fallut, pour les dégager, recommencer le combat, aller comme les Turcs à la sape, de maison en maison, et les en chasser successivement pour reprendre nos postes de tranchée, ce qui ne put se faire sans perdre beaucoup de monde. Naturellement, des deux côtés, on ne faisait pas de prisonniers.

Le soir de cette journée (28 juillet 1799), la compagnie de grenadiers du 1ᵉʳ bataillon de la 52ᵉ était complètement détruite. Les 3 officiers et 96 sous-officiers, caporaux ou grenadiers étaient hors de combat, la plus grande partie morts ou estropiés. Sur 104 hommes dont elle se composait le matin, en arrivant sur le champ de bataille, il ne restait debout que le fourrier Désert, moi et six grenadiers.

Le 29, la compagnie de grenadiers fut formée à nouveau.

Le 30 juillet, la demi-brigade fut encore de tranchée.

Il s'agissait de déloger les Turcs du reste du village. Nous mîmes en pratique leur méthode de cheminement à couvert, en perçant les maisons. Arrivé à une rue, je fus sur le point d'être écrasé par une grosse pierre, qu'un Turc, que je ne voyais pas sur une terrasse, allait laisser tomber sur ma tête. Le sergent Valette, des voltigeurs, cria pour m'avertir du danger. Je fis un saut en arrière, et, d'un coup de fusil, je fis tomber le Turc avec sa pierre.

Le combat était des plus rudes. Les Turcs se faisaient tuer et ne reculaient pas.

Pour exciter les nouveaux grenadiers, je courais en avant. Au détour d'une maison, un Turc et moi, nous nous rencontrâmes face à face. Il était en mesure de me recevoir et plaça immédiatememt le bout du canon sur ma poitrine. D'un mouvement rapide comme l'éclair, j'eus le bonheur de relever ce fusil de la main gauche, mais, le coup partant au même moment, la balle m'érafla la peau du cou et le feu prit à mon gilet de mousseline et à ma cravate. Nous étions si près, que je ne pouvais faire aucun usage de mes armes. Nous nous saisîmes l'un l'autre au corps. Je serrais le Turc sur moi pour étouffer la flamme de mes vêtements. Mais je ne tardai pas à m'apercevoir que mon adversaire était plus fort que moi. Il m'enleva plusieurs fois, me faisant perdre terre des pieds, il cherchait à me terrasser. De mon côté, je le serrais, d'autant plus que je ne voulais pas lui laisser la faculté de se servir de ses pistolets ou du poignard qu'il portait à la ceinture. J'étais dans une situation critique, quand j'entendis courir derrière moi. Je ne pouvais détourner la tête, et cependant je craignais que ce ne fût un autre Turc. Cinq secondes me parurent longues, mais je fus rassuré quand j'entendis un caporal de la compagnie, nommé Olière, me crier :

« Tenez-le bien, je vais l'expédier ! »

En effet, il lui mit le canon de son fusil sur le flanc et le tua entre mes bras.

Après un assez long combat de rues, nous parvînmes enfin à renfermer dans le fort d'Aboukir ce qui restait de l'armée turque.

Aussitôt nous ouvrîmes, à huit toises des fossés, une sorte de tranchée. On éleva des batteries qui furent armées avec des pièces de vingt-quatre et des mortiers de douze pouces, arrivant d'Alexandrie. On canonna le fort et la flotte. Un brick fut coulé bas, étant sans voiles, par une bombe tombant sur son pont. Cet incident éloigna les autres navires.

Le 2 août, les Turcs sortirent tout à coup du fort sans avoir parlementé ni capitulé. Ils étaient sans armes et avaient à leur tête le fils du pacha pris à Aboukir. Ils levaient les bras au ciel et nous présentaient leurs têtes, convaincus qu'on allait les leur couper. Ils ressemblaient à des spectres. Jamais troupe n'avait supporté des souffrances plus grandes. Depuis trois jours ils n'avaient ni mangé, ni bu une goutte d'eau. Le fort n'était plus qu'un charnier, un monceau de ruines et de cadavres.

Par le fait, la bataille avait duré cinq jours. Plus de douze mille cadavres flottaient sur cette mer d'Aboukir, qui avait été un an auparavant, jour pour jour (2 août), le linceul de nos marins. Cinq mille autres Turcs avaient péri sous nos coups. Les derniers survivants étaient entre nos mains.

L'armée ennemie avait, chose inouïe, disparu tout entière.

Cette bataille, la plus sanglante de la guerre d'Égypte, *du siècle*, si l'on tient compte du nombre des combattants, couvrit de gloire l'armée d'Orient et son général en chef.

Kléber, arrivant après la victoire, saisit Bonaparte dans ses bras et lui cria : « Général, vous êtes grand comme le monde ! »

(*Mémoires du Colonel Vigo Roussillon.*)
Revue des Deux Mondes, 13 août, 1890.

Départ d'Égypte de Bonaparte

(1799)

Il y avait six mois que nous étions privés de nouvelles d'Europe. Cette privation, loin de la patrie, est un véritable supplice, et il était encore accru par la gravité des circonstances. Nous savions vaguement que la guerre avait recommencé en Europe ; mais nous en ignorions l'issue. Pendant que nous cherchions à défendre les branches de l'arbre, peut-être le tronc allait-il être coupé. On comprend aussi quelle importance il y avait pour le général Bonaparte à ne pas laisser grandir de nouvelles réputations ; son intérêt personnel voulait donc qu'il fût informé de la situation des affaires de l'Europe. Après la victoire d'Aboukir, je fus chargé d'entrer en pourparlers avec Sydney Smith, commandant la division anglaise unie à la flotte turque. La chose était facile, car Sydney Smith saisissait comme une bonne fortune l'occasion de parlementer et de faire des phrases. Sydney Smith tient à la fois du chevalier et du charlatan. Homme d'esprit et frisant la folie, avec la capacité d'un chef, il a cru honorer sa carrière en faisant souvent des crâneries sans aucun but d'utilité, mais uniquement pour faire parler de lui. Chacun s'en moque avec raison, parce qu'il est, à la longue, fatigant et ennuyeux, quoique très original....

Ce fut donc à Sydney Smith que je m'adressai. Je lui écrivis une lettre extrêmement polie pour lui demander des nouvelles du pacha prisonnier ; je lui proposai d'établir avec les Turcs un cartel d'échange, et, en même temps, d'échanger, homme pour homme, quelques Anglais prisonniers chez nous, contre les officiers, sous-officiers et soldats pris au fort d'Aboukir. Cette proposition, simple prétexte, masquait le but véritable d'avoir des nouvelles. En conséquence, je choisis pour porter ma lettre un officier intelligent, parlant anglais et agréable en conversation, le jeune Descorches, officier de marine, attaché au commandant de la marine à Alexandrie. Sir Sydney reçut Descorches à merveille, causa longuement avec lui, lui parla de nos revers en Italie, et les exagéra encore dans son récit. Il lui remit toutes ses gazettes, en ajoutant : « Je suis informé par l'amiral Nelson de l'ordre envoyé par le Directoire au général Bonaparte de revenir en Europe. Chargé d'y mettre obstacle s'il entreprend cette périlleuse traversée, j'espère lui donner de mes nouvelles. »

Là-dessus Descorches revint : il avait rempli sa mission à souhait. Le général Bonaparte s'enferma quatre heures avec Berthier pour lire les gazettes et parler de la situation. Au bout de ce temps, son parti pris de retourner en France, il fit appeler l'amiral Ganteaume. Quand je l'entendis demander Ganteaume, j'en devinai le motif. Aussitôt je dis en riant à Duroc : « C'est Vignon qu'il demande ». Vignon était l'homme chargé de ses équipages et de ses voitures. Il décida avec l'amiral qu'il prendrait les deux frégates vénitiennes, seuls bâtiments de guerre dans le port en état de naviguer, les frégates la *Muiron* et la *Carrère*. Me faisant appeler ensuite, il me mit dans le secret de ses projets et me dit : « Marmont, je me décide à partir pour retourner en France, et je compte vous emmener avec moi. L'état des choses en Europe me force à prendre ce grand parti ; des revers accablent nos armées, et Dieu sait jusqu'où l'ennemi aura pénétré. L'Italie est perdue, et le prix de tant d'efforts, de tant de sang versé, nous échappe. Aussi que peuvent les gens incapables placés à la tête des affaires? Tout est ignorance, sottise ou corruption chez eux. C'est moi, moi seul, qui ai supporté le fardeau, et, par des succès continuels, donné de la consistance à ce gouvernement, qui, sans moi, n'aurait jamais pu s'élever ni se maintenir. Moi absent, tout devait crouler. N'attendons pas que la destruction soit complète : le mal serait sans remède. La traversée pour retourner en France est chanceuse, difficile, hasardeuse ; mais elle l'est moins que ne l'était notre navigation en venant ici, et la fortune, qui m'a soutenu jusqu'ici, ne m'abandonnera pas en ce moment. Au surplus, il faut savoir oser à propos : qui ne se soumet à aucun risque n'a aucune chance de gain. Je mettrai l'armée en des mains capables ; je la laisse en bon état et après une victoire qui ajourne à une époque indéterminée le moment où l'on formera de nouvelles entreprises contre elle. On apprendra en France presque en même temps et la destruction de l'armée turque à Aboukir et mon arrivée. Ma présence, en exaltant les esprits, rendra à l'armée la confiance qui lui manque, et aux bons citoyens l'espoir d'un meilleur avenir. Il y aura un mouvement dans l'opinion tout au profit de la France. Il faut tenter d'arriver, et nous arriverons. Gardez un profond secret, vous en sentez l'importance ; secondez Ganteaume et Dumanoir dans les dispositions qu'ils vont faire pour préparer mon embarquement. J'emmènerai peu de monde avec moi ; mais, je le répète, vous êtes du nombre de ceux que je compte choisir. Informez-moi journellement des progrès des travaux de la croisière ennemie ; et, quand le moment de partir sera arrivé, j'arriverai ici comme une bombe. »

(*Mémoires de Marmont.*)
(Perrotin, Éditeur.)

Campagne de Suisse et bataille de Zurich[1]

Weinfelden, canton de Thurgovie, 20 vendémiaire an VIII (octobre 1799).

UNE moisson de lauriers, de la gloire, des victoires, les Russes battus, chassés de la Suisse dans l'espace de vingt jours ; nos troupes prêtes à rentrer en Italie ; les Autrichiens repoussés de l'autre côté du Rhin ; voilà sans doute de grandes nouvelles et d'heureux exploits ! Eh bien, ma bonne mère, ton fils a la satisfaction d'avoir pris sa part de cette gloire-là, et, dans l'espace de quinze jours, il s'est trouvé à trois batailles décisives. Il se porte à merveille. Il boit, il rit, il chante. Il saute de trois pieds de haut en songeant à la joie qu'il aura de t'embrasser au mois de janvier prochain, et de déposer à Nohant, dans ta chambre, à tes pieds, la petite branche de laurier qu'il aura pu mériter.

Je te vois étonnée, confondue de ce langage, me faire cent questions, me demander mille éclaircissements : comment je suis en Suisse, pourquoi j'ai quitté Thionville : je vais répondre à tout cela, et te déduire les circonstances

---

1. Maurice Dupin, auteur de cette lettre, était, par sa mère, petit-fils de Maurice de Saxe ; il a été le père de George Sand.

et les raisonnements qui ont dirigé ma conduite. La crainte de t'inquiéter inutilement m'a empêché de te tenir au courant.

Je suis militaire, je veux suivre cette carrière. Mon étoile, mon nom, la manière dont je me suis présenté, mon honneur et le tien, tout exige que je me conduise bien et que je mérite les protections qui me sont accordées. Tu veux surtout que je ne reste pas confondu dans la foule et que je devienne officier. Eh bien, ma bonne mère, il est aussi impossible maintenant dans l'armée française de devenir officier sans avoir fait la guerre, qu'il l'eût été au quinzième siècle de faire un Turc évêque sans l'avoir fait baptiser. C'est une certitude dont il faut absolument que tu te pénètres. Un homme, quel qu'il fût, arrivant comme officier dans un corps quelconque sans avoir vu le feu des batteries serait le jouet et la risée, sinon de ses camarades, qui sauraient apprécier d'ailleurs ses talents, mais de ses propres soldats, qui, incapables de juger le talent, n'ont d'estime et de respect que pour le courage physique. Frappé de ces deux certitudes, la nécessité d'avoir fait la guerre pour être fait officier d'une part, la nécessité d'avoir fait la guerre pour être officier avec honneur, d'autre part, je m'étais dit dès le principe : Il faut entrer en campagne le plus tôt possible. Crois-tu donc que j'aie quitté Nohant avec le projet de passer ma vie à faire l'aimable dans les garnisons et le nécessaire dans les dépôts? Non, certes, j'ai toujours rêvé la guerre, et si je t'ai fait là-dessus quelques mensonges, pardonne-les-moi, ma bonne mère, c'est toi qui m'y condamnais par tes tendres frayeurs.

Avant que le général me parlât de le quitter, et dès la reprise des hostilités, j'avais été lui demander de rejoindre les escadrons de guerre. Il reçut cette proposition avec plaisir d'abord. Puis, attendri par tes lettres, il craignit de te déplaire en prenant sur lui la responsabilité de mon destin. Il me fit donc revenir pour me dire d'aller au dépôt, parce que tu ne voulais pas que je fisse la guerre, et comme je lui observai que toutes les mères étaient plus ou moins comme toi, et que la seule désobéissance permise, et même commandée à un homme, était celle-là, il convint que j'avais raison : « Allez au dépôt, me dit-il, là vous pourrez partir avec le premier détachement destiné aux escadrons de guerre, et madame votre mère n'aura pas de reproche à m'adresser, vous aurez agi de votre propre mouvement ».

J'arrive à Thionville, et mon premier soin est de m'informer si bientôt il ne partira pas un détachement. Je ne pouvais cacher ma vive impatience de rejoindre le régiment. J'attends un mois avec anxiété. Enfin on forme un détachement, j'en fais partie, je manœuvre tous les jours avec lui, je parle guerre avec les plus anciens chasseurs, ils voient combien je désire partager leurs fatigues, leurs travaux et leur gloire. C'est là, ma bonne mère, le secret de leur amitié pour moi, bien plus que les *bienvenues* que je leur avais payées.

Enfin le jour du départ était fixé. Il n'y avait plus que huit jours à attendre. Je t'écrivais des balivernes, mais pouvais-tu croire que je me serais passionné pour le pansage et le fourniment, si je n'avais pas eu l'idée de faire la campagne?

Au moment où je m'y attendais le moins, je reçois du général une lettre où il me dit en termes fort aimables, à la vérité, mais très précis, qu'il *veut* que je reste au dépôt jusqu'à nouvel ordre. Regarde le mauvais personnage qu'il me faisait jouer! Comment donc aller expliquer et persuader à tout le régiment que si je ne pars pas, ce n'est pas ma faute? J'étais au désespoir. Je montrai cette lettre funeste à tous mes amis; les officiers voyaient bien mon esclavage et ma douleur; mais le soldat, qui ne sait pas lire et qui ne raisonne guère, n'y croyait pas. J'entendais dire derrière moi : « Je savais bien qu'il ne partirait pas. Les enfants de famille ont peur. Les gens protégés ne partent jamais », etc. La sueur me coulait du front, je me regardais comme déshonoré, je ne dormais plus, malgré la fatigue du service, j'avais la mort dans l'âme, et je t'écrivais rarement, comme tu as dû le remarquer. Comment te dire tout cela? Tu n'aurais jamais voulu y croire!

Enfin, dans mon désespoir, je vais trouver le commandant Dupré, je lui montre la maudite lettre, et je lui annonce que je suis résolu de désobéir au général, à déserter le régiment, s'il le faut, pour aller servir comme volontaire dans le premier corps que je rencontrerai, à perdre mon grade de brigadier, etc. J'étais comme fou. Le commandant m'embrasse et m'approuve. Enchanté de cette conclusion, le matin du départ, je monte à cheval avec le détachement. Tous les officiers viennent m'embrasser, et, au grand étonnement de tous les soldats, je prends avec eux la route de la Suisse. Notre voyage fut de vingt jours, et après avoir traversé le canton de Bâle, nous rejoignîmes le régiment dans le canton de Glaris. C'est là qu'on voit ces montagnes à pic, couvertes de noirs sapins. Leurs cimes couvertes d'une neige éternelle se perdent dans les nues. On entend le fracas des torrents qui s'élancent des rochers, le sifflement du vent à travers les forêts. Mais là maintenant plus de chants de bergers, plus de mugissements des troupeaux. Les chalets avaient été abandonnés précipitamment. Tout avait fui à notre aspect. Les habitants s'étaient retirés dans l'intérieur des montagnes avec leurs bestiaux. Pas un être vivant dans les villages. Ce canton offrait l'image du plus morne désert. Pas un fruit, pas un verre de lait. Nous avons vécu dix jours avec le détestable pain et la viande plus détestable encore que donnait le gouvernement. Les dix autres jours que nous avons été en activité, nous nous sommes nourris de pommes de terre presque crues, car nous n'avions pas de temps de reste pour les faire cuire, et l'eau-de-vie quand nous en pouvions trouver.

Le 3 vendémiaire les hostilités commencèrent. Nous attaquâmes l'ennemi sur tous les points. Il était retranché derrière la Limmat et la Linth. A trois heures du matin l'attaque fut donnée. On m'avait tant parlé du premier coup de canon! Tout le monde en parle et personne ne m'a su rendre ses impressions. Moi j'ai voulu me rendre compte de la mienne, et je t'assure que, loin d'être pénible, elle fut agréable. Figure-toi un moment d'attente solennelle, et puis un ébranlement soudain, magnifique. C'est le premier coup d'archet de l'opéra quand on s'est recueilli un instant pour attendre l'ouverture. Mais quelle belle ouverture qu'une canonnade en règle! Cette canonnade, cette fusillade, la nuit, au milieu des rochers qui décuplaient le bruit (tu sais que j'aime le bruit), c'était d'un effet sublime; et quand le soleil éclaira la scène et dora les tourbillons de fumée, c'était plus beau que tous les opéras du monde.

Dès le matin, l'ennemi abandonna ses positions de gauche. Il replia toutes ses forces à Uznach sur la droite. Nous nous y rendîmes. Nous ne donnâmes point dans cette journée. Nous restâmes en bataille derrière l'infanterie, laquelle s'occupait de passer la rivière qui nous séparait de l'ennemi. On construisit un pont sous son feu même. C'était à des Russes que nous avions affaire. Ces gens-là se battent vraiment bien. Lorsque le pont fut terminé, trois bataillons s'avancèrent pour le passer. Mais à peine furent-ils arrivés de l'autre côté, que, l'ennemi s'avançant en forces considérables et bien supérieures aux nôtres, les troupes qui avaient passé le pont se jetèrent dessus en désordre pour le repasser. La moitié était déjà parvenue sur la rive gauche, lorsque le pont trop chargé se rompit. Ceux qui étaient encore sur la rive droite et qui n'avaient pu opérer leur retraite, voyant le pont rompu derrière eux, ne cherchèrent leur salut que dans un effort de courage désespéré. Ils attendent les Russes à vingt pas et en font un horrible carnage. J'ai frémi, je l'avoue, en voyant tant d'hommes tomber, malgré l'admiration que me causait l'héroïque défense de nos bataillons. Une pièce de douze que nous avions sur la hauteur les soutint à propos. Le pont fut promptement rétabli, on vola au secours de nos braves et l'affaire fut décidée. Si ce pont n'eût point cassé, l'ennemi profitait de notre désordre, la bataille était perdue. Le terrain marécageux ne permettant pas à la cavalerie d'avancer, nous avons bivouaqué sur le champ de bataille. Il fallait traverser notre bivouac pour porter les blessés à l'ambulance. Les feux énormes que nous avions allumés permettaient d'y voir comme en plein jour. C'est là que j'aurais voulu tenir, seulement pendant une heure, les maîtres suprêmes du sort des nations. Ceux qui tiennent la paix ou la guerre entre leurs mains, et qui ne se décident pas à la guerre pour des motifs sacrés, mais pour de lâches questions d'intérêt personnel, devraient avoir sans cesse pour punition ce spectacle devant les yeux. Il est horrible, et je n'avais pas prévu qu'il me ferait tant de mal.

J'eus ce soir-là la satisfaction de conserver la vie à un homme. C'était un Autrichien. Il y avait un corps étendu à côté de notre feu. Je l'observai. Il n'était que blessé à la jambe; mais accablé de fatigue et de faim, il respirait à peine. Je le fis revenir avec quelques gouttes d'eau-de-vie. Tous nos gens étaient endormis. J'allai leur proposer de m'aider à transporter ce malheureux à l'ambulance. Accablés eux-mêmes de fatigue, ils me refusèrent. Un d'eux me proposa de l'achever. Cette idée me révolta. Excédé aussi de fatigue et de faim, je ne sais où je fus chercher ce que je leur dis; je m'échauffai, je leur parlai avec indignation, avec colère, je leur reprochai leur dureté. Enfin deux d'entre eux se levèrent et vinrent m'aider à emporter le blessé. Nous fîmes un brancard avec une planche et deux carabines. Un troisième chasseur, entraîné par notre exemple, se joignit à nous; nous soulevons notre homme, et, à travers les marais, dans l'eau et dans la vase jusqu'aux genoux, nous le portons à l'ambulance, éloignée d'une demi-lieue. Chemin faisant ils se plaignirent souvent du fardeau et délibérèrent de me laisser seul avec mon blessé m'en tirer comme je pourrais; et moi de leur crier : « Courage! » et de leur débiter, en termes de soldat, les meilleures sentences des philosophes sur la pitié qu'on doit aux vaincus et sur le désir que nous aurions qu'en pareil cas on en fît autant pour nous. Les hommes ne sont pas mauvais au fond, car la corvée était rude, et cependant mes pauvres camarades se laissèrent persuader. Enfin nous arrivons et nous mettons ce malheureux en un lieu où il pouvait avoir des secours : je le recommande moi-même, et je m'en retourne avec mes trois chasseurs, plus joyeux cent fois, l'âme plus satisfaite que si je sortais du plus beau bal ou du plus excellent concert. J'arrive, je m'étends sur mon manteau devant le feu, et je dors paisiblement jusqu'au jour.

Le surlendemain nous fûmes à Glaris, où était l'ennemi. Le général Molitor, commandant cette attaque, demanda un homme intelligent dans la compagnie. Je lui fus envoyé. Il alla le soir reconnaître la position de l'ennemi et je l'accompagnai. Le lendemain nous attaquâmes et nous chassâmes l'ennemi de la ville. Je fis pendant l'affaire le service d'aide de camp du général, ce qui m'amusa énormément. Je portai presque tous ses ordres aux différents corps qu'il commandait. L'ennemi, dans une retraite de quatre lieues, brûla tous les ponts sur la Linth. Deux jours après, comme il s'avançait en force sur notre droite, le général Molitor m'envoya à Zurich porter au général Masséna une lettre dans laquelle il lui demandait probablement des forces. Je voyageais par la correspondance. Il y a vingt grandes lieues de Glaris à Zurich, je les fis en neuf heures. Le lendemain, je revins par le lac dans une chaloupe. Je descendis à sept lieues de Zurich, à Reicherville. Devine la première personne que je vis en mettant le pied sur la rive! M. de La Tour d'Auvergne! il était avec le général Humbert. Il me reconnaît, me saute au cou, et moi de l'embrasser avec transport. Il me présenta au général Humbert comme le petit-fils du maréchal de Saxe. Le général m'invita à souper et me fit coucher dans sa maison ; j'en avais besoin, car j'étais sur les dents.

Nous avons quitté Glaris il y a quatre jours pour nous rendre à Constance. Il y a dix-huit lieues de pays qui en valent bien vingt-cinq de France. Nous les avons faites sans nous arrêter, par une pluie battante, arrivant pour bivouaquer dans des prés pleins d'eau. Mais la fatigue poussée à l'excès fait dormir partout. Nous sommes arrivés pendant le combat, et le soir nous étions maîtres de la ville. Les hostilités paraissent tirer à leur fin. Nous sommes allés nous reposer de vingt jours de bivouac dans le village d'où je t'écris. C'est le seul endroit où j'en aie eu la possibilité. Le but qu'on s'était proposé est rempli. La Suisse est évacuée. Nous allons maintenant nous refaire. La guerre n'est qu'un jeu, je ne sais pourquoi tu t'en fais un monstre, c'est très peu de chose. Je te donne ma parole d'honneur que je me suis fort amusé, à l'attaque de Glaris, de voir les Russes gravir les montagnes. Ils s'en acquittent avec une grande légèreté. Leurs grenadiers sont coiffés comme les soldats dans la *Caravane*. Leurs cavaliers, parmi lesquels il y a beaucoup de Tartares, ont une culotte à plis comme celle d'Othello, un petit dolman et un bonnet en forme de mortier ; je t'en envoie un croquis. Ils étaient six mille dans le canton de Glaris. Leurs chevaux, qui pour la plupart n'étaient point ferrés, sont restés sur les chemins. La fatigue les a presque tous détruits.

Tu veux connaître le chef de brigade? Il s'appelle Ordener. C'est un Alsacien de quarante ans, grand, sec, fort grave, terrible dans le combat, excellent chef de corps, instruit dans son métier, en histoire, en géographie. A la première vue, il a l'air de Robert, chef de brigands. Sur la recommandation de Beurnonville, il m'a très bien reçu.

(*Lettre de Maurice Dupin.*)
CITÉE DANS L'*Histoire de ma vie*, DE GEORGE SAND.
(Calmann Lévy, Éditeur.)

Un régiment de hussards en 1799

JE passai plusieurs jours à parcourir avec mon père[1] et son état-major les environs de Nice, qui sont fort beaux ; mais le moment de mon entrée à l'es-

---

1. Le père du jeune Marbot, alors âgé de dix-sept ans, venait d'être mis à la tête d'une division de l'armée de Ligurie.

cadron étant arrivé, mon père demanda au commandant Muller de lui envoyer le maréchal des logis Pertelay. Or il faut que vous sachiez qu'il existait au régiment deux frères de ce nom, tous deux maréchaux des logis, mais n'ayant entre eux aucune ressemblance physique ni morale. On croirait que l'auteur de la pièce « Deux Philibert » a pris ces deux hommes pour types, l'aîné des Pertelay étant Philibert le mauvais sujet, et le jeune Pertelay, Philibert le bon sujet. C'était ce dernier que le colonel avait entendu désigner pour mon mentor; mais comme pressé par le peu de temps que mon père et lui avaient passé ensemble, M. Picart avait oublié en nommant Pertelay d'ajouter *le jeune*, et que, d'ailleurs, celui-ci ne faisait pas partie de l'escadron qui se trouvait à Nice, tandis que l'aîné servait précisément dans la 7ᵉ compagnie, dans laquelle j'allais entrer; le commandant Muller crut que c'était de l'aîné que le colonel avait parlé à mon père, et qu'on avait choisi cet enragé pour *deniaiser* un jeune homme aussi doux et aussi timide que je l'étais. Il nous envoya donc Pertelay aîné. Ce type des anciens housards était buveur, tapageur, querelleur, bretteur, mais, aussi, brave jusqu'à la témérité; du reste, complètement ignorant de tout ce qui n'avait pas rapport à son cheval, à ses armes et à son service devant l'ennemi. Pertelay jeune, au contraire, était doux, poli, très instruit, et comme il était fort bel homme et tout aussi brave que son frère, il eût certainement fait un chemin rapide si, bien jeune encore, il n'eût trouvé la mort sur un champ de bataille.

Mais revenons à l'aîné. Il arrive chez mon père, et que voyons-nous? Un luron, très bien tenu, il est vrai, mais le shako sur l'oreille, le sabre traînant, la figure enluminée et coupée en deux par une immense balafre, des moustaches d'un demi-pied de long qui, relevées par la cire, allaient se perdre dans les oreilles, deux grosses nattes de cheveux tressés aux tempes, qui, sortant de son shako, tombaient sur la poitrine, et avec cela, un air !... Un air de chenapan, qu'augmentaient encore des paroles saccadées ainsi qu'un baragouin franco-alsacien des plus barbares.... Je suivis donc Pertelay, qui, me prenant sans façon sous le bras, vint dans ma chambre, me montra à placer mes effets dans mon porte-manteau et me conduisit dans une petite caserne située dans un ancien couvent et occupée par l'escadron du 1ᵉʳ de housards. Mon mentor me fit seller et desseller un joli petit cheval que mon père avait acheté pour moi; puis il me montra à placer mon manteau et mes armes; enfin il me fit une démonstration complète, et songea, lorsqu'il m'eut tout expliqué qu'il était temps d'aller dîner, car mon père, désirant que je mangeasse avec mon mentor, nous avait affecté une haute paye pour cette dépense.

Pertelay me conduisit dans une petite auberge dont la salle était remplie de housards, de grenadiers et de soldats de toutes armes. On nous sert, et l'on place sur la table une énorme bouteille d'un gros vin rouge des plus plus violents, dont Pertelay me verse une rasade. Nous trinquons. Mon homme vide son verre, et je pose le mien sans le goûter à mes lèvres, car je n'avais jamais bu de vin pur, et l'odeur de ce liquide m'était désagréable. J'en fis l'aveu à mon mentor, qui s'écria alors d'une voix de stentor : « Garçon !... apporte une limonade à ce garçon qui ne boit jamais de vin !... » Et de grands éclats de rire retentissent dans toute la salle ! Je fus très mortifié, mais je ne pus me résoudre à goûter de ce vin, et n'osai cependant demander de l'eau : je dînai donc sans boire !...

L'apprentissage de la vie de soldat est fort dur en tout temps. Il l'était surtout à l'époque dont je parle. J'eus donc quelques pénibles moments à passer. Mais ce qui me parut intolérable fut l'obligation de coucher avec un autre housard, car le règlement n'accordait alors qu'un lit pour deux soldats. Seuls les sous-officiers couchaient isolément. La première nuit que je passai à la caserne, je venais de me coucher, lorsqu'un grand escogriffe de housard qui arrivait une heure après les autres s'approche de mon lit, et voyant qu'il y avait déjà quelqu'un, décroche la lampe et la met sous mon nez pour m'examiner de plus près, puis il se déshabille. Tout en le voyant faire, j'étais loin de penser qu'il avait la prétention de se placer auprès de moi ; mais bientôt je fus détrompé, lorsqu'il me dit durement : « Pousse-toi, conscrit! » Puis il entre dans le lit, se couche de manière à en occuper les trois quarts et se met à ronfler sur le plus haut ton ! Il m'était impossible de fermer l'œil, surtout à cause de l'odeur affreuse que répandait un gros paquet placé par mon camarade sous le traversin pour s'exhausser la tête. Je ne pouvais comprendre ce que ce pouvait être. Pour m'en assurer, je coule tout doucement la main vers cet objet et trouve un tablier en cuir, tout imprégné de la poix dont se servent les cordonniers pour cirer leur fil !... Mon aimable camarade de lit était l'un des garçons du bottier du régiment ! J'éprouvai un tel dégoût que je me levai, m'habillai et allai à l'écurie me coucher sur une botte de paille. Le lendemain, je fis part de ma mésaventure à Pertelay, qui en rendit compte au sous-lieutenant de peloton. Celui-ci, un homme bien élevé, comprenant combien il devait m'être pénible de coucher avec un bottier, prit sur lui de me faire donner un lit dans la chambre des sous-officiers, ce qui me causa un très grand plaisir.

Bien que la révolution eût introduit un grand relâchement dans la tenue des troupes, le 1er de housards avait toujours conservé la sienne aussi exacte que lorsqu'il s'appelait, sous l'ancien régime, le régiment Bercheny ; aussi, sauf les dissemblances physiques imposées par la nature, tous les cavaliers devaient se ressembler par leur tenue, et comme les régiments de housards portaient alors non seulement une queue, mais encore de longues tresses en

Suivant l'usage de Bercheny on me fit deux énormes crocs.

cadenettes sur les tempes, et avaient des moustaches retroussées, on exigeait que tout ce qui appartenait au corps eût moustaches, queue et tresses. Or, comme je n'avais rien de tout cela, mon mentor me conduisit chez le perruquier de l'escadron, où je fis emplette d'une fausse queue et de cadenettes qu'on attacha à mes cheveux déjà passablement longs, car je les avais laissé pousser depuis mon enrôlement. Cet accoutrement m'embarrassa d'abord ; cependant je m'y habituai en peu de jours, et il me plaisait, parce que je me figurais qu'il me donnait l'air d'un vieux housard. Mais il n'en fut pas de même des moustaches : je n'en avais pas plus qu'une jeune fille, et comme une figure imberbe aurait déparé les rangs de l'escadron, Pertelay, se conformant à l'usage de Bercheny, prit un pot de cire noire et me fit avec le pouce deux énormes crocs qui, couvrant la lèvre supérieure, me montaient presque jusqu'aux yeux. Et comme à cette époque les shakos n'avaient pas de visière, il arrivait que pendant les revues, ou lorsque j'étais en vedette, positions dans lesquelles on doit garder une immobilité complète, le soleil d'Italie, dardant ses rayons brûlants sur ma figure, pompait les parties humides de la cire avec laquelle on m'avait fait des moustaches, et cette cire en se desséchant tirait mon épiderme d'une façon très désagréable. Cependant je ne sourcillais pas : j'étais housard. Ce mot avait pour moi quelque chose de magique ; d'ailleurs, embrassant la carrière militaire, j'avais fort bien compris que mon devoir était de me conformer aux règlements....

En me faisant faire le service de simple housard, mon père avait eu pour but principal de me faire perdre cet air d'écolier un peu niais, dont le court séjour que j'avais fait dans le monde parisien ne m'avait pas débarrassé. Le résultat passa ses espérances, car vivant au milieu des housards tapageurs, et ayant pour mentor une espèce de pandour qui riait des sottises que je faisais, je me mis à hurler avec les loups, et de crainte qu'on se moquât de ma timidité, je devins un vrai diable. Je ne l'étais cependant pas assez pour être reçu dans une sorte de confrérie qui, sous le nom de clique, avait des adeptes dans tous les escadrons du 1er de housards.

La clique se composait des plus mauvaises têtes comme des plus braves soldats du régiment. Les membres de la clique se soutenaient entre eux envers et contre tous, surtout devant l'ennemi. Ils se donnaient entre eux le nom de loustics, et se reconnaissaient à une échancrure pratiquée au moyen d'un couteau dans l'étain du premier bouton de la rangée de droite de la pelisse et du dolman. Les officiers connaissaient l'existence de la clique ; mais comme ses plus grands méfaits se bornaient à marauder adroitement quelques poules et moutons, ou à faire quelques niches aux habitants, et que d'ailleurs les loustics étaient toujours les premiers au feu, les chefs fermaient les yeux sur la clique.

J'étais si étourneau, que je désirais vivement faire partie de cette société de tapageurs; il me semblait que cela me poserait d'une façon convenable parmi mes camarades; mais j'avais beau fréquenter la salle d'armes, apprendre à tirer la pointe, la contre-pointe, le sabre, le pistolet et le mousqueton, donner en passant des coups de coude à tout ce qui se trouvait sur mon chemin, laisser traîner mon sabre et placer mon shako sur l'oreille, les membres de la clique, me regardant comme un enfant, refusaient de m'admettre parmi eux. Une circonstance imprévue m'y fit recevoir à l'unanimité, et voici comment....

Mon père ayant reçu l'ordre de réunir sa division à Savone, petite ville située au bord de la mer à dix lieues en deçà de Gênes, plaça son quartier général dans l'évêché.... Le 1er de housards, qui de Nice s'était rendu à Savone, fut placé au bivouac dans une plaine appelée la Madona. Les avant-postes ennemis étaient à Dego, à quatre ou cinq lieues de nous, sur le revers opposé de l'Apennin, dont les cimes étaient couvertes de neige, tandis que Savone et ses environs jouissaient de la température la plus douce.... Or donc, un jour que, par un temps délicieux, maître Pertelay, mon mentor, se promenait avec moi, sur les rivages de la mer, il aperçoit un cabaret situé dans un charmant jardin planté d'orangers et de citronniers, sous lesquels étaient placées des tables entourées de militaires de toutes armes, et me propose d'y entrer. Bien que je n'eusse pu vaincre ma répugnance pour le vin, je le suis par complaisance.

Il est bon de dire qu'à cette époque, le ceinturon des cavaliers n'était muni d'aucun crochet, de sorte que quand nous allions à pied, il fallait tenir le fourreau du sabre dans la main gauche, en laissant le bout traîner par terre. Cela faisait du bruit sur le pavé et donnait un air tapageur. Il n'en avait pas fallu davantage pour me faire adopter ce genre. Mais voilà qu'en entrant dans le jardin public dont je viens de parler, le bout du fourreau de mon sabre touche le pied d'un énorme canonnier à cheval, qui se prélassait étendu sur une chaise, les jambes en avant. L'artillerie à cheval, qu'on nommait alors artillerie volante, avait été formée, au commencement des guerres de la Révolution, avec des hommes de bonne volonté pris dans les compagnies de grenadiers, qui avaient profité de cette occasion pour se débarrasser des plus turbulents.

Les canonniers volants étaient renommés pour leur courage, mais aussi pour leur amour des querelles. Celui dont le bout de mon sabre avait touché le pied me dit d'une voix de stentor et d'un ton fort brutal : « Housard !... ton sabre traîne beaucoup trop !... » J'allais continuer de marcher sans rien dire, lorsque maître Pertelay, me poussant le coude, me souffle tout bas : « Réponds-lui : Viens le relever ! » Et moi de dire au canonnier : « Viens le relever. » — Ce sera facile », réplique celui-ci. — Et Pertelay de me souffler de nouveau : « C'est ce qu'il faudra voir ! » A ces mots, le canonnier ou plutôt ce Goliath, car il avait près de six pieds de haut, se dresse sur son séant d'un air menaçant.... Mais mon mentor s'élance entre lui et moi. Tous les canonniers qui se trouvent dans le jardin prennent aussitôt parti pour leur camarade, mais une foule de housards viennent se ranger auprès de Pertelay et de moi. On s'échauffe, on crie, on parle tous à la fois, je crus qu'il y allait avoir une mêlée générale ; cependant, comme les housards étaient au moins deux contre un, ils furent les plus calmes. Les artilleurs comprirent que s'ils dégainaient, ils auraient le dessous, et l'on finit par faire comprendre au géant qu'en frôlant son pied du bout de mon sabre, je ne l'avais nullement insulté, et que l'affaire devait en rester là entre nous deux. Mais comme, dans le tumulte, un trompette d'artillerie d'une vingtaine d'années était venu me dire des injures, et que dans mon indignation je lui avais donné une si rude poussée qu'il était allé tomber la tête la première dans un fossé plein de boue, il fut convenu que ce garçon et moi, nous nous battrions au sabre.

Nous sortons donc du jardin, suivis de tous les assistants, et nous voilà auprès du rivage de la mer, sur un sable fin et solide, disposés à ferrailler. Pertelay savait que je tirais passablement le sabre ; cependant il me donne quelques avis sur la manière dont je dois attaquer mon adversaire, et attache la poignée de mon sabre à ma main avec un gros mouchoir qu'il roule autour de mon bras.

C'est ici le moment de vous dire que mon père avait le duel en horreur, ce qui, outre ses réflexions sur ce barbare usage, provenait, je crois, de ce que dans sa jeunesse, lorsqu'il était dans les gardes du corps, il avait servi de témoin à un camarade qu'il aimait beaucoup et qui fut tué dans un combat singulier dont la cause était des plus futiles. Quoi qu'il en soit, lorsque mon père prenait un commandement, il prescrivait à la gendarmerie d'arrêter et de conduire devant lui tous les militaires qu'elle surprendrait croisant le fer.

Bien que la trompette d'artillerie et moi connussions cet ordre, nous n'en avions pas moins mis dolman bas et sabre au poing ! Je tournais le dos à la ville de Savone, mon adversaire y faisait face, et nous allions commencer à nous escrimer, lorsque je vois le trompette s'élancer de côté, ramasser son dolman et se sauver en courant !...

« Ah ! lâche ! m'écriai-je, tu fuis !... » Et je veux le poursuivre, lorsque deux mains de fer me saisissent par derrière au collet !... Je tourne la tête... et me trouve entre huit ou dix gendarmes !... Je compris alors pourquoi mon antagoniste s'était sauvé, ainsi que tous les assistants que je voyais s'éloigner à toutes jambes, y compris maître Pertelay, car chacun avait peur d'être arrêté et conduit devant le général.

Me voilà donc prisonnier et désarmé. Je passe mon dolman et suis d'un air fort penaud mes gardiens, auxquels je ne dis pas mon nom, et qui me conduisent à l'évêché, où logeait mon père. Celui-ci était en ce moment avec le général Suchet, qui était venu à Savone pour conférer avec lui d'affaires de service. Ils se promenaient dans une galerie qui donne sur la cour. Les gendarmes me conduisent au général Marbot sans se douter que je suis son fils. Le brigadier explique le motif de mon arrestation. Alors mon père, prenant un air des plus sévères, me fait une très vive remontrance. Cette admonestation faite, mon père dit au brigadier : « Conduisez ce housard à la citadelle ». Je me retirai donc sans mot dire, et sans que le général Suchet, qui ne me connaissait pas, se fût douté que la scène à laquelle il venait d'assister se fût passée entre le père et le fils. Ce ne fut que le lendemain que le général Suchet connut la parenté des personnages, et depuis il m'a souvent parlé en riant de cette scène. Arrivé à la citadelle, vieux monument génois situé auprès du port, on m'enferma dans une immense salle qui recevait le jour par une lucarne donnant sur la mer. Je me remis peu à peu de mon émotion : la réprimande que je venais de subir me paraissait méritée ; cependant j'étais moins affecté d'avoir désobéi au général que d'avoir fait de la peine à mon père. Je passai donc le reste de la journée assez tristement.

Le soir, un vieil invalide des troupes génoises m'apporta une cruche d'eau, un morceau de pain de munition et une botte de paille, sur laquelle je m'étendis sans pouvoir manger. Je ne pus dormir, d'abord parce que j'étais trop ému, ensuite à cause des évolutions que faisaient autour de moi de gros rats qui s'emparèrent bientôt de mon pain. J'étais dans l'obscurité, livré à mes tristes réflexions, lorsque, vers dix heures, j'entends ouvrir les verrous de ma prison. J'aperçois Spire, l'ancien et fidèle serviteur de mon père. J'appris par lui qu'après mon envoi à la citadelle, le colonel Ménard, le capitaine Gault et tous les officiers de mon père lui ayant demandé ma grâce, le général l'avait accordée et l'avait chargé, lui Spire, de venir me chercher et de porter au gouverneur du fort l'ordre de mon élargissement. On me conduisit devant ce gouverneur, le général Bujet, excellent homme qui avait perdu un bras à la guerre. Il me connaissait et aimait beaucoup mon père. Il crut donc, après m'avoir rendu mon sabre, devoir me faire une longue morale que, j'écoutai assez patiemment, mais qui me fit penser que j'allais en subir une autre bien plus sévère de la part de mon père. Je ne me sentais pas le courage de la supporter et résolus de m'y soustraire si je le pouvais. Enfin, on nous conduit au delà des portes de la citadelle ; la nuit était sombre, Spire marchait devant moi avec une lanterne, et tout en cheminant dans les rues étroites et tortueuses de la ville, le bonhomme, enchanté de me ramener, faisait l'énumération de tout le confortable qui m'attendait au quartier général : « Mais par exemple, disait-il, tu dois t'attendre à une sévère réprimande de ton père !... » Cette dernière phrase fixa mes irrésolutions, et, pour laisser à la colère de mon père le temps de se calmer, je me décide à ne pas paraître devant lui avant quelques jours, et à retourner rejoindre mon bivouac à la Madona. J'aurais bien pu m'esquiver sans faire aucune niche au pauvre Spire; mais, de crainte qu'il ne me poursuivît à la clarté de la lumière qu'il portait, je fais d'un coup de pied voler sa lanterne à dix pas de lui et je me sauve en courant, pendant que le bonhomme, cherchant sa lanterne à tâtons, s'écrie : « Ah ! petit coquin... je vais le dire à ton père. Il a, ma foi, bien fait de te mettre avec ces bandits de housards de Bercheny ! Belle école de garnements !... »

(*Mémoires du Général de Marbot.*)
(Plon et Nourrit, Éditeurs.)

Le général Macard

Dans quelques-uns de ces combats[1] j'eus l'occasion de voir le général de brigade Macard, soldat de fortune, que la tourmente révolutionnaire avait porté presque sans transition du grade de trompette-major à celui d'officier général. Le général Macard, véritable type de ces officiers créés par le hasard et par leur courage, et qui, tout en déployant une valeur très réelle devant l'ennemi, n'en étaient pas moins incapables, par leur manque d'instruction, d'occuper convenablement les postes élevés, était remarquable par une particularité très bizarre. Ce singulier personnage, véritable colosse d'une bravoure extraordinaire, ne manquait pas de s'écrier lorsqu'il allait charger à la tête de ses troupes : « Allons, je vais m'habiller en bête !... » Il ôtait alors son habit, sa veste, sa chemise, et ne gardait que son chapeau empanaché, sa culotte de peau et ses grosses bottes !... Ainsi nu jusqu'à la ceinture, le général Macard offrait aux regards un torse presque aussi velu que celui d'un ours, ce qui donnait à sa personne l'aspect le plus étrange ! Une fois habillé en bête, comme il le disait lui-même avec raison, le général Macard se lançait à corps perdu, le sabre au poing, sur les cavaliers ennemis, en jurant comme un païen. Mais il parvenait rarement à les atteindre, car à la vue si

1. Les premiers combats de l'armée de Ligurie, au commencement de l'année 1800.

singulière et si terrible à la fois de cette espèce de géant à moitié nu, couvert de poils et dans un si étrange équipage, qui se précipitait sur eux en poussant des hurlements affreux, les ennemis se sauvaient de tous côtés, ne sachant trop s'ils avaient affaire à un homme ou à quelque animal féroce extraordinaire.

Le général Macard était nécessairement d'une complète ignorance, ce qui amusait quelquefois beaucoup les officiers plus instruits que lui placés sous ses ordres. Un jour, l'un de ceux-ci vint lui demander la permission d'aller à la ville voisine se commander une paire de bottes. « Parbleu, lui dit le général Macard, cela arrive bien, et puisque tu vas chez un bottier, mets-toi là, prends-moi mesure, et commande-m'en aussi une paire. » L'officier, fort surpris, répond au général qu'il ne peut lui prendre mesure, ignorant absolument comment il fallait s'y prendre pour cela, et n'ayant jamais été bottier.

« Comment, s'écrie le général, je te vois quelquefois passer des journées entières à crayonner et à tirer des lignes vis-à-vis des montagnes, et lorsque je te demande ce que tu fais là, tu me réponds : « Je prends la mesure de « ces montagnes. » Donc, puisque tu mesures des objets éloignés de toi de plus d'une lieue, que viens-tu me conter que tu ne saurais me prendre mesure d'une paire de bottes, à moi qui suis là sous ta main ?... Allons, prends-moi vite cette mesure sans faire de façon ! » L'officier assure que cela lui est impossible, le général insiste, jure, se fâche, et ce ne fut qu'à grand'peine que d'autres officiers, attirés par le bruit, parvinrent à faire cesser cette scène ridicule. Le général ne voulut jamais comprendre qu'un officier qui mesurait des montagnes ne pût prendre mesure d'une paire de bottes à un homme.

(Mémoires du Général de Marbot.)
(Plon et Nourrit, Éditeurs.)

Passage du Grand Saint-Bernard
(1800)

Au quartier général, Verres (mai 1800).

Enfin m'y voilà ! Ce n'est pas une petite affaire que de voyager sans chevaux à travers des montagnes, des déserts affreux et des villages ruinés. Chaque jour je manquais l'état-major d'une journée. Il s'est enfin arrêté vis-à-vis le fort de Bard, qui nous empêche d'entrer en Italie ; nous sommes maintenant au milieu des précipices du Piémont. Je me suis présenté hier, aussitôt en arrivant, au général Dupont. Il m'a fort bien reçu. Je suis adjoint à son état-major, et j'en recevrai ce matin l'expédition et le brevet.

J'ai traversé le mont Saint-Bernard. Les descriptions et les peintures sont encore au-dessous de l'horreur de la réalité. J'avais couché la veille au village de Saint-Pierre, qui est au pied de la montagne, et j'en partis le matin à jeun pour me rendre au couvent, qui est situé à trois lieues au-dessus, c'est-à-dire dans la région des glaces et des éternels frimas. Ces trois lieues se font dans la neige, à travers les rochers. Pas une plante, pas un arbre, des cavernes et des abîmes à chaque pas. Plusieurs avalanches qui étaient tombées la veille achevaient de rendre le chemin impraticable. Nous sommes tombés plusieurs fois dans la neige jusqu'à la ceinture. Eh bien, à travers tous ces obstacles, une demi-brigade portait sur ses épaules ses canons et ses caissons, et les hissait de rocher en rocher. C'était le spectacle le plus extraordinaire qu'on puisse imaginer que l'activité, la résolution, les cris et les chants de cette armée. Deux divisions se trouvaient réunies dans ces montagnes. Le général Harville les commandait. C'est pour le coup qu'il était transi ! En arrivant chez les moines, ce fut la première personne que je rencontrai. Il fut fort étonné de me retrouver si haut, et, tout en grelottant, me fit assez d'amitiés.... Je causai avec le prieur pendant le repas très frugal qu'il nous fit servir. Il me dit que son couvent était le point habité le plus élevé de l'Europe, et me montra les gros chiens qui l'aident à retrouver les gens engloutis par les avalanches. Buonaparte les avait caressés une heure auparavant, et, sans me gêner, je fis comme Buonaparte.... Après lui avoir fait nos adieux avec cordialité, nous descendîmes pendant sept lieues pour nous rendre à la vallée d'Aoste, en Piémont.... Arrivé à Aoste, je courus au palais du consul pour voir Leclerc. La première personne que j'y rencontrai, ce fut Buonaparte. Je fus à lui pour le remercier de ma nomination. Il interrompit brusquement mon compliment pour me demander qui j'étais. « Le petit-fils du maréchal de Saxe. — Ah oui ! ah bon ! Dans quel régiment êtes-vous ? — 1er de chasseurs. — Ah bien ! mais il n'est pas ici. Vous êtes donc adjoint à l'état-major ? — Oui, général. — C'est bien, tant mieux, je suis bien aise de vous voir. » Et il tourna le dos.... Avoue que j'ai toujours de la chance, et que quand on l'aurait fait exprès, on n'aurait pas fait mieux. Je suis d'emblée adjoint à l'état-major, et de l'aveu de Buonaparte....

Milan (mai 1800).

Ouf ! nous y voilà ! nous y voilà ! respirons ! où donc ? A Milan ; et si nous allons toujours de ce train-là, bientôt, je crois, nous serons en Sicile. Buonaparte a transformé le vénérable état-major général en une avant-garde des plus lestes. Il nous fait courir comme des lièvres, et tant mieux ! Depuis Verres, pas un moment de repos. Enfin nous sommes ici d'hier, et j'en profite pour causer avec toi. Je vais reprendre notre marche depuis le départ du susdit Verres. Le fort de Bard était le seul obstacle qui nous empêchât d'entrer en Italie. Buonaparte, à peine arrivé, ordonne l'assaut. Il passe six compagnies en revue. « Grenadiers, dit-il, il faut monter là cette nuit, et le fort est à nous. » Quelques instants après, il fut s'asseoir sur le bout d'un rocher, je suivis et me plaçai derrière lui. Tous les généraux de division l'entouraient : Loison lui faisait de fortes objections sur la difficulté de grimper à travers les rochers sous le feu de l'ennemi, fortifié de manière qu'il n'avait qu'à allumer les bombes et les obus, et à les laisser rouler pour nous empêcher d'approcher. Buonaparte ne voulut rien entendre et, en repassant, il répéta aux grenadiers que le fort était à eux. L'assaut fut ordonné pour deux heures après minuit. N'étant point monté, et le fort étant à deux lieues du quartier général, je n'avais point l'ordre d'y aller. Je rentrai donc à Verres avec mes compagnons de promenade, et, après souper, je souhaite le bonsoir à chacun, et sans rien dire je repars pour le fort de Bard. On arrive à ce fort par une longue vallée bordée de rochers immenses, couverts de cyprès. Il faisait une nuit obscure, et le silence qui régnait dans ce lieu sauvage n'était interrompu que par le bruit d'un torrent qui roulait dans les ténèbres, et par les coups sourds et éloignés du canon du fort. J'avance lestement. J'entends déjà les coups plus distinctement, bientôt j'aperçois le feu des pièces. Bientôt je suis à portée. Je vois deux hommes couchés derrière une roche contre un bon feu. Jugeant que le général Dupont doit être avec le général en chef, je vais leur demander s'ils n'ont point vu passer ce dernier. Le voilà ! me dit l'un d'eux en se levant. C'était Berthier lui-même. Je lui dis qui j'étais et qui je cherchais. Il m'indiqua où était le général Dupont. Il était sur le pont de la ville de Bard ; j'y vais, et je le trouve entouré de grenadiers qui attendaient le moment de l'attaque. Je me mêle à sa suite, et au moment où il tournait la tête, je lui souhaite le bonsoir. « Comment ! me dit-il tout étonné, vous êtes là sans ordres et à pied ? — Si vous voulez bien le permettre, mon général. — A la bonne heure ! L'attaque commence, et vous venez au bon moment. »

On fit passer six pièces et des caissons au pied du fort. Les aides de camp du général les accompagnèrent et je les suivis tous en me promenant. A moitié de la ville, il nous arriva trois obus à la fois. Nous entrâmes dans une maison ouverte, et, après les avoir laissés éclater, nous continuâmes notre route et revînmes, toujours escortés de quelques grenades ou de quelques boulets. L'attaque fut sans succès. Nous grimpâmes jusqu'au dernier retranchement, mais les bombes et les obus que l'ennemi lançait ou roulait dans les rochers, des échelles trop courtes, des mesures mal prises firent tout échouer, et l'on se retira avec perte.

Le lendemain matin, nous partîmes pour Ivrea. Nous tournâmes le fort en grimpant, hommes et chevaux, à travers des roches, par un sentier où les gens du pays n'avaient jamais osé mener des mulets. Aussi plusieurs des nôtres furent précipités. Un cheval de Buonaparte se cassa la jambe. Arrivés à un certain point qui domine le fort, Buonaparte s'arrêta et lorgna, de fort mauvaise humeur, cette bicoque contre laquelle il venait d'échouer. Après mille fatigues, nous arrivâmes dans la plaine, et comme j'étais à pied, le général Dupont, satisfait de ma promenade de la veille, me donna un de ses chevaux à monter. Je cheminai avec ses aides de camp, ceux de Buonaparte et ceux de Berthier, et au milieu de cette troupe brillante, un des aides de camp du général Dupont, nommé Morin, prit la parole et dit : « Messieurs, sur trente adjoints à l'état-major général, M. Dupin, arrivé d'avant-hier soir, et n'ayant pas encore de cheval, est le seul qui fût avec le général à l'attaque du fort. Les autres étaient prudemment restés couchés. »

(*Lettre de Maurice Dupin.*)
CITÉE DANS L'*Histoire de ma vie*, DE GEORGE SAND.
(Calmann Lévy, Éditeur.)

Bataille de Marengo

(14 juin 1800)

L<small>E</small> 12, nos deux demi-brigades vinrent appuyer notre droite, et voilà notre division réunie; on nous dit que ce village se nommait le village de Marengo. Le matin, on fit battre la breloque. Quelle joie ! Il venait d'arriver 17 fourgons de pain. Quel bonheur pour des affamés ! tout le monde voulait aller à la corvée. Mais quel fut notre désappointement ! il se trouvait tout moisi et tout bleu.... Enfin, il fallut s'en contenter.

Le 13, au point du jour, on fit marcher en avant dans une grande plaine, et à deux heures on nous mit en bataille. On forma les faisceaux ; il arrive des aides de camp qui venaient de notre droite et qui volaient de tous côtés.

---

1. Coignet, l'auteur de ce récit, était alors simple soldat et venait de voir le feu pour la première fois, au combat de Montebello, où il avait pris un canon.

Voilà un mouvement qui se fait partout, et l'on détache la 24ᵉ demi-brigade en avant à la découverte. Elle marcha très loin, découvrit les Autrichiens et eut une affaire sérieuse ; ils perdirent du monde. Il n'y eut plus de doute que les Autrichiens étaient devant nous, dans la ville d'Alexandrie.

Toute la nuit sous les armes. On plaça des avant-postes le plus loin possible, et des petits postes avancés. Le 14, à trois heures du matin, ils surprirent deux de nos petits postes de quatre hommes, et les égorgèrent. Ce fut le signal du réveille-matin, et nous prîmes les armes. A quatre heures, fusillade sur notre droite, on bat la générale sur toute la ligne, et les aides de camp vinrent nous faire prendre nos lignes de bataille. On nous fit rétrograder un peu en arrière, derrière une belle pièce de blé qui se trouvait sur une petite éminence qui nous masquait, et nous attendîmes un peu de temps. Tout à coup leurs tirailleurs sortirent de derrière des saules et des marais, et puis l'artillerie commence. Un obus éclate dans la première compagnie et tue sept hommes ; il arrive un boulet qui tue le gendarme en ordonnance près du général Chambarlhac qui se sauve à toute bride. Nous ne le revîmes pas de la journée.

Arrive un petit général qui avait de belles moustaches ; il vint trouver notre colonel et demande où est notre général. On lui répond : « Il est parti. — Eh bien! je vais prendre le commandement de la division. »

Et il prit de suite la compagnie de grenadiers dont je faisais partie, et nous mena pour l'attaque, sur un rang. Nous commençâmes le feu. « Ne vous arrêtez pas en chargeant vos armes, dit-il. Je vous ferai rentrer par un rappel. »

Et il court rejoindre sa division. Il ne fut pas sitôt à son poste que la colonne des Autrichiens débusque de derrière des saules, se déploie devant nous, fait un feu de bataillon, et nous crible de mitraille. Notre petit général répond, et nous voilà entre deux feux, sacrifiés.

Je cours derrière un gros saule ; je m'appuie contre et tirai dans cette colonne, mais je ne pus y tenir.... Les balles venaient de toutes parts, et je fus contraint de me coucher la tête par terre pour me garantir de cette mitraille qui faisait tomber les branches sur moi ; j'en étais couvert. Je me voyais perdu.

Heureusement toute la division avance par bataillons. Je me relevai et me trouvai dans une compagnie du bataillon, j'y restai toute la journée, car il ne restait plus que quatorze de nos grenadiers sur cent soixante-quatorze, le reste fut tué ou blessé. Nous fûmes obligés de venir reprendre notre première position, criblés par la mitraille. Tout tombait sur nous qui tenions la gauche de l'armée, contre la grande route d'Alexandrie, et nous avions la position la plus difficile à soutenir. Ils voulaient toujours nous tourner, et il fallait toujours appuyer pour les empêcher de nous prendre par derrière.

Notre colonel se multiplie partout derrière la demi-brigade pour nous maintenir; notre capitaine, qui avait perdu sa compagnie et qui était blessé au bras, faisait les fonctions d'aide de camp près de notre intrépide général. On ne se voyait plus dans la fumée. Les canons mirent le feu dans la grande pièce de blé, et ça fit une révolution dans les rangs. Des gibernes sautèrent; on fut obligé de rétrograder en arrière, pour nous reformer le plus vite possible. Cela nous fit beaucoup de tort, mais ça fut rétabli par l'intrépidité des chefs qui veillaient à tout.

Au centre de la division se trouvait une grange entourée de grands murs, où un régiment de dragons autrichiens était caché; ils fondirent sur un bataillon de la 43° demi-brigade et l'entourèrent; il fut fait prisonnier tout entier, et ce beau bataillon fut conduit dans Alexandrie. Heureusement le brave général Kellermann est accouru avec ses dragons pour rétablir l'ordre. Ses charges firent faire silence à la cavalerie autrichienne, et l'ordre fut rétabli.

Cependant leur nombreuse artillerie nous accablait, et nous ne pouvions plus tenir. Nos rangs se dégarnissaient à vue d'œil; de loin, on ne voyait que blessés, et les soldats qui les portaient ne revenaient pas dans leurs rangs; ça nous affaiblit beaucoup. Il fallut céder du terrain, et personne pour nous soutenir! Leurs colonnes se renouvelaient, personne ne venait à notre secours. A force de brûler des cartouches, il n'était plus possible de les faire descendre dans le canon de notre fusil.

Nous recommençâmes à tirer et à battre en retraite, mais en ordre. Les cartouches allaient nous manquer, et nous avions déjà perdu une ambulance, lorsque la garde consulaire arriva avec huit cents hommes chargés de cartouches dans leurs sarraux de toile; ils passèrent derrière les rangs et nous donnèrent des cartouches. Cela nous sauva la vie.

Alors le feu redoubla et le Consul parut. Nous fûmes une fois plus forts: il fit mettre sa garde en ligne au centre de l'armée et les fit marcher en avant. Ils arrêtèrent l'ennemi de suite, formant le carré et marchant en bataille. Les beaux grenadiers à cheval arrivèrent au galop, et chargèrent de suite l'ennemi, ils culbutèrent leur cavalerie. Ah! ça nous fit respirer un moment, ça nous donna de la confiance pour une heure.

Mais ne pouvant pas tenir contre les grenadiers à cheval consulaires, ils rabattent sur notre demi-brigade et enfoncent les premiers pelotons, qu'ils sabrent. Je reçus un coup de sabre si fort sur le cou que ma queue fut coupée à moitié. Heureusement que j'avais la plus forte de tout le régiment. Mon épaulette fut coupée avec l'habit, la chemise, et la chair, un peu atteinte. Je tombai à la renverse dans un fossé.

Les charges de cavalerie furent terribles; Kellermann en fit trois de suite avec ses dragons; il les menait et les ramenait. Toute cette cavalerie sautait par-dessus moi qui étais étourdi dans le fossé. Je me débarrassai de mon sac, de ma giberne et de mon sabre; je pris la queue du cheval d'un dragon qui était en retraite, laissant tout mon fourniment dans le fossé. Je faisais des enjambées derrière ce cheval qui m'emportait, et je tombai raide, ne pouvant plus souffler. Mais, Dieu merci! j'étais sauvé. Sans ma chevelure (que j'ai encore à soixante-douze ans), j'avais la tête à bas.

J'eus le temps de retrouver un fusil, une giberne et un sac (la terre en était couverte), et je repris mon rang dans la deuxième compagnie de grenadiers, qui me reçurent avec amitié. Le capitaine vint me serrer les mains : « Je vous croyais perdu, mon brave, dit-il, vous avez reçu un fameux coup de sabre, car vous n'avez plus de queue et votre épaule a bien du mal. Vous devriez vous mettre en serre-file. — Je vous remercie, j'ai une giberne pleine de cartouches et je vais bien me venger sur les cavaliers que je pourrai joindre, ils m'ont trop fait de mal; ils me le payeront. »

Nous battions en retraite en bon ordre, mais les bataillons se dégarnissaient à vue d'œil, tous prêts à lâcher pied, si ce n'avait été la bonne contenance des chefs. Nous arrivâmes à midi sans être ébranlés. Regardant derrière nous, nous vîmes le Consul assis sur la levée du fossé de la grande route d'Alexandrie, tenant son cheval par la bride, faisant voltiger des petites pierres avec sa cravache. Les boulets qui roulaient sur la route, il ne les voyait pas. Quand nous fûmes près de lui, il monte sur son cheval et part au galop derrière nos rangs : « Du courage, soldats, dit-il, les réserves arrivent. Tenez ferme. »

Et il fut sur la droite de l'armée. Les soldats de crier : « Vive Bonaparte! » Mais la plaine était jonchée de morts et de blessés, car on n'avait pas le temps de les ramasser; il fallait faire face partout. Les feux de bataillon par échelons en arrière les arrêtaient, mais ces maudites cartouches ne voulaient plus descendre dans nos canons de fusil.

Mon brave capitaine Merle passe derrière le deuxième bataillon, et le capitaine lui dit : « J'ai un de vos grenadiers, il a reçu un fameux coup de sabre. — Où est-il? faites-le sortir, que je le voie. Ah! c'est vous, Coignet? — Oui, mon capitaine. — Je vous croyais au rang des morts, je vous avais vu tomber dans le fossé. — Ils m'ont donné un fameux coup de sabre; tenez, voyez! ils m'ont coupé ma queue. — Allons! tâtez dans mon sac, prenez mon *sauve-la-vie*[1] et vous boirez un coup de rhum pour vous remettre; ce soir, si nous y sommes, je viendrai vous chercher. — Me voilà sauvé pour la journée, mon capitaine, je vais joliment me battre. »

1. Flacon.

L'autre capitaine dit : « J'ai voulu le mettre en serre-file ; il n'a pas voulu. — Je le crois, il m'a sauvé la vie à Montebello. »

Ils me prirent la main. Que c'est donc beau la reconnaissance ! j'en sentirai le prix toute ma vie.

En attendant, nous avions beau faire, nous baissions l'oreille. Il était deux heures. « La bataille est comme perdue », dirent nos officiers, lorsque arrive un aide de camp ventre à terre, qui crie : « Où est le premier Consul ? Voilà la réserve qui arrive, du courage ! vous allez avoir du renfort de suite, dans une demi-heure. » Et voilà le Consul qui arrive : « Tenez ferme ! dit-il en passant, voilà ma réserve ! » Nos pauvres petits pelotons regardaient du côté de la route de Montebello, à tous les demi-tours que l'on nous faisait faire.

Enfin cris de joie : « Les voilà ! les voilà ! »

Cette belle division[1] venait l'arme au bras ; c'était comme une forêt que le vent fait vaciller. La troupe arrivait sans courir, avec une belle artillerie dans les intervalles des demi-brigades, et un régiment de grosse cavalerie qui fermait la marche.

Arrivés à leur hauteur, ils se trouvaient comme si on l'avait choisie pour se mettre en bataille. Sur notre gauche, à gauche de la grande route, une haie très élevée les masquait : on ne voyait même pas la cavalerie, et nous battions toujours en retraite. Le Consul donnait ses ordres, et les Autrichiens venaient comme s'ils faisaient route pour aller chez eux, l'arme sur l'épaule ; ils ne faisaient plus attention à nous, ils nous croyaient tout à fait en déroute.

Nous avions dépassé la division du général Desaix de trois cents pas, et les Autrichiens étaient prêts aussi à dépasser la ligne, lorsque la foudre part sur leur tête de colonne.... Mitraille, obus, feux de bataillon pleuvent sur eux, et on bat la charge partout ! Tout le monde fait demi-tour. Et de courir en avant ! On ne criait pas, on hurlait....

L'intrépide 9ᵉ demi-brigade passe comme des lapins au travers de la haie ; ils fondent sur les grenadiers hongrois à la baïonnette, et ne leur donnent pas le temps de se reconnaître. Les 30ᵉ et 59ᵉ fondent à leur tour sur l'ennemi et font quatre mille prisonniers. Le régiment de grosse cavalerie tombe sur la masse. Voilà toute leur armée en pleine déroute. Tout le monde fit son devoir, mais la neuvième par-dessus tout. Notre autre cavalerie se réunit à celle-là, et se jette comme une masse sur la cavalerie autrichienne, qu'ils mirent dans une telle déroute qu'ils se sauvèrent à toute bride dans Alexandrie. Une division autrichienne venant de l'aile droite vient sur nous à la baïonnette, et nous courûmes aussi baïonnette croisée ; nous les renversâmes, et je reçus une petite incision dans le cil de l'œil droit, en parant le coup que

---

1. La division Desaix.

me portait un grenadier. Je ne le manquai pas, mais le sang me bouchait l'œil. Ils en voulaient à ma tête ce jour-là. C'était peu de chose. Je continuai de marcher et je ne sentais pas mon mal ; nous les poursuivîmes jusqu'à neuf heures du soir, nous les jetâmes dans les fossés pleins d'eau. Leurs corps servaient de pont pour laisser passer les autres. C'était affreux de voir ces malheureux se noyer, et le pont tout embarrassé. On n'entendait que des cris ; ils ne pouvaient plus rentrer en ville, et nous prenions les voitures, les canons. A dix heures, mon capitaine m'envoie chercher par son domestique pour me faire souper avec lui, et mon œil fut pansé, ma chevelure fut remise en état.

Nous couchâmes sur le champ de bataille.

(*Cahiers du Capitaine Coignet.*)
(Hachette et Cie, Éditeurs.)

Desaix

Comme dans toutes les batailles longtemps disputées, perdues pendant une partie de la journée, un dernier coup de vigueur, après tant d'heures de lassitude, vers le soir, a ramené à nous, à Marengo, la fortune et la victoire. Ce succès nous coûta le général Desaix. C'était le payer aussi cher que possible. Desaix ne prononça point les belles paroles qu'on a mises dans sa bouche : il reçut une balle au cœur et tomba raide mort sans prononcer un mot. La douleur fut grande dans l'armée. On lui a attribué des pressentiments sur sa fin prochaine. Il avait dit quelques jours auparavant : « Je crains que les boulets d'Europe ne me reconnaissent plus ».

Le général Desaix était un homme bien né. Fort pauvre, élève du roi à l'école militaire d'Effiat, il n'avait pas montré dans son enfance le germe des qualités qui se sont développées chez lui. Timide et craintif en commençant sa carrière, il parut même manquer d'une sorte d'élévation et ne pas sentir le feu sacré qui le dévora plus tard, car il demanda et obtint une place d'adjoint aux commissaires des guerres, qu'il échangea contre l'épaulette, en quittant le régiment d'infanterie de Bretagne où il était officier. Son peu de fortune en fut cause. Mais bientôt les qualités qui devaient le distinguer si éminemment se développèrent, et il revint au métier pour lequel la nature l'avait formé. Il montra activité, intelligence et bravoure, et son avancement fut rapide. Plus il s'éleva, plus il se trouva à sa place. Il était déjà général de division quand je l'ai connu.

Il aimait la gloire avec passion ; son âme pure, son cœur droit, étaient capables d'en connaître le prix; mais il voulait qu'elle fût dignement acquise et méritée. Il était doué de la plus haute intelligence de la guerre et d'une activité constante; sobre et simple, sa simplicité était souvent poussée jusqu'à la négligence; d'un commerce doux, égal, ses manières polies sans affectation et sa politesse venaient du cœur.

Une élocution facile, assez d'instruction, et le goût d'en acquérir toujours rendaient sa conversation agréable; il avait l'esprit observateur, un grand calme habituel et quelque chose de mélancolique dans le caractère et dans la figure; sa taille était haute et élancée. Personne n'était plus brave que lui, et de cette bravoure modeste qui n'attache pas de prix à être remarquée. Homme de conscience avant tout, homme de devoir, sévère pour lui, homme de règle pour les autres, sa bonté tempérait sa sévérité; d'une grande délicatesse sous le rapport de l'argent, mais d'une économie allant jusqu'à l'avarice; estimé de tout ce qui l'approchait, sa mort a été une grande perte pour la France. Comme il était véritablement modeste et sans ambition, il eût été entre les mains de Bonaparte un instrument utile, dont il ne se serait jamais défié; et peut-être, par la sagesse de son esprit, par la position élevée qu'il aurait eue près de lui, aurait-il exercé, dans quelques circonstances, une influence utile; mais il devait nous être enlevé à la fleur de l'âge : il avait trente-deux ans quand la mort le frappa. Une circonstance singulière a marqué sa destinée : émule du général Kléber, tous les deux, avec des facultés et des caractères si différents, ont brillé en même temps d'un semblable éclat. On pouvait comparer leurs actions et leur gloire; leurs deux noms contemporains étaient prononcés avec le même respect, et ces deux émules, ces deux rivaux, séparés depuis peu, sont morts tous les deux le même jour et à la même heure, à huit cents lieues de distance, l'un en Europe, l'autre en Afrique. Le premier Consul regretta sincèrement le général Desaix.

(Mémoires de Marmont.)
(Perrotin, Éditeur.)

Entrée des Français à Florence

(1800)

C'EST pour le coup que nous venons de faire une belle équipée! Nous venons de rompre la trêve comme de jolis garçons que nous sommes. En trois jours nous nous sommes emparés de la Toscane et de la belle et délicieuse ville de Florence. M. de Sommariva, ses fameuses troupes, ses terribles paysans armés, tout a fui à notre approche, et nous sommes des enfonceurs de portes ouvertes.

Avec le général Dupont, commandant l'expédition, nous avons traversé l'Apennin à la tête de l'avant-garde, et maintenant nous nous reposons délicieusement sous les oliviers, les orangers, les citronniers et les palmiers qui bordent les rives de l'Arno. Cependant les Toscans insurgés se sont retranchés dans Arezzo, et tiennent en échec le général Mounier, l'un de nos généraux de division. Mais nous venons d'y envoyer du canon, et bientôt tout sera terminé.

Il n'y a rien de comique comme notre entrée à Florence. M. de Sommariva avait envoyé à notre rencontre plusieurs parlementaires, chargés de nous assurer de sa part qu'il allait désarmer les paysans qu'il avait soulevés, et qu'il nous priait de nous arrêter; mais que si nous persistions à entrer dans Florence, il se ferait tuer sur les remparts. C'était bien parler; mais, en dépit de ses promesses et de ses menaces, nous continuâmes notre marche.

Arrivés à quelques milles de Florence, le général Dupont envoie le général Jablonowski avec un escadron de chasseurs pour reconnaître si l'ennemi défend en effet la place. Moi, qui me trouvais là assez désœuvré, je suis le général Jablonowski. Nous arrivons militairement par quatre, le sabre en main, au grand trot. Point de résistance, nous entrons dans la ville, personne pour nous arrêter. Au coin d'une rue, nous nous trouvons nez à nez avec un détachement de cuirassiers autrichiens. Nos chasseurs veulent les sabrer. L'officier autrichien s'avance vers nous chapeau bas, et nous dit que, lui et son piquet formant la garde de police, il est obligé de se retirer des derniers. Une si bonne raison nous désarme, et nous le prions poliment d'aller rejoindre bien vite le reste de l'armée autrichienne et toscane, qui se repliait sur Arezzo. Nous arrivons sur la grande place où les députés du gouvernement viennent nous rendre leurs devoirs. J'établis le quartier général dans le plus beau quartier et le plus beau palais de la ville. Je retourne vers le général Dupont. Nous faisons une entrée triomphale, et voilà une ville prise.

Le soir même, on illumine le grand Opéra, on nous garde les plus belles loges, on nous envoie de bonnes berlines pour nous y traîner, et nous voilà installés en maîtres. Le lendemain il nous restait à prendre deux forts, garnis chacun de dix-huit pièces de canon et d'un obusier. Nous envoyons dire aux deux commandants que nous allons leur fournir toutes les voitures nécessaires à l'évacuation de leurs garnisons. Frappés d'une si *terrible* sommation, ils se rendent sur-le-champ, et nous voilà maîtres des deux forts. Cette capitulation nous a fait tant rire, que nous étions tentés de nous imaginer que les Autrichiens s'entendaient avec nous. Il paraît cependant qu'il n'en est rien.

(*Lettre de Maurice Dupin.*)
CITÉE DANS L'*Histoire de ma vie*, DE GEORGE SAND.
(Calmann Lévy, Éditeur.)

Un épisode de la jeunesse d'Augereau

Par suite d'un usage des plus absurdes, sous l'ancien régime il existait entre divers régiments des haines invétérées, dont la cause, fort ancienne, n'était souvent pas bien connue, mais qui, transmise d'âge en âge, donnait lieu à des duels, chaque fois que ces corps se rencontraient. Ainsi, les gendarmes de Lunéville et les carabiniers étaient en guerre depuis plus d'un demi-siècle, bien qu'ils ne se fussent pas vus dans ce long espace de temps. Enfin, au commencement du règne de Louis XVI, ces deux corps furent appelés au camp de Compiègne; alors, pour ne point paraître moins braves que leurs devanciers, les carabiniers et les gendarmes résolurent de se battre, et cette habitude était tellement invétérée que les chefs crurent devoir fermer les yeux. Cependant, pour éviter la trop grande effusion de sang, ils parvinrent à faire régler qu'il n'y aurait qu'un seul duel, chacun des deux corps devant désigner le combattant qui le représenterait; après quoi, on ferait trêve. L'amour-propre des deux partis étant engagé à ce que le champion présenté fût victorieux, les carabiniers choisirent leurs douze meilleurs tireurs, parmi lesquels se trouvait Augereau, et l'on convint que le sort désignerait celui auquel la défense de l'honneur du régiment serait confiée. Il fut ce jour-là plus aveugle encore que de coutume, car il indiqua un sous-officier ayant cinq enfants; il s'appelait Donnadieu. Augereau fit observer qu'on n'aurait pas dû mettre parmi les billets celui qui portait le nom d'un père de famille, qu'il demandait donc à être substitué à son camarade. Donnadieu déclare que, puisque le sort l'a désigné, il marchera; Augereau insiste; enfin ce combat de générosité est terminé par les membres de la réunion, qui acceptent la proposition d'Augereau. On apprend bientôt quel est le combattant choisi par les gendarmes, et il ne reste plus qu'à mettre les adversaires en présence, pour qu'un simulacre de querelle serve de motif à la rencontre.

L'adversaire d'Augereau était un homme terrible, tireur excellent et duelliste de profession, qui pour peloter, en attendant partie, avait les jours précédents tué deux sergents des gardes françaises. Augereau, sans se laisser intimider par la réputation de ce spadassin, se rend au café où il savait qu'il devait venir, et, en l'attendant, il s'assied à une table. Le gendarme entre, et, dès qu'on lui a désigné le champion des carabiniers, il retrousse les basques de son habit, et va s'asseoir insolemment sur la table, le derrière à un pied de la figure d'Augereau. Celui-ci, qui prenait en ce moment une tasse de café bien chaud, entr'ouvre doucement l'échancrure appelée ventouse, qui existait alors derrière les culottes de peau des cavaliers, et verse le liquide brûlant sur les fesses de l'impertinent gendarme.... Celui-ci se retourne en fureur!... Voilà la querelle engagée, et l'on se rend sur le terrain, suivi d'une foule de carabiniers et de gendarmes. Pendant le trajet, le féroce gendarme, voulant railler celui dont il comptait faire sa victime, demande à Augereau d'un ton goguenard : « Voulez-vous être enterré à la ville ou à la campagne? » Augereau répondit : « Je préfère la campagne, j'ai toujours aimé le grand air. — Eh bien, reprend le gendarme, en s'adressant à son témoin, tu le feras mettre à côté des deux que j'ai expédiés hier et avant-hier. » C'était peu encourageant, et tout autre qu'Augereau aurait pu en être ému. Il ne le fut pas ; mais, résolu à défendre chèrement sa vie, il joua, comme on dit, si serré et si bien, que son adversaire, furieux de ne pouvoir le toucher, s'emporta et fit de faux mouvements, dont Augereau, toujours calme, profita pour lui passer son épée au travers du corps, en lui disant : « Vous serez enterré à la campagne ».

(Mémoires du Général de Marbot.)
(Plon et Nourrit, Éditeurs.)

Dans la Garde [1]

Mon capitaine envoie chercher un sergent-major, et lui dit : « Voilà un petit grenadier. Vous avez l'homme le plus grand de toute la garde, eh bien ! vous aurez le plus petit. — Justement, il se trouve seul en ce moment ;

---

1. La taille réglementaire pour entrer dans la garde était de cinq pieds six pouces. Coignet n'ayant que cinq pieds deux pouces, il lui avait fallu, au moment de passer sous la toise, introduire dans ses souliers deux jeux de cartes.

Le Premier Consul me dit : « Veux-tu être tambour-major ? »

c'est un bon camarade; nous pourrons dire : le plus petit avec le plus grand. » Le sergent-major me mena dans ma chambre, et il me présenta à mes camarades. Un grenadier, gaillard de six pieds quatre pouces, se mit à rire en me voyant si petit. « Eh bien, lui dit-il, voilà votre camarade de lit. — Je pourrai l'emporter en contrebande sous ma redingote. »...

On nous fit part que le premier Consul devait passer dans notre caserne, et qu'il fallait nous tenir sur nos gardes. Mais il trompa son monde, il nous prit tous dans nos lits; il était accompagné du général Lannes, son favori. Il venait de nous arriver des malheurs; des grenadiers s'étaient suicidés, on ne sut pourquoi. Il parcourt toutes les chambres, et arrive à mon lit. Mon camarade s'allongea en voyant le Consul près de notre lit; ses jambes passent de plus d'un pied notre couchette. Le Consul croit que c'est deux grenadiers au bout l'un de l'autre et vient à la tête de notre lit pour s'assurer du fait, et suit de sa main tout le long de mon camarade pour s'assurer. « Mais, dit-il, ces couchettes sont trop courtes pour mes grenadiers. Vois-tu, Lannes? il faut réformer tout le coucher de ma garde. Prends note, et que toute la literie soit mise à neuf; celle-ci passera pour la garnison. »

Mon camarade de lit fut cause d'une dépense de plus d'un million, et toute la garde eut des lits neufs de sept pieds....

Étant au camp d'Ambleteuse, je reçus la visite de mon ancien camarade de lit, en compagnie duquel j'avais fait mes débuts dans la garde. Il avait quitté la garde à la suite d'une aventure singulière. Un jour, nous étions de service aux Tuileries; il fut placé à la porte même du premier Consul, à l'entrée de sa chambre. Quand le Consul passa, le soir, pour aller se coucher, il s'arrêta stupéfait. On l'eût été à moins. Figurez-vous un homme de six pieds quatre pouces, surmonté d'un bonnet à poil de dix-huit pouces de haut, et d'un plumet dépassant encore le bonnet à poil d'au moins un pied. Il m'appelait son nabot, et, quand il étendait le bras horizontalement, je passais dessous sans y toucher. Or le premier Consul était encore plus petit que moi, et je pense qu'il fut obligé de lever singulièrement la tête pour apercevoir la figure de mon camarade.

Après l'avoir examiné un moment, il vit qu'en outre il était parfaitement taillé : « Veux-tu être tambour-major? lui dit-il. — Oui, Consul. — Eh bien! va chercher ton officier. »

A ces mots, le grenadier dépose son fusil et s'élance, puis il s'arrête et veut reprendre son arme, en disant qu'un bon soldat ne devait jamais la quitter. « N'aie pas peur, répliqua le premier Consul; je vais la garder et l'attendre. »

Une minute après, mon camarade arrive au poste. L'officier, surpris de le voir, demanda brusquement ce qui était arrivé. « Parbleu! répondit-il avec son air goguenard, j'en ai assez de monter la garde, j'ai mis quelqu'un en faction à ma place. — Qui donc? s'écria l'officier. — Bah!... le petit caporal. — Ah çà! pas de mauvaise plaisanterie! — Je ne plaisante pas; il faut bien qu'il monte la garde à son tour.... D'ailleurs venez-y voir, il vous demande, et je suis ici pour vous chercher. »

L'officier passa de l'étonnement à la terreur, car Bonaparte ne mandait guère les officiers près de lui que pour leur donner une *culotte*. Le nôtre sortit l'oreille basse et suivit son nouveau guide. Ils trouvèrent le premier Consul se promenant dans le vestibule, à côté du fusil. « Monsieur, dit-il à l'officier, ce soldat a-t-il une bonne conduite? — Oui, général. — Eh bien! je le nomme tambour-major dans le régiment de mon cousin; je lui ferai trois francs par jour sur ma cassette, et le régiment lui en fera autant. Ordonnez qu'on le relève de faction, et qu'il parte dès demain. »

Ainsi dit, ainsi fait. Mon camarade prit aussitôt possession de ses fonctions nouvelles, et, quand il vint nous voir à Ambleteuse, il avait un uniforme prodigieux, tout couvert de galons, aussi riche que celui du tambour-major de la garde.

(Cahiers du Capitaine Coignet.)
(Hachette et Cie, Éditeurs.)

CAPITULATION D'ULM.

1804-1850

La capitulation d'Ulm

LES AUTRICHIENS eurent ce qu'on est convenu d'appeler les honneurs de la guerre, honneurs ressemblant plutôt à l'exécution d'une condamnation et à un supplice solennel : ils défilèrent devant leurs vainqueurs. Jamais spectacle plus imposant ne s'était offert à mes yeux : le soleil le plus brillant éclairait cette cérémonie, et le terrain le plus favorable ajoutait à la beauté du coup d'œil.

La ville d'Ulm, située sur la rive gauche du Danube, a un développement assez petit. Une plaine parfaitement horizontale, de trois à quatre cents toises de longueur environ, l'enveloppe, et cette plaine est entourée elle-même par des montagnes qui s'élèvent régulièrement en amphithéâtre. Au tiers de ce demi-cercle s'avance un rocher escarpé haut de trente pieds.

Les troupes françaises bordaient la plaine, formées en colonnes, par division et par brigade, ayant la tête de chaque colonne au bas de l'amphithéâtre, et la queue plus élevée : l'artillerie de chaque division entre les brigades.

Le corps de Lannes était en route pour Munich ; le mien et celui du maréchal Ney, seuls présents, formèrent huit colonnes ainsi disposées en pente.

L'Empereur était placé à l'extrémité du rocher dont j'ai parlé, ayant derrière lui son état-major, et, plus en arrière, sa garde. La colonne autrichienne, sortie par la porte d'aval et en suivant circulairement une ligne parallèle à celle qu'indiquait la tête de nos colonnes, défilait devant l'Empereur, et, à cent pas de là, déposait ses armes. Les hommes désarmés rentraient ensuite dans Ulm par la porte d'amont : vingt-huit mille hommes passèrent ainsi sous de nouvelles Fourches Caudines.

Un pareil spectacle ne peut se rendre, et la sensation en est encore présente à mon souvenir. De quelle ivresse nos soldats n'étaient-ils pas transportés! Quel prix pour un mois de travaux! Quelle ardeur, quelle confiance n'inspire pas à une armée un pareil résultat! Aussi, avec cette armée, il n'y avait rien qu'on ne pût entreprendre, rien à quoi on ne pût réussir.

Toutefois je réfléchis avec une sorte de compassion au sort de braves soldats, mal commandés, dont la mauvaise direction a trompé la bravoure. Personne ne doit leur reprocher un malheur dont ils sont victimes, tandis que ce malheur est une faute, et peut-être un crime de la part de leur chef. Ces réflexions me vinrent, et elles furent inspirées par le désespoir peint sur la figure de quelques officiers supérieurs et subalternes. Mais elles furent remplacées par une sorte d'indignation en remarquant un des principaux généraux, le général Giulay, dont l'air était satisfait, et dont la préoccupation semblait n'avoir d'autre objet que d'assurer une marche régulière et la correction dans les alignements. Au fond, le désespoir dont je supposais toute cette armée remplie était ressenti par peu de gens. Au milieu de la cérémonie, je me rendis au lieu où les soldats mettaient les armes en faisceaux ; je dois le dire ici : ils montraient une joie indécente en se débarrassant de leur attirail de guerre.

(Mémoires de Marmont.)
(Perrotin, Éditeur.)

L'envers de la Gloire Militaire

La courte campagne qui aboutit à la capitulation d'Ulm fut pour moi comme l'abrégé de celles qui suivirent. L'excès de la fatigue, le manque de vivres, la rigueur de la saison, les désordres commis par les maraudeurs, rien n'y manqua, et je fis en un mois l'essai de tout ce que j'étais destiné à éprouver dans tout le cours de ma carrière. Les brigades et même les régiments étant quelquefois dispersés, l'ordre de les réunir sur un point arrivait tard, parce qu'il fallait passer par bien des filières. Il en résultait que le régiment marchait jour et nuit, et j'ai vu pour la première fois, dans cette campagne, dormir en marchant, ce que je n'aurais pas cru possible. On arrivait ainsi à la position que l'on devait occuper, sans avoir rien mangé et sans y trouver de vivres. Le maréchal Berthier, major général, écrivait : « Dans la guerre d'invasion que fait l'Empereur, il n'y a pas de magasins, c'est aux généraux à se pourvoir des moyens de subsistance dans les pays qu'ils parcourent. » Mais les généraux n'avaient ni le temps, ni les moyens de se procurer régulièrement de quoi nourrir une si nombreuse armée. C'était donc autoriser le pillage, et les pays que nous parcourions l'éprouvèrent cruellement. Nous n'en avons pas moins bien souffert de la faim pendant la durée de cette campagne. A l'époque de nos plus grandes misères, une colonne de prisonniers traversa nos rangs ; l'un d'eux portait un pain de munition, un soldat du régiment le prit de force ; un autre lui en fit des reproches, et il s'établit une discussion entre eux, pour savoir s'il était loyal d'ôter ses vivres à un prisonnier ; le premier alléguant le droit de la guerre, nos propres misères, le besoin de nous conserver, l'autre le droit de possession et l'humanité. La discussion fut longue et très vive. Le premier, impatienté, finit par dire à l'autre : « Ce qui arrivera de là, c'est que je ne t'en donnerai pas. — Je ne t'en demande pas, répondit celui-ci, je ne mange point de ce pain-là. » Pour apprécier la beauté de cette réponse et la noblesse de ce sentiment, il faut penser que celui qui l'exprimait était lui-même accablé de fatigue et mourant de faim.

Un autre jour, un petit soldat de la compagnie, à qui j'avais rendu quelques services, me donna en cachette un morceau de pain de munition et la moitié d'un poulet, qu'il avait enveloppé d'une chemise sale. Je n'ai de ma vie fait un meilleur repas.

Le mauvais temps rendit nos souffrances plus cruelles encore. Il tombait une pluie froide, ou plutôt de la neige à demi fondue, dans laquelle nous enfoncions jusqu'à mi-jambes, et le vent empêchait d'allumer du feu. Le 16 octobre en particulier, jour où M. Philippe de Ségur porta à Ulm au général Mack la première sommation, le temps fut si affreux que personne ne resta à son poste. On ne trouvait plus ni grand-garde, ni factionnaire. L'artillerie même n'était pas gardée : chacun cherchait à s'abriter comme il le pouvait, et, à aucune autre époque, excepté la campagne de Russie, je n'ai autant souffert, ni vu l'armée dans un pareil désordre. J'eus occasion de remarquer alors combien il importe que les officiers d'infanterie soient à pied et s'exposent aux fatigues aussi bien qu'aux dangers. Un jour un soldat murmurait, son capitaine lui dit : « De quoi te plains-tu ? tu es fatigué, je le suis aussi. Tu n'as pas mangé, ni moi non plus. Tu as les jambes dans la neige, regarde-moi. » Avec un pareil langage, il n'est rien qu'on ne puisse exiger des soldats, rien qu'on ne soit en droit d'attendre d'eux. C'est la célèbre réponse de Montézuma : « Et moi ! suis-je donc sur un lit de roses ? »

Toutes ces causes développèrent l'insubordination, l'indiscipline et le maraudage. Lorsque par un temps pareil les soldats allaient dans un village chercher des vivres, ils trouvaient tentant d'y rester. Aussi le nombre d'hommes isolés qui parcouraient le pays devint-il considérable. Les habitants en éprouvèrent des vexations de tous genres, et des officiers blessés qui voulaient rétablir l'ordre furent en butte aux menaces des maraudeurs. Tous ces détails sont inconnus de ceux qui lisent l'histoire de nos campagnes. On ne voit qu'une armée valeureuse, des soldats dévoués, rivalisant de gloire avec leurs officiers. On ignore au prix de quelles souffrances s'achètent souvent les plus éclatants succès. On ignore combien, dans une armée, les exemples de lâcheté ou d'égoïsme s'unissent aux traits de générosité et de courage.

(Souvenirs du Duc de Fezensac.)
(Dumaine, Éditeur.)

Une comédie de Napoléon

En 1805, Marbot, aide de camp du maréchal Augereau, et son camarade Massy avaient été chargés d'aller porter à l'Empereur les drapeaux pris par le chef du 7ᵉ corps de la Grande Armée sur le corps d'armée du feld-maréchal Jellachich. Ils rejoignirent le quartier impérial à Brünn quelques jours avant la bataille d'Austerlitz.

Le lendemain de notre arrivée, nous nous acquittâmes de notre mission et fîmes la remise des drapeaux, avec le cérémonial prescrit par l'Empereur....

Une demi-heure avant la parade, qui avait lieu tous les jours à onze heures..., le général Duroc, grand maréchal, envoya à notre logement une compagnie de grenadiers de la garde, avec musique et tambours.... Tous les postes rendirent les honneurs militaires, et, à notre entrée dans la cour,... les corps réunis pour la parade battirent aux champs, présentèrent les armes et poussèrent avec enthousiasme les cris répétés de : *Vive l'Empereur !*

L'aide de camp de service vint nous recevoir et nous présenta à Napoléon, auprès duquel nous fûmes introduits, toujours accompagnés des sous-officiers qui portaient les drapeaux autrichiens. L'Empereur examina ces divers trophées, et, après avoir fait retirer les sous-officiers, il nous questionna beaucoup, tant sur les divers combats que le maréchal Augereau avait livrés, que sur tout ce que nous avions appris pendant le long trajet que nous venions de faire dans les contrées qui avaient été le théâtre de la guerre....

Le roi de Prusse, qui apprenait chaque jour les nouvelles victoires de Napoléon, voulant savoir à quoi s'en tenir sur la position respective des parties belligérantes, trouva convenable d'envoyer M. d'Haugwitz, son ministre, au quartier général, afin qu'il pût juger les choses par lui-même. Or, comme il fallait un prétexte pour cela, il le chargea de porter la réponse à une lettre que Napoléon lui avait adressée pour se plaindre du traité conclu à Potsdam entre la Prusse et la Russie. M. d'Haugwitz arriva à Brünn quelques jours avant la bataille d'Austerlitz, et aurait bien voulu pouvoir y rester jusqu'au résultat de la grande bataille qui se préparait, afin de conseiller à son souverain de ne pas bouger si nous étions vainqueurs, et de nous attaquer, dans le cas où nous serions battus....

Comme l'Empereur savait que M. d'Haugwitz expédiait tous les soirs un courrier à Berlin, il voulut que ce fût par lui qu'on apprît en Prusse la défaite et la prise du corps d'armée du feld-maréchal Jellachich, qui ne devait pas y être connue, tant les événements se précipitaient à cette époque ! Voici comment l'Empereur s'y prit pour y arriver.

Le maréchal du palais Duroc, après nous avoir prévenus de ce que nous avions à faire, fit replacer en secret, dans le logement que Massy et moi occupions, tous les drapeaux autrichiens que nous avions apportés de Bregenz ; puis, quelques heures après, lorsque l'Empereur causait dans son cabinet avec M. d'Haugwitz, nous renouvelâmes la cérémonie de la remise des drapeaux, absolument de la même manière qu'elle avait été faite la première fois. L'Empereur, en entendant la musique dans la cour de son palais, feignit l'étonnement, s'avança vers les croisées suivi de l'ambassadeur, et voyant les trophées portés par les sous-officiers, il appela l'aide de camp de service, auquel il demanda de quoi il s'agissait. L'aide de camp ayant répondu que c'étaient deux aides de camp du maréchal Augereau, venant apporter à l'Empereur des drapeaux du corps autrichien de Jellachich, pris à Bregenz, on nous fit entrer, et là, sans sourciller, et comme s'il ne nous avait pas encore vus, Napoléon reçut la lettre du maréchal Augereau qu'on avait recachetée, et la lut, bien qu'il en connût le contenu depuis quatre jours. Puis il nous questionna, en nous faisant entrer dans les plus grands détails. Duroc nous avait prévenus qu'il fallait parler haut, parce que l'ambassadeur prussien avait l'oreille un peu dure. Cela arrivait fort mal à propos pour mon camarade Massy, chef de la mission, car une extinction de voix lui permettait à peine de parler. Ce fut donc moi qui répondis à l'Empereur, et, entrant dans sa pensée, je peignis des couleurs les plus vives la défaite des Autrichiens, leur abattement et l'enthousiasme des troupes françaises. Puis, présentant les trophées les uns après les autres, je nommais les régiments ennemis auxquels ils avaient appartenu. J'appuyai principalement sur deux, parce que leur capture devait produire un plus grand effet sur l'ambassadeur prussien.

« Voici, dis-je, le drapeau du régiment d'artillerie de S. M. l'empereur d'Autriche, et voilà l'étendard des uhlans de l'archiduc Charles, son frère. » Les yeux de Napoléon étincelaient et semblaient me dire : « Très bien, jeune homme ! » Enfin, il nous congédia, et, en sortant, nous l'entendîmes dire à l'ambassadeur : « Vous le voyez, monsieur le comte, mes armées triomphent sur tous les points ; l'armée autrichienne est anéantie, et bientôt il en sera de même de celle des Russes. » M. d'Haugwitz paraissait atterré....

La comédie jouée, l'Empereur, pour se débarrasser d'un témoin dangereux qui pouvait rendre compte des positions de son armée, insinua à M. l'ambassadeur qu'il serait peu sûr pour lui de rester entre deux armées prêtes à en venir aux mains, et l'engagea à se rendre à Vienne, auprès de M. de Talleyrand, son ministre des affaires étrangères, ce que M. d'Haugwitz fit dès le soir

Napoléon lui dit : « Voyez, Monsieur le Comte, mes armées triomphent sur tous les points. »

même. Le lendemain, l'Empereur ne nous dit pas un mot relatif à la scène jouée la veille ; mais, voulant sans doute témoigner sa satisfaction sur la manière dont nous avions compris sa pensée, il demanda affectueusement au commandant Massy des nouvelles de son rhume et me pinça l'oreille, ce qui, de sa part, était une caresse.

(*Mémoires du Général de Marbot.*)
(Plon et Nourrit, Éditeurs.)

Bataille d'Austerlitz

Le 1ᵉʳ décembre, à deux heures, Napoléon vient faire visite, avec ses maréchaux, à notre front de bandière. Nous étions à manger du cotignac, nous en avions trouvé des pleins saloirs dans des villages, et nous faisions des tartines. L'empereur se mit à rire : « Ah ! dit-il, vous mangez des confitures ! Ne bougez pas, il faut mettre des pierres neuves à vos fusils. Demain matin, nous en aurons besoin, tenez-vous prêts ! »

Les grenadiers à cheval amenaient une douzaine de gros cochons ; ils passèrent devant nous. Nous mîmes le sabre à la main, et tous les cochons furent pris. L'empereur de rire, il fit la distribution : six pour nous, et les six autres pour les grenadiers à cheval. Les généraux se firent une pinte de bon sang, et nous eûmes de quoi faire de bonnes grillades. Le soir, l'Empereur sortit de sa tente, monta à cheval pour visiter les avant-postes avec son escorte. C'était la brune, et les grenadiers à cheval portaient quatre torches allumées. Cela donna le signal d'un spectacle charmant : toute la garde prit des poignées de paille après leurs baraques et les allumèrent. On se les allumait les uns aux autres, une de chaque main, et tout le monde de crier : « Vive l'Empereur ! » et de sauter. Ce fut le signal de tous les corps d'armée ; je peux certifier deux cent mille torches allumées. La musique jouait et les tambours battaient aux champs. Les Russes pouvaient voir de leurs hauteurs, à plus de cent pieds, sept corps d'armée, sept lignes de feux qui leur faisaient face.

Le lendemain, de bon matin, tous les musiciens eurent l'ordre d'être à leur poste sous peine d'être punis sévèrement.

Nous voici au 2 décembre. L'Empereur partit de grand matin pour visiter ses avant-postes et voir la position de l'armée russe ; il revint sur un plateau au-dessus de celui où il avait passé la nuit ; il nous fait mettre en bataille derrière lui avec les grenadiers d'Oudinot. Tous ses maréchaux étaient près de lui; il les fit partir à leur poste. L'armée montait ce mamelon pour redescendre dans les bas-fonds, franchir un ruisseau et arriver au pied de la montagne de Pratzen, où les Russes nous attendaient le plus tranquillement du monde. Lorsque les colonnes furent passées, l'Empereur nous fit suivre le mouvement. Nous étions vingt-cinq mille bonnets à poil, et des gaillards.

Nos bataillons montèrent cette côte l'arme au bras et, arrivés à distance, ils souhaitèrent le bonjour à la première ligne par des feux de bataillon, puis la baïonnette croisée sur la première ligne des Russes, en battant la charge. La musique se faisait entendre, sur l'air :

On va leur percer le flanc.

Les tambours répétaient :

Rantanplan, tirelire en plan!
On va leur percer le flanc,
Que nous allons rire!

Du premier choc, nos soldats enfoncèrent la première ligne, et nous, derrière les soldats, la seconde ligne. On perça le centre de leur armée et nous fûmes maîtres du plateau de Pratzen, mais notre aile droite souffrit beaucoup. Nous les voyions qui ne pouvaient monter cette montagne si rapide. Toute la garde de l'empereur de Russie était en masse sur cette hauteur. Mais on nous fit appuyer fortement à droite. Leur cavalerie s'avança sur un bataillon du 4e qui couvrit de ses débris le champ de bataille. L'Empereur l'aperçoit et dit au général Rapp de charger. Rapp s'élance avec les chasseurs à cheval et les Mameluks, délivre le bataillon, mais est ramené par la garde russe. Le maréchal Bessières part au galop avec les grenadiers à cheval qui prennent la revanche. Il y eut une mêlée pendant plusieurs minutes, tout était pêle-mêle, on ne savait qui serait maître, mais nos grenadiers furent vainqueurs et ils revinrent se placer derrière l'Empereur. Le général Rapp revint couvert de sang, amenant un prince avec lui. On nous avait fait avancer au pas de charge pour soutenir cette lutte; l'infanterie russe était derrière cette masse et nous croyions notre tour arrivé, mais ils battirent en retraite dans la vallée des étangs.

Ne pouvant pas passer sur la chaussée qui était encombrée, il leur fallut passer sur l'étang de gauche en face de nous, et l'Empereur, qui s'aperçut de leur embarras, fait descendre son artillerie et le 2e régiment de grenadiers. Nos canonniers se mettent en batterie. Voilà boulets et obus qui tombent sur la glace, elle cède sous cette masse de Russes qui se voient forcés de prendre un bain, le 2 décembre. Toutes les troupes tapaient des mains, et notre

Napoléon se vengeait sur sa tabatière ; c'était la défaite totale. La journée se termine à poursuivre et prendre des canons, des équipages et des prisonniers. Le soir, nous couchâmes sur la belle position que la garde russe occupait le matin, et l'Empereur donna tous ses soins à faire ramasser les blessés. Il y avait deux lieues de champ de bataille à parcourir pour les ramasser, et tous les corps fournirent du monde pour cette pénible corvée.

(*Cahiers du Capitaine Coignet.*)
(Hachette et Cⁱᵉ, Éditeurs.)

Cantonnements français en Allemagne

La paix conclue avec l'Autriche au mois de mars 1806, l'armée rentrait en France, lorsque l'attitude menaçante de la Prusse décida l'Empereur à la laisser en Allemagne. La division dont je faisais partie fut établie au nord du lac de Constance. Mais le séjour prolongé de l'armée en Allemagne eut pour le pays des inconvénients de plus d'un genre. On vivait aux frais de ses hôtes et à peu près à discrétion. Il eût mieux valu donner aux soldats des rations, aux officiers des frais de table, et acquitter exactement la solde, ce que l'on ne faisait point. Par ce moyen, on eût pu réunir les troupes dans un plus petit espace, ce qui valait mieux pour la discipline et pour l'instruction. Au lieu de cela, les soldats mangeaient chez leurs hôtes, et l'on peut comprendre avec quelles exigences, quand on connaît le caractère des Français, leur avidité, leur gourmandise, qui n'exclut pas la friandise, leur goût pour le vin et le dédain qu'ils ont toujours témoigné aux étrangers. La dépense pour l'habillement n'était pas plus payée que la solde, afin que l'armée, en rentrant en France, trouvât des économies et des habillements neufs. En attendant, le soldat n'était pas vêtu, et l'on répondait aux réclamations des chefs de corps qu'ils devaient y pourvoir le mieux possible. Voici ce que nous fîmes à cet égard. Dans les commencements, l'habitant donnait au soldat par jour une petite bouteille de vin du pays. Les capitaines en demandèrent la valeur en argent à la condition de faire savoir aux habitants qu'ils n'étaient plus tenus de donner de vin. L'argent fut employé à acheter des pantalons dont les soldats avaient grand besoin. Mais ils n'y perdirent rien. Quelques-uns assez tapageurs se firent craindre de leurs hôtes. D'autres, en plus grand nombre, très bons enfants, travaillaient aux champs, faisaient la moisson, dansaient avec les filles, et le paysan, le soir, leur donnait à boire. Nous avions donc à la fois l'argent et le vin. Les officiers trop éloignés des soldats ne pouvaient pas réprimer les abus ; d'ailleurs, la plupart d'entre eux donnaient l'exemple de l'exigence et de l'indiscrétion. Quand on voulait sortir, on demandait une voiture et des chevaux que l'on ne payait jamais. On recevait des visites, on donnait à dîner à ses amis, toujours aux frais du pays. Pendant la durée des cantonnements, j'ai été faire un voyage à Constance et un autre à Schaffhouse, sans autre dépense que des pourboires aux postillons. Si chacun de nous faisait un historique de tout ce qui est à sa connaissance dans ce genre, on pourrait en remplir des volumes. Un officier d'un grade élevé voulut aussi aller à Schaffhouse ; il lui fallait quatre chevaux, que l'on relayait de distance en distance. Dans un de ces relais, où on le fit attendre, il envoya par punition vingt-cinq hommes de plus loger au village.

Un autre voulut donner un grand dîner le jour de la fête de l'Empereur. Il fit demander dans toutes les maisons du vin de Champagne et des liqueurs. Il invita ensuite les autorités de la ville, auxquelles il offrait leur vin. Il porta lui-même la santé de l'Empereur : « Puisse-t-il vivre longtemps, dit-il, pour la gloire de la France, le repos de l'Europe et la sûreté de nos alliés. » L'ironie paraîtra forte, mais il le disait bonnement, trouvant cela tout simple.

(Souvenirs du Duc de Fezensac.)
(Dumaine, Éditeur.)

Un épisode de la bataille d'Eylau

J'AVAIS acheté une jument qui... mordait comme un bouledogue et se jetait avec furie sur les personnes qui lui déplaisaient...; mais, une fois qu'on était placé sur son dos, on trouvait une monture incomparable.... Je pensais pourtant à m'en défaire, lorsque, ayant pris à mon service François Woirland, homme qui ne doutait de rien, celui-ci, avant d'approcher Lisette (la jument...), se munit d'un gigot rôti bien chaud, et, lorsque la bête se jeta sur lui pour le mordre, il lui présenta le gigot, qu'elle saisit entre ses dents ; mais s'étant brûlé les gencives, le palais et la langue, la jument poussa un cri, laissa tomber le gigot et dès ce moment fut soumise à Woirland, qu'elle n'osa plus attaquer. J'employai le même moyen et j'obtins un pareil résultat. Lisette, docile comme un chien, se laissa très facilement approcher par moi et par mon domestique,... mais malheur aux étrangers qui passaient auprès d'elle!...

UN ÉPISODE DE LA BATAILLE D'EYLAU.

Telle était la jument que je montais à Eylau, au moment où les débris du corps d'armée du maréchal Augereau, écrasés par une grêle de mitraille et de boulets, cherchaient à se réunir auprès du grand cimetière.... Le 14ᵉ de ligne était resté seul sur un monticule qu'il ne devait quitter que par ordre de l'Empereur. La neige ayant cessé momentanément, on aperçut cet intrépide régiment qui, entouré par l'ennemi, agitait son aigle en l'air pour prouver qu'il tenait toujours et demandait du secours. L'Empereur, touché du magnanime dévouement de ces braves gens, résolut d'essayer de les sauver, en ordonnant au maréchal Augereau d'envoyer vers eux un officier chargé de leur dire de quitter le monticule, de former un petit carré et de se diriger vers nous, tandis qu'une brigade de cavalerie marcherait à leur rencontre pour seconder leurs efforts.

C'était avant la grande charge faite par Murat ; il était presque impossible d'exécuter la volonté de l'Empereur, parce que, une nuée de Cosaques nous séparant du 14ᵉ de ligne, il devenait évident que l'officier qu'on allait envoyer vers ce malheureux régiment serait tué ou pris avant d'arriver jusqu'à lui. Cependant, l'ordre étant positif, le maréchal dut s'y conformer.

Il était d'usage, dans l'armée impériale, que les aides de camp se plaçassent en file à quelques pas de leur général, et que celui qui se trouvait en tête marchât le premier, puis vint se placer à la queue lorsqu'il avait rempli sa mission, afin que, chacun portant un ordre à son tour, les dangers fussent également partagés. Un brave capitaine du génie, nommé Froissard, qui, bien que n'étant pas aide de camp, était attaché au maréchal, se trouvant plus près de lui, fut chargé de porter l'ordre au 14ᵉ. M. Froissard partit au galop ; nous le perdîmes de vue au milieu des Cosaques, et jamais nous ne le revîmes ni sûmes ce qu'il était devenu. Le maréchal, voyant que le 14ᵉ de ligne ne bougeait pas, envoya un officier nommé David : il eut le même sort que Froissard, nous n'entendîmes plus parler de lui.... Pour la troisième fois, le maréchal appelle : « L'officier à marcher ». — C'était mon tour !...

En voyant approcher le fils de son ancien ami, et j'ose le dire, son aide de camp de prédilection, la figure du bon maréchal fut émue, ses yeux se remplirent de larmes, car il ne pouvait se dissimuler qu'il m'envoyait à une mort presque certaine ; mais il fallait obéir à l'Empereur ; j'étais soldat, on ne pouvait faire marcher un de mes camarades à ma place, et je ne l'eusse pas souffert : c'eût été me déshonorer. Je m'élançai donc ! Mais, tout en faisant le sacrifice de ma vie, je crus devoir prendre les précautions nécessaires pour la sauver. J'avais remarqué que les deux officiers partis avant moi avaient mis le sabre à la main, ce qui me portait à croire qu'ils avaient le projet de se défendre contre les Cosaques qui les attaqueraient pendant le trajet ; défense irréfléchie selon moi, puisqu'elle les avait forcés à s'arrêter pour combattre une multitude d'ennemis qui avaient fini par les accabler. Je m'y pris donc autrement, et laissant mon sabre au fourreau, je me considérai comme un cavalier qui, voulant gagner un prix de course, se dirige le plus rapidement possible et par la ligne la plus courte vers le but indiqué, sans se préoccuper de ce qu'il y a, ni à droite ni à gauche, sur son chemin. Or, mon but étant le monticule occupé par le 14ᵉ de ligne, je résolus de m'y rendre sans faire attention aux Cosaques, que j'annulai par la pensée.

Ce système me réussit parfaitement. Lisette, plus légère qu'une hirondelle, et volant plus qu'elle ne courait, dévorait l'espace, franchissant les monceaux de cadavres d'hommes et de chevaux, les fossés, les affûts brisés, ainsi que les feux mal éteints des bivouacs. Des milliers de Cosaques éparpillés couvraient la plaine. Les premiers qui m'aperçurent firent comme des chasseurs dans une traque, lorsque, voyant un lièvre, ils s'annoncent mutuellement sa présence par les cris : « A vous! à vous.... » Mais aucun de ces Cosaques n'essaya de m'arrêter, d'abord à cause de l'extrême rapidité de ma course, et probablement aussi parce qu'étant en très grand nombre, chacun d'eux pensait que je ne pourrais éviter ses camarades placés plus loin. Si bien que j'échappai à tous et parvins au 14ᵉ de ligne, sans que moi ni mon excellente jument eussions la moindre égratignure.

Je trouvai le 14ᵉ formé en carré sur le haut du monticule; mais comme les pentes de terrain étaient fort douces, la cavalerie ennemie avait pu exécuter plusieurs charges contre le régiment français, qui, les ayant vigoureusement repoussées, était entouré par un cercle de cadavres, de chevaux et de dragons russes, formant une espèce de rempart, qui rendait désormais la position presque inaccessible à la cavalerie, car, malgré l'aide de nos fantassins, j'eus beaucoup de peine à passer par-dessus ce sanglant et affreux retranchement. J'étais enfin dans le carré! — Depuis la mort du colonel Savary, tué au passage de l'Ukra, le 14ᵉ était commandé par un chef de bataillon. Lorsque, au milieu d'une grêle de boulets, je transmis à ce militaire l'ordre de quitter sa position pour tâcher de rejoindre le corps d'armée, il me fit observer que l'artillerie ennemie, tirant depuis une heure sur le 14ᵉ, lui avait fait éprouver de telles pertes que la poignée de soldats qui lui restait serait infailliblement exterminée si elle descendait en plaine; qu'il n'aurait d'ailleurs pas le temps de préparer l'exécution de ce mouvement, puisqu'une colonne d'infanterie russe, marchant sur lui, n'était plus qu'à cent pas de nous.

« Je ne vois aucun moyen de sauver le régiment, dit le chef de bataillon ; retournez vers l'Empereur, faites-lui les adieux du 14ᵉ de ligne, qui a fidèlement exécuté ses ordres, et portez-lui l'aigle qu'il nous avait donnée et que nous ne pouvons plus défendre ; il serait trop pénible en mourant de la voir tomber aux mains des ennemis! » Le commandant me remit alors son aigle,

Lisette le saisit par le ventre et l'emporta hors de la mêlée.

que les soldats, glorieux débris de cet intrépide régiment, saluèrent pour la dernière fois des cris de : *Vive l'Empereur !...* eux qui allaient mourir pour lui ! C'était le *Cæsar, morituri te salutant* de Tacite ; mais ce cri était ici poussé par des héros !

Les aigles d'infanterie étaient fort lourdes, et leur poids se trouvait augmenté d'une grande et forte hampe en bois de chêne, au sommet de laquelle on la fixait. La longueur de cette hampe m'embarrassait beaucoup, et comme ce bâton dépourvu de son aigle ne pouvait constituer un trophée pour les ennemis, je résolus, avec l'assentiment du commandant, de la briser pour n'emporter que l'aigle ; mais au moment où, du haut de ma selle, je me penchais le corps en avant pour avoir plus de force pour arriver à séparer l'aigle de la hampe, un des nombreux boulets que nous lançaient les Russes traversa la corne de derrière de mon chapeau à quelques lignes de ma tête !... La commotion fut d'autant plus terrible que mon chapeau, étant retenu par une forte courroie de cuir fixée sous le menton, offrait plus de résistance au coup. Je fus comme anéanti, mais ne tombai pas de cheval. Le sang me coulait par le nez, les oreilles et même les yeux ; néanmoins j'entendais encore, je voyais, je comprenais et conservais mes facultés intellectuelles, bien que mes membres fussent paralysés au point qu'il m'était impossible de remuer un seul doigt...

Cependant, la colonne d'infanterie russe que nous venions d'apercevoir abordait le monticule ; c'étaient des grenadiers, dont les bonnets garnis de métal avaient la forme de mitres. Ces hommes, gorgés d'eau-de-vie, et en nombre infiniment supérieur, se jetèrent avec furie sur les faibles débris de l'infortuné 14e, dont les soldats ne vivaient, depuis quelques jours, que de pommes de terre et de neige fondue ; encore, ce jour-là, n'avaient-ils pas eu le temps de préparer ce misérable repas !... Néanmoins, nos braves Français se défendirent vaillamment avec leurs baïonnettes, et lorsque le carré eut été enfoncé, ils se groupèrent en plusieurs pelotons et soutinrent fort longtemps ce combat disproportionné.

Durant cette affreuse mêlée, plusieurs des nôtres, afin de n'être pas frappés par derrière, s'adossèrent aux flancs de ma jument, qui, contrairement à ses habitudes, restait fort impassible. Si j'eusse pu remuer, je l'aurais portée en avant pour l'éloigner de ce champ de carnage ; mais il m'était absolument impossible de serrer les jambes pour faire comprendre ma volonté à ma monture !... Ma position était d'autant plus affreuse que, ainsi que je l'ai déjà dit, j'avais conservé la faculté de voir et de penser. Non seulement on se battait autour de moi, ce qui m'exposait aux coups de baïonnette, mais un officier russe, à la figure atroce, faisait de vains efforts pour me percer de son épée, et comme la foule des combattants l'empêchait de me joindre, il me désignait du geste aux soldats qui l'environnaient et qui, me prenant pour le chef des Français, parce que j'étais seul à cheval, tiraient sur moi par-dessus la tête de leurs camarades, de sorte que de très nombreuses balles sifflaient constamment à mes oreilles. L'une d'elles m'eût certainement ôté le peu de vie qui me restait lorsqu'un incident terrible vint m'éloigner de cette affreuse mêlée.

Parmi les Français qui s'étaient adossés au flanc gauche de ma jument se trouvait un fourrier que je connaissais. Cet homme, attaqué et blessé par plusieurs grenadiers ennemis, tomba sous le ventre de Lisette et saisissait ma jambe pour tâcher de se relever, lorsqu'un grenadier russe, dont l'ivresse rendait les pas fort incertains, ayant voulu l'achever en lui perçant la poitrine, perdit l'équilibre, et la pointe de sa baïonnette mal dirigée vint s'égarer dans mon manteau gonflé par le vent. Le Russe, voyant que je ne tombais pas, laissa le fourrier pour me porter une infinité de coups d'abord inutiles, mais dont l'un, m'atteignant enfin, traversa mon bras gauche, dont je sentis avec un plaisir affreux couler le sang tout chaud. Le grenadier russe, redoublant de fureur, me portait encore un coup, lorsque, la force qu'il y mit le faisant trébucher, sa baïonnette s'enfonça dans la cuisse de ma jument, qui, rendue par la douleur à ses instincts féroces, se précipita sur le Russe, et d'une seule bouchée lui arracha avec ses dents le nez, les lèvres, les paupières, ainsi que toute la peau du visage, et en fit une *tête de mort vivante* et toute rouge! C'était horrible à voir! Puis, se jetant avec furie au milieu des combattants, Lisette, ruant et mordant, renverse tout ce qu'elle rencontre sur son passage. L'officier ennemi, qui avait si souvent essayé de me frapper, ayant voulu l'arrêter par la bride, elle le saisit par le ventre, et, l'enlevant avec facilité, elle l'emporta hors de la mêlée, au bas du monticule, où, après lui avoir arraché les entrailles à coups de dents et broyé le corps sous ses pieds, elle le laissa mourant sur la neige. Reprenant ensuite le chemin par lequel elle était venue, elle se dirigea au triple galop vers le cimetière d'Eylau. Grâce à la selle à la housarde dans laquelle j'étais assis, je me maintins à cheval, mais un nouveau danger m'attendait.

La neige venait de recommencer à tomber, et de gros flocons obscurcissaient le jour, lorsque, arrivé près d'Eylau, je me trouvai en face d'un bataillon de la vieille garde, qui, ne pouvant distinguer au loin, me prit pour un officier ennemi conduisant une charge de cavalerie. Aussitôt le bataillon entier fit feu sur moi. Mon manteau et ma selle furent criblés de balles, mais je ne fus pas blessé, non plus que ma jument, qui, continuant sa course rapide, traversa les trois rangs du bataillon avec la même facilité qu'une couleuvre traverse une haie. Mais, ce dernier élan ayant épuisé les forces de Lisette, qui perdait beaucoup de sang,... cette pauvre bête s'affaissa tout d'un coup et tomba d'un côté en me faisant rouler de l'autre!... Il me sembla qu'on me berçait doucement. Enfin, je m'évanouis complètement.

(*Mémoires du Général de Marbot.*)
(Plon et Nourrit, Éditeurs.)

Un banquet offert par la Garde impériale à la Garde d'Alexandre

(1807)

Quand la paix de Tilsitt eut été signée, on donna l'ordre de se préparer pour donner un repas à la garde russe, et de faire des tentes très longues et très larges, avec toutes les ouvertures sur la même ligne, et des plantations de beaux sapins. La moitié partit avec des officiers pour en chercher, et l'autre moitié fit les tentes. On donna huit jours et huit lieues de pays en arrière pour se procurer des vivres. On partit en bon ordre; et le même jour, les provisions étaient chargées.... Le lendemain on arrivait au camp avec plus de cinquante voitures chargées et des paysans pour les conduire ; ils se prêtèrent de bonne grâce à cette réquisition, et ils furent renvoyés tous contents. Ils croyaient bien que les voitures traînées par des bœufs resteraient au camp, mais elles furent congédiées de suite, et ils sautaient de joie.

Le 30 juin 1807, notre repas était sur table à midi ; on ne peut pas voir des tables mieux décorées, avec des surtouts en gazon garnis de fleurs. Au fond de chaque tente, deux étoiles et les noms des deux grands hommes tracés en fleurs, avec les drapeaux français et russes.

Nous partîmes en corps pour aller au-devant de cette belle garde qui arrivait par compagnies ; nous prîmes chacun notre géant par-dessous le bras, et comme ils n'étaient pas aussi nombreux que nous, nous en avions un pour deux. Ils étaient si grands que nous pouvions leur servir de béquilles. Moi, qui étais le plus petit, j'en tenais un seulement ; j'étais obligé de regarder en l'air pour lui voir la figure ; j'avais l'air d'être son petit garçon. Ils furent confus de nous voir dans une tenue si brillante : il fallait voir nos cuisiniers bien poudrés, en tabliers blancs pour servir ; on peut dire que rien n'y manquait.

Nous plaçâmes nos convives à table, entre nous, et le dîner fut bien servi. Voilà la gaîté qui se fait parmi tout le monde!... Ces hommes affamés ne purent se contenir; ils ne connaissaient pas la réserve que l'on doit observer à table. On leur servit à boire de l'eau-de-vie; c'était la boisson du repas, et, avant de la leur présenter, il fallait en boire, et leur présenter le gobelet en fer-blanc qui contenait un quart de litre : son contenu disparaissait aussitôt; ils avalaient des morceaux de viande gros comme un œuf à chaque bouchée. Ils se trouvèrent bientôt gênés; nous leur fîmes signe de se déboutonner, en en faisant autant. Les voilà qui se mettent à leur aise; ils étaient serrés dans leur uniforme par des chiffons pour se faire une poitrine large; c'était dégoûtant à voir tomber ces chiffons.

Il nous arrive deux aides de camp, un de notre Empereur et un de l'empereur de Russie, pour nous prévenir de ne pas bouger, que nous allions recevoir leur visite. Les voilà qui arrivent; du signe de la main, notre Empereur dit que personne ne bouge; ils firent le tour de la table, et l'empereur de Russie nous dit : « Grenadiers, c'est digne de vous, ce que vous avez fait ».

Après leur départ, nos Russes, qui étaient à leur aise, recommencèrent à manger de plus belle. Nous voilà à les pousser en viande et en boisson, et comme ils ne peuvent plus manger tant de rôtis servis sur la table, que font-ils? Ils mettent leurs doigts dans leur bouche, rendent leur dîner en tas entre leurs jambes, et recommencent comme de plus belle. C'était dégoûtant à voir de pareilles orgies; ils firent ainsi trois cuvées dans leur dîner. Nous reconduisîmes le soir ceux que nous pûmes emmener; une partie resta dans ses vomissements sous les tables.

Un de nos farceurs voulut se déguiser en Russe, et fit quitter à un d'eux l'uniforme; ils échangèrent et partirent bras dessus bras dessous. Arrivés dans la belle rue de Tilsitt, notre farceur quitte le bras de son Russe (habillé en Français), et va pour épancher de l'eau. Aussitôt fini, il court pour rejoindre et rencontre un sergent russe, auquel il ne fait pas de salut, et qui lui applique deux coups de canne sur les épaules. Se voyant frappé, il oublie son déguisement, saute sur le sergent, le terrasse; il l'aurait tué, si ou l'avait laissé faire, sous le balcon des deux empereurs qui regardaient la troupe joyeuse. Cette scène les fit bien rire; le sergent russe resta sur place et tout le monde fut content, surtout les soldats russes.

(Cahiers du Capitaine Coignet.)
(Hachette et Cie, Éditeurs.)

Tilsitt : Banquet offert à la Garde Russe.

Les pontons de Cadix

(1808)

Après la capitulation de Baylen, les malheureux soldats du corps de Dupont furent, en violation du traité, emmenés prisonniers, conduits à Cadix et enfermés dans les pontons. Ce qu'ils y souffrirent, on va le voir.

On ne voyait sur les pontons aucun vestige de cordage. Ces gros coffres de bâtiments étaient d'immenses cercueils, dans lesquels on livrait à une mort lente des hommes vivants. La cale et le faux pont, placés au-dessous de la surface des eaux, étaient les lieux les plus insalubres. Dans la cale, toujours humide, c'était un fond de boue noire et infecte, et dans cette multitude de cabanes ou petites cellules qui formaient les distributions du faux pont il était impossible de respirer. Une seule écoutille, parallèle à celle de la cale, permettait l'intromission de l'air dans cette partie du vaisseau, sans cesse remplie des émanations les plus fétides. Là, la lumière ne pénétrait que difficilement, et l'on avait de la peine à distinguer les objets même en plein midi.

La seconde et la première batterie offraient des inconvénients d'une autre nature : on y jouissait de la clarté du jour, mais les sabords étant constamment ouverts, la fraîcheur des nuits et les différents courants d'air y occasionnaient des ophtalmies et d'intolérables douleurs dans les articulations. Cependant il est juste de dire que dans la première batterie comme dans la seconde, les hommes d'une taille moyenne, et j'étais heureusement dans ce nombre, pouvaient se tenir debout.

Sur ces bâtiments, où l'on nous avait entassés par douze ou quinze cents, il n'y avait qu'un seul endroit dont le séjour ne présentât pas de dangers pour la santé : c'était sur l'arrière, auprès de l'emplacement de la sainte-barbe ; et précisément cet endroit nous fut interdit, parce que des négociants espagnols avaient jugé à propos de s'en emparer pour y déposer leurs marchandises.

On n'osait pas nous faire mourir de faim ; mais on nous distribuait du pain de munition noir et rempli de substances terreuses, du biscuit plein de vers, des viandes salées qui se décomposaient, du lard rance, de la morue gâtée, du riz, des pois et des fèves avariés ; point de vin ; point de vinaigre ; aucun moyen de préparer nos aliments. Pour comble de malheur, par une chaleur excessive et avec une nourriture si propre à exciter la soif, on nous refusait l'eau, ou du moins on nous en donnait en si petite quantité, qu'elle s'absorbait telle que des gouttelettes qui tomberaient sur un feu ardent.

Aussi, vers le milieu du jour, étions-nous comme des furieux. Dans les batteries, c'était une atmosphère épaisse à y étouffer; on y nageait dans la sueur, dans la respiration les uns des autres, et le jeu des poumons y était horriblement comprimé. Sur le pont, les rayons d'un soleil tropical nous brûlaient la peau.

L'aurore était pour nous ce qu'elle est pour les oiseaux de ténèbres; nous ne la voyions jamais sans qu'elle nous attristât, car la nuit seule apportait quelque calme à nos sens. Comme nous aurions voulu prolonger sa durée! et quand elle se dissipait, comme nous étions impatients de son retour!...

Quand nos corps étaient en quelque sorte torréfiés, et que le flot, dans ses balancements, venait mollement caresser les flancs de notre vieux vaisseau, comme il nous eût semblé bon d'y descendre! mais il nous était interdit de nous baigner, et quiconque eût osé enfreindre la défense aurait payé de sa vie cette témérité. Nos gardiens, qui étaient des soldats de la marine espagnole, avaient ordre de faire feu sur tout prisonnier à qui ils supposeraient l'intention de s'écarter du bord, ne fût-ce que pour un instant; et ils étaient trop cruels pour ne pas exécuter à la lettre cette consigne. Nous n'en doutions pas, et, pour ne pas leur donner la satisfaction de remplir leur devoir, nous nous en tenions aux simples ablutions. Du matin au soir, nous faisions queue aux *bouteilles* (*water-closet* maritime) des chambres de vaisseau, afin de nous y mettre nus et nous arroser le corps avec des seaux d'eau de mer.

Il était difficile de s'accommoder du régime auquel nous étions soumis; cependant, dès les premiers moments, on fit contre mauvaise fortune bon cœur; c'était à qui plaisanterait de sa situation. Mais bientôt on commença à ne plus rire: d'affreuses maladies se développèrent en peu de temps. J'y vis se propager toutes les espèces de fièvres: diarrhée, dysenterie, typhus, scorbut. J'attendais mon tour. Je vivais au milieu de ce monde de spectres, et chaque jour je m'étonnais de ne pas dépérir comme eux. Dans cette gêne perpétuelle, impossible de prendre aucun repos. Nous livrions-nous un instant au sommeil, aussitôt nous étions réveillés par les cris des voisins, par les picotements et les démangeaisons au visage; nous étions suffoqués.

La plupart des prisonniers étaient en proie à un tel abattement qu'ils n'avaient plus la force de se déterminer à faire usage de leurs membres. Le plus petit déplacement devenait pour eux une peine; et puis, dans cette foule, il n'était pas aisé de circuler.

L'état sanitaire devenait de plus en plus alarmant, et nos gardiens ne paraissaient pas s'en émouvoir; loin de là, ils considéraient d'un œil presque joyeux les souffrances et la mort de ces chiens de Français, *gavachos*, qu'ils regardaient comme autant d'hérétiques dont on ne pouvait se défaire trop tôt.

Les agitations de la nuit étaient cruelles. Durant le jour, la torpeur était effrayante, et pourtant nos gardiens éprouvaient, à nous contempler dans cet état, une satisfaction qu'ils ne prenaient pas la peine de cacher. Au moment des distributions, dont le retour avait lieu toutes les quarante-huit heures, c'était pour eux un délicieux spectacle que celui de douze à quinze cents Français usant languissamment le reste de leurs forces à broyer sous la dent quelques fèves sèches, ou à déchirer des lambeaux de poisson cru, imprégné d'une saumure corrosive qui leur ensanglantait la bouche.

Ces repas, où chacun mangeait presque toujours ses aliments tels qu'il les avait reçus des mains des Espagnols, étaient hideux à voir, et les suites étaient déplorables : immédiatement après, c'étaient des maux d'estomac, des coliques à se tordre, des déchirements d'entrailles et un dévoiement qui ne cessait plus.

L'eau qu'on nous donna d'abord venait du port Santa-Maria : elle était propre à la cuisine, et n'avait pas de goût désagréable; mais bientôt on se lassa d'en aller chercher si loin, et nous n'eûmes plus que de l'eau saumâtre, puisée dans les fossés fangeux de la Péninsule. Si l'on n'eût pris plaisir à nous faire endurer le supplice de la soif, il y aurait eu moins de danger à se désaltérer; mais la haine que nous portaient les Espagnols se joignait à leur indolence, pour nous ménager des privations, et pour attacher ensuite à la satisfaction des premiers besoins la peine d'une intempérance bien naturelle. Il y avait ample provision de cette eau; nous le savions, nous en demandions : plutôt que d'accéder à nos prières, ils préféraient la laisser croupir dans les barriques, au milieu des puanteurs de la cale. Avait-elle achevé de s'y corrompre (je n'y songe jamais sans un soulèvement de cœur), exhalait-elle une odeur nauséabonde, pire que celle des matières excrémentielles répandues dans le vaisseau, alors cette capricieuse parcimonie cessait tout à coup. *Agua! agua!* criait-on, et le liquide pestilentiel était offert en abondance.... *Agua!* C'était à qui en aurait, à qui arriverait le premier. Heureux en cet instant ceux qui étaient les plus forts, ou qui se trouvaient le plus près du distributeur! Ils se gorgeaient au détriment des plus faibles ou des éloignés. Je dis heureux, car on leur portait envie; mais ils ne tardaient pas à expier l'avidité avec laquelle ils avaient assouvi leur soif : le frisson s'emparait d'eux; leurs mâchoires claquaient; puis, l'accès de froid passé, venaient les vomissements, la diarrhée, l'affaiblissement, le sommeil et la mort, toujours la mort, avec des convulsions horribles lorsqu'ils commettaient l'imprudence d'aller dormir sur le pont.

Les causes de mortalité étaient si multipliées que les décès devaient être nombreux. Dans les commencements de notre captivité, nous jetions les cadavres à l'eau ; mais le reflux en ayant déposé plusieurs sur le rivage de Cadix, les habitants obtinrent que l'on viendrait chercher nos morts pour les enterrer. En conséquence, on nous défendit de nous en débarrasser. Il n'y aurait pas eu à se plaindre de cette défense, si le service d'inhumation se fût fait avec exactitude ; mais il ne se passait pas de jour qu'il ne mourût quinze à vingt prisonniers à bord de chaque ponton, et les Espagnols restaient souvent toute une semaine sans les enlever. On conçoit que sous un climat aussi chaud ils devaient bientôt entrer en décomposition, et dégager une énorme quantité de miasmes putrides. Ces foyers d'infection, disséminés sur tous les points du bâtiment, y portaient partout la désolation et la mort.

C'était dans les parties basses du ponton que le typhus exerçait ses plus grands ravages. Rarement il épargnait les malheureux qui s'y réfugiaient, lorsque, par une variation soudaine de la température, la fraîcheur des nuits, qu'ils avaient d'abord considérée comme bienfaisante, se changeait subitement en un froid piquant. Le typhus ! on ne pouvait, sans se sentir ému de pitié, voir les angoisses de ceux qui étaient atteints de cette horrible maladie.

Que l'on juge de ce que nous devions souffrir, nous qui étions entourés de ces douleurs, sans possibilité de les soulager ; c'étaient des hurlements à fendre l'âme, des cris d'épouvante, d'horribles contractions, auxquelles ne succédait que trop souvent la raideur de fer du tétanos. La plupart se croyaient sous le fer des Espagnols, toujours prêts à les assassiner, parce qu'ils avaient vu périr de la sorte un grand nombre de leurs camarades dans les cantonnements de l'Andalousie, où ils étaient restés comme prisonniers. Ceux-ci, avec une imitation parfaite, répétaient les vociférations des habitants contre l'armée française ; ceux-là voyaient la garnison défiler par la brèche ; d'autres se figuraient le ponton sur le point de couler, ou d'être brûlé par l'artillerie des forts de Cadix.

Ces terreurs étaient si grandes et si vraies, que parfois, nous abandonnant à l'illusion, nous ne pouvions nous défendre d'une impression passagère du même genre. Quelques-uns s'arrachaient les cheveux ou s'ensanglantaient la figure ; plusieurs se lamentaient ; il y en avait qui cherchaient à mordre ; nous n'approchions d'eux qu'avec précaution. Les jeunes gens appelaient leurs mères en gémissant. Un sergent, je me souviens que c'était un Piémontais, contrefaisait le cri de tous les animaux de la ferme, depuis le chant du coq jusqu'au braiement de l'âne et au mugissement du taureau. Un soldat du train ne cessait de répéter : *Hue! Dia! Huhau!* Et, pendant les ténèbres, ceux qu'ils empêchaient de dormir les suppliaient de se taire, ou leur commandaient le silence avec des transports de colère.

Il ne crèvera donc pas! Cette exclamation, souvent réitérée, était le vœu de l'égoïsme du malade, qu'importunait la bruyante agonie d'un voisin dont il lui tardait d'être délivré. Un peu de tranquillité aux dépens de la vie de son semblable, voilà ce qu'il souhaitait : le dernier râle lui faisait plaisir ; mais quand ils n'étaient plus, sur leur dépouille, dont la vermine les quittait pour s'attacher à nous, sur leurs cadavres, qu'on laissait bleuir à bord, jusqu'à ce que les vers commençassent à les ronger, il y avait des blasphèmes et des malédictions. La maladie du pays fit également son invasion. Toutefois elle sévit avec plus de rigueur contre les Suisses et les Piémontais que contre les Français. Celui qui en était atteint devenait rêveur ; bientôt il tombait dans une mélancolie profonde ; nous le voyions se coucher sur le ventre. Alors nous disions : *En voilà un de moins !* et ce pronostic ne nous trompait pas : il ne se relevait plus. Presque toujours il succombait sans aucune affection apparente, sans demander de secours.

A bord d'un vaisseau il y a toujours une infirmerie ; sur les pontons, malades ou non, il fallait vivre côte à côte. Le prisonnier bien portant était souvent obligé de coucher entre deux scorbutiques.

Ces pauvres scorbutiques étaient véritablement nos lépreux ; mais, bien qu'ils inspirassent autant de dégoût qu'ils auraient dû exciter de compassion, nous ne pouvions éviter leur contact, et bon gré mal gré il nous fallait humer leur souffle empesté : les cadavres du moins ne respiraient pas ! Ah ! si les malheureux, pour rafraîchir leur sang, avaient pu se procurer quelque peu de cette verdure que, de la hauteur du tillac, ils apercevaient sur le rivage, et qu'ils dévoraient des yeux ! s'ils avaient eu quelques gouttes d'un vin généreux ! si les Espagnols avaient seulement consenti à les descendre à terre pour quelques jours, ou à remplacer de temps à autre, par des végétaux frais, les salaisons qu'ils distribuaient, ils auraient été sauvés ! Mais rien de ce que nous demandions au nom de l'humanité ne nous fut accordé.

Sur quatorze mille que nous étions, on en comptait huit mille dont une moitié avait le scorbut et la dysenterie, et l'autre moitié le scorbut seulement. Ces deux maladies, avec leur auxiliaire le typhus, faisaient de nos pontons un épouvantable tableau de destruction. Il n'y avait que les femmes de soldats ou les cantinières qui tinssent bon. Une particularité des plus remarquables, c'est qu'il s'en trouvait plusieurs centaines avec nous, et que pas une d'elles ne fut malade. Peut-être durent-elles la conservation de leur santé au mouvement qu'elles se donnaient en cherchant à se rendre utiles ; car les femmes sont nées hospitalières : dès qu'il s'agit de soulager les souffrances, elles s'oublient au sein du danger ; et le danger même, qui ne les occupe que par rapport à autrui, devient pour elles une salutaire diversion : « Si nous allions devenir malades, disaient-elles, que deviendraient nos pauvres hommes?»

Nous, dont c'était le devoir, comme le métier, de les panser, de les veiller, de les soigner, ces hommes, nous disions aussi : « Que deviendraient-ils ? » Ce n'était pas que nous y pussions grand'chose, mais nous n'en étions pas moins pénétrés de l'idée que c'était pour nous une obligation de vivre et de nous maintenir dispos.

Nous étions ces soldats à qui un général du siècle dernier avait défendu de tomber malades, sous peine d'être enterrés vifs. L'influence du moral sur le physique est si grande ! Et puis, nous ne faisions pas comme ceux qui, pour la moindre indisposition, allaient se tapir en un coin dans leur capote, le bonnet de police sur les yeux ; de ceux-là les camarades disaient qu'ils *se jetaient le drap sur la figure*. L'expression était juste et pittoresque.

Relation d'un Aide-Major.
DANS LES *Suites d'une capitulation*, CITÉ PAR M. LORÉDAN LARCHEY.

Un épisode du siège de Saragosse

Nos sapeurs, arrivés auprès du couvent de Santa-Engracia, avaient miné l'un des murs, lorsque le maréchal Lannes, me faisant appeler au milieu de la nuit, me dit qu'il m'a réservé une mission des plus importantes : « Au point du jour, on mettra le feu à la mine destinée à ouvrir le mur de Santa-Engracia ; huit compagnies de grenadiers sont prêtes pour l'assaut ; j'ai ordonné que tous les capitaines fussent pris parmi les moins anciens que vous ; je vous donne le commandement de cette colonne ; allez enlever le couvent, et je suis certain que l'un des premiers courriers de Paris m'apportera votre brevet de chef d'escadron ! » J'acceptai avec reconnaissance....

Je cours donc faire mes préparatifs, et, au jour naissant, je me rends à la tranchée, où je trouve le général Bazout, qui, après m'avoir remis le commandement des grenadiers, me fait observer que, le feu ne pouvant être mis aux poudres avant une heure, je ferais bien de profiter de ce temps pour aller examiner la muraille que la mine doit renverser, et calculer la largeur de la brèche qui en résultera, afin de préparer mon attaque. Je pars, accompagné d'un adjudant du génie qui devait me diriger au milieu des ruines d'un immense quartier déjà abattu, et j'arrive enfin au pied du mur du couvent. Là se terminait le terrain conquis par nous. Je me trouvai dans une petite cour ; un piquet de voltigeurs, occupant une espèce de cave voisine, avait dans cette cour un factionnaire abrité contre les coups de fusil par un amas de planches et de portes. L'adjudant du génie, me montrant alors un gros mur placé en face de nous, me dit que c'était celui qu'on allait faire sauter dès que la mine serait chargée. Dans l'un des coins de la cour, où l'on avait arraché une pompe, la chute de quelques pierres avait laissé un vide ; le factionnaire me fait observer qu'en se baissant, on aperçoit par cette ouverture les jambes d'une nombreuse troupe ennemie stationnée dans le jardin du couvent. Pour vérifier le fait, et reconnaître la configuration du terrain sur lequel j'allais combattre, je me baisse ; mais, à l'instant, un Espagnol posté sur le clocher de Santa-Engracia me tire un coup d'arme à feu, et je tombe sur le pavé !

Je n'en éprouvais aucune douleur, et pensai que l'adjudant auprès de moi m'avait poussé par inadvertance ; mais bientôt le sang sortit à gros bouillons ; j'avais reçu une balle dans le côté gauche, à peu de distance du cœur ! L'adjudant m'aida à me relever, et nous entrâmes dans la cave où se trouvaient les voltigeurs. Je perdis tant de sang que je fus sur le point de m'évanouir. Il n'y avait pas de brancard ; les soldats me passèrent donc un fusil sous les deux bras, un autre sous les jarrets, et m'emportèrent ainsi à travers les décombres de ce vaste quartier jusqu'au point où j'avais quitté le général Bazout. Là, je repris mes sens... et, comprimant ma plaie avec mon mouchoir, je me fis conduire au quartier général du maréchal Lannes....

En me voyant couvert de sang, porté par des soldats dont l'un me soutenait la tête, le maréchal et mes camarades me crurent mort. Le docteur Assalagny assura le contraire et s'empressa de me panser ; mais on ne savait où me placer, car il n'y avait plus un seul lit.... Le maréchal et tous mes camarades donnèrent à l'instant leurs manteaux, dont on forma une pile, sur laquelle on me coucha. Le docteur visita ma blessure et reconnut que j'avais reçu dans le corps un projectile dont la forme devait être plate puisqu'il avait passé entre deux côtes sans les briser, ce que n'aurait pu faire une balle ordinaire.

Pour trouver ce projectile, Assalagny enfonça une sonde dans la plaie ; il ne trouva rien ! Sa figure devint soucieuse, et voyant que je me plains d'éprouver les plus vives douleurs dans les reins, il me place sur le ventre et visite le dos. Mais à peine a-t-il touché le point où les côtes aboutissent à l'épine dorsale, que je ne pus retenir un cri : le projectile était là ; Assalagny, s'armant d'un bistouri, fait une grande incision, aperçoit un corps métallique se présentant entre deux côtes, et veut l'extraire avec des pinces. Mais, ne pouvant y parvenir, malgré de violents efforts qui me soulevaient, il fait asseoir l'un de mes camarades sur mes épaules, un autre sur mes jarrets, et réussit enfin à arracher une balle de plomb du plus fort calibre, à laquelle les fanatiques espagnols avaient donné la forme d'un petit écu, en l'aplatissant à coups de marteau. Une croix avait été gravée sur chaque face ; enfin, des entailles pratiquées tout autour faisaient ressembler cette balle à la roue d'une montre. C'étaient ces espèces de dents qui, s'étant prises entre les muscles, avaient rendu l'extraction si difficile. La balle ainsi écrasée, présentant trop de surface pour entrer dans un fusil, avait dû être lancée par un tromblon ; se présentant de biais, elle avait agi comme un instrument tranchant, passé entre deux côtes, contourné l'intérieur du coffre pour sortir de la même façon qu'elle était entrée, en conservant heureusement assez de force pour traverser les muscles et les chairs du dos.

Le maréchal, voulant faire connaître à l'Empereur avec quel fanatique acharnement les habitants de Saragosse se défendaient, lui fit passer la balle extraite de mon corps. Napoléon, après l'avoir examinée, la fit porter à ma mère, en lui annonçant que j'allais être nommé chef d'escadron.

(Mémoires du Général de Marbot.)
(Plon et Nourrit, Éditeurs.)

Siège de Saragosse
(1809)

.... Nous sommes toujours auprès de cette maudite, de cette infernale Saragosse. Quoique nous ayons pris leurs remparts d'assaut depuis plus de quinze jours, et que nous possédions une partie de la ville, les habitants, excités par la haine qu'ils nous portent, par les prêtres et le fanatisme, paraissent vouloir s'ensevelir sous les ruines de leur ville, à l'exemple de l'ancienne Numance. Ils se défendent avec un acharnement incroyable et nous font payer bien cher la plus petite victoire.

Chaque couvent, chaque maison, fait la même résistance qu'une citadelle, et il faut pour chacun un siège particulier. Tout se dispute pied à pied, de la cave au grenier, et ce n'est que quand on a tout tué à coups de baïonnette ou tout jeté par les fenêtres, que l'on peut se dire maître de la maison. A peine est-on vainqueur que la maison voisine nous jette, par des trous faits exprès, des grenades, des obus et une grêle de coups de fusil. Il faut se barricader, se couvrir bien vite, jusqu'à ce qu'on ait pris des mesures pour attaquer ce nouveau fort, et on ne le fait qu'en perçant les murs, car passer dans les rues est chose impossible : l'armée y périrait toute en deux heures.

Un épisode du siège de Saragosse.

SIÈGE DE SARAGOSSE.

Ce n'était pas assez de faire la guerre dans les maisons, on la fait sous terre. Un art inventé par les démons, sans doute, conduit les mineurs jusque sous l'édifice occupé par l'ennemi. Là, on comprime une grande quantité de poudre, et, à un signal donné, le coup part, et les malheureux volent dans les airs ou sont ensevelis sous les ruines. L'explosion fait évacuer à l'ennemi les maisons voisines, pour lesquelles il craint le même sort ; nous sommes postés tout près, et aussitôt nous nous précipitons dedans. Voilà comment nous cheminons dans cette malheureuse ville ; tu dois penser combien une telle guerre doit coûter de soldats. Que de jeunes gens, l'espoir de leur famille, ont déjà péri dans ces décombres ! Notre brigade a déjà perdu deux généraux. Le général de génie Lacoste, jeune homme de la plus grande espérance, qui, sorti des écoles depuis peu de temps, se trouvait déjà aide de camp de l'Empereur, a péri victime de son dévouement ainsi que tant d'autres. Enfin, il n'y a pas de jour où l'on ne compte quelques officiers parmi les morts, beaucoup plus que de soldats en proportion, parce que l'ennemi, tirant à coup sûr, quand nous attaquons, choisit ses victimes.

Ah ! ma bonne amie, quelle vie, quelle existence ! Voilà deux mois que nous sommes entre la vie et la mort, les cadavres et les ruines. Quand on devrait retirer de cette guerre tous les avantages que nous avons espérés, c'est les acheter bien cher. Mais ce qu'il y a de plus affreux, c'est de penser que nos travaux et notre sang ne serviront pas au bien de notre patrie....

Qui peut prévoir la fin de tant de maux ? Heureux ceux qui l'entrevoient !

Je t'écris bien tristement, ma chère amie, mais que veux-tu ? l'esprit est affecté. Sans doute, si j'avais l'espoir de te revoir bientôt, je serais plus gai, mais, hélas ! ce moment est bien éloigné. En attendant qu'il vienne, que Dieu te conserve joie et santé, il exaucera mes vœux les plus chers....

(*Lettre de Bugeaud à sa sœur.*)
Vie du Maréchal Bugeaud, PAR HENRI D'IDEVILLE.
(Firmin Didot, Éditeur.)

Portrait de Lannes

LANNES naquit en 1769 à Lectoure, petite ville de la Gascogne. Son père était simple ouvrier teinturier....

Lannes était de taille moyenne, mais très bien proportionnée ; sa physionomie était agréable et très expressive ; ses yeux petits, mais annonçant un esprit des plus vifs; son caractère très bon, mais emporté, jusqu'à l'époque où il parvint à le dominer; son ambition était immense, son activité prodigieuse et son courage à toute épreuve. Après avoir passé sa jeunesse dans l'état d'apprenti teinturier, Lannes vit s'ouvrir devant lui la carrière des armes, dans laquelle il était appelé à marcher à pas de géant. Entraîné par l'enthousiasme qui, en 1791, détermina la plupart des hommes de son âge à voler à la défense du pays injustement attaqué, il s'enrôla dans le 1er bataillon des volontaires du Gers, et servit comme simple grenadier jusqu'au moment où ses camarades, séduits par sa bonne tenue, son zèle et la vivacité de son esprit, le nommèrent sous-lieutenant. A compter de ce moment, il se livra sans relâche à l'étude, et alors même qu'il était maréchal, il passait une partie de ses nuits à travailler; aussi devint-il un homme passablement instruit. Il fit ses premières armes sous mon père, au camp de Miral, près de Toulouse, puis à l'armée des Pyrénées-Orientales, où son intrépidité et sa rare intelligence l'élevèrent rapidement au grade de chef de bataillon, qu'il occupait lorsque la division de mon père passa sous les ordres du général Augereau. Celui-ci, à la suite d'un combat sanglant dans lequel Lannes s'était couvert de gloire, le fit nommer chef de brigade (colonel)....

La paix ayant été conclue entre la France et l'Espagne, en 1795, Lannes suivit en Italie la division d'Augereau... à l'époque où Bonaparte vint prendre le commandement de l'armée. Celui-ci ne tarda pas à reconnaître le mérite de Lannes... et le retint en Italie, où il fut blessé deux fois pendant les célèbres campagnes de 1796 et 1797.... Lorsque, en 1798, Bonaparte conduisit une armée en Égypte, il prit avec lui Lannes, devenu général de brigade....

Le nouveau général se distingua partout et fut si grièvement blessé à l'assaut de Saint-Jean d'Acre que ses troupes le crurent mort.... Il fut miraculeusement sauvé par un capitaine de grenadiers qui, au péril de sa vie, le traîna jusqu'au bout de la tranchée....

Et voici, à ce propos, une petite anecdote.

Après la prise de Saragosse, la mission du maréchal Lannes était accomplie; il se mit donc en route pour rejoindre l'Empereur à Paris.... Comme le maréchal voyageait jour et nuit et ne pouvait supporter l'odeur des mets, nous, ses aides de camp, étions obligés de jeûner à peu près pendant six relais et de ne manger qu'en galopant. Je fus donc bien surpris, lorsqu'un soir le maréchal me pria de l'attendre au relais de Pétignac, et d'annoncer qu'il s'y arrêterait une heure pour souper. Je fus surtout très étonné, en voyant que la maison indiquée n'était pas une hôtellerie. Mais, à l'annonce de l'arrivée du maréchal, les habitants font éclater la joie la plus vive, dressent la table, la couvrent de mets succulents et s'élancent en pleurant de joie au-devant de sa voiture. Le maréchal, les larmes aux yeux, embrasse tout le monde, y compris les plus petits marmots, et comble le maître de poste des marques de la plus tendre amitié. Après dîner, il ordonne à l'un d'entre nous de tirer de son portefeuille une superbe montre en or et une chaîne de même métal fermée d'un gros diamant, offre ces bijoux au maître et à la maîtresse de poste, donne trois ou quatre cents francs aux servantes, et s'éloigne au milieu des plus tendres embrassements.

Je crus que cette famille était alliée au maréchal; mais, dès que nous fûmes en voiture, il nous dit : « Vous êtes sans doute étonnés des marques d'intérêt que je donne à ces braves gens; mais le mari m'a rendu un bien grand service, car il m'a sauvé la vie en Syrie! » Alors le maréchal nous raconta qu'étant général de division, il dirigeait un assaut contre la tour de Saint-Jean d'Acre, quand il reçut une balle au travers du cou et tomba évanoui. Ses soldats, le croyant mort, se retirèrent en désordre devant des milliers de Turcs, qui les poursuivirent en décapitant ceux qu'ils pouvaient atteindre, et plaçaient leurs têtes sur la pointe des palissades. Un brave capitaine fait appel à ses soldats pour ramener le corps de leur général, l'enlève, et bientôt, épuisé, le traîne par une jambe jusqu'à la queue de la tranchée. Le sol était sablonneux; la tête du général ne reçut aucune meurtrissure, et les secousses l'ayant ranimé, il fut soigné et revint entièrement à la vie. Le capitaine ayant reçu une blessure grave, rentra dans ses foyers, obtint une petite pension et se maria avec une femme peu aisée; mais le maréchal devint une seconde providence pour cette famille; il acheta pour elle un relais de poste, des champs, des chevaux, une maison, et faisait élever à ses frais le fils aîné, en attendant que les autres fussent en âge de quitter leurs parents; aussi la reconnaissance égalait-elle celle du général pour son libérateur. Cet ancien capitaine perdit sans doute beaucoup à la mort du maréchal Lannes, qu'il vit ce jour-là pour la dernière fois....

(Mémoires du Général de Marbot.)
(Plon et Nourrit, Éditeurs.)

L'assaut de Ratisbonne
(1809)

LE maréchal Lannes ayant été prévenu que tout était prêt pour l'attaque, nous retournâmes vers Ratisbonne, pendant que l'Empereur remontait sur le monticule d'où il pouvait être témoin de l'assaut. Les divers corps d'armée rangés autour de lui attendaient en silence ce qui allait se passer.

Notre artillerie ayant complètement abattu la maison du rempart, ses débris tombés dans le fossé formaient un talus assez praticable, mais dont le sommet était encore de huit à dix pieds moins élevé que le mur du côté de la ville : il fallait donc placer des échelles sur ces décombres pour gagner le haut du rempart. Elles étaient aussi nécessaires pour descendre de la promenade dans le fossé, car il n'existait aucune rampe de ce côté. En arrivant à la grange derrière laquelle la division Morand, commandée pour l'attaque, était abritée du feu de la place, le maréchal Lannes ayant demandé cinquante hommes de bonne volonté pour marcher à la tête de la colonne et planter les échelles, afin de monter les premiers à l'assaut, il s'en présenta un nombre infiniment supérieur, qu'il fallut réduire à celui prescrit par le maréchal. Ces braves, conduits par des officiers choisis, partent avec une ardeur admirable ; mais à peine ont-ils dépassé les murs de la grange qui les abritait, qu'assaillis par une grêle de balles, ils furent presque tous couchés par terre. Quelques-uns seulement parvinrent à descendre de la promenade dans le fossé, mais le canon les mit bientôt hors de combat, et les débris de cette première colonne vinrent, tout sanglants, rejoindre la division derrière la grange protectrice....

Cependant, à la voix du maréchal Lannes et du général Morand, cinquante nouveaux volontaires se présentent, prennent des échelles et marchent vers les fossés ; mais dès que, arrivés sur la promenade, ils sont aperçus par l'ennemi, un feu plus terrible encore que le premier détruit presque entièrement cette seconde colonne.... Ces deux échecs consécutifs ayant refroidi l'ardeur des troupes, personne ne bougea plus lorsque, pour la troisième fois, le maréchal demanda des hommes de bonne volonté. Il aurait pu commander à une ou plusieurs compagnies de marcher, et certainement elles eussent obéi ; mais il savait par expérience l'énorme différence qui existe entre ce que le soldat fait par obéissance et ce qu'il fait par élan. Pour braver cet immense péril, des volontaires étaient infiniment préférables à une troupe commandée. Mais vainement le maréchal renouvelle son appel aux plus braves de la brave division Morand ; vainement il leur fait observer que l'Empereur et toute la grande armée les contemplent ; on ne lui répond que par un morne silence, tant chacun avait la conviction que dépasser les murs de la grange sous les feux de l'ennemi, c'était courir à une mort certaine !... Alors l'intrépide Lannes s'écrie : « Eh bien ! je vais vous faire voir qu'avant d'être maréchal j'ai été grenadier et le suis encore !... » Il saisit une échelle, l'enlève et veut la porter vers la brèche.... Ses aides de camp cherchent à l'en empêcher, mais il résiste et s'indigne contre nous.... Je me permis alors de lui dire : « Monsieur le maréchal, vous ne voudriez pas que nous fussions déshonorés, et nous le serions si vous receviez la plus légère blessure en portant une échelle contre le rempart, avant que tous vos aides de camp aient été tués.... » Alors, malgré ses efforts, je lui arrachai le bout de l'échelle qu'il tenait, et le plaçai sur mon épaule, pendant que de Viry prenait l'autre extrémité et que nos camarades, se réunissant par couples, prenaient aussi des échelles.

A la vue d'un maréchal de l'Empire disputant avec ses aides de camp à qui monterait le premier à l'assaut, un cri d'enthousiasme s'éleva dans toute la division. Officiers et soldats voulurent marcher en tête, et réclamant cet honneur, ils nous poussaient, mes camarades et moi, en cherchant à s'emparer des échelles ; mais en les cédant, nous aurions eu l'air d'avoir joué une comédie pour exciter l'élan des troupes : le vin était tiré, il fallait le boire, quelque amer qu'il pût être.... Le maréchal le comprit et nous laissa faire, bien qu'il s'attendît à voir exterminer une grande partie de son état-major qui devait marcher en tête de cette périlleuse attaque....

J'avais attribué la destruction des deux premières colonnes à l'imprudence avec laquelle ceux qui la conduisaient avaient aggloméré les soldats dont elles se composaient, circonstance qui présentait un double inconvénient : d'abord, elle facilitait le tir des ennemis, toujours infiniment plus meurtrier sur une masse que sur des hommes isolés ; en second lieu, nos grenadiers chargés d'échelles n'ayant formé qu'un seul groupe, et s'étant embarrassés les uns les autres, leur marche n'avait pu être assez rapide pour les soustraire promptement au feu des Autrichiens. En conséquence, je décidai que de Viry et moi, qui portions la première échelle, partirions d'abord seuls en courant ; que la seconde échelle nous suivrait à vingt pas de distance, et ainsi de suite pour les autres ; qu'arrivés sur la promenade, les échelles seraient placées à cinq pas l'une de l'autre, afin d'éviter la confusion ; que, descendus dans le fossé, on laisserait les échelles numéros pairs dressées contre le mur de la promenade, pour que les troupes pussent nous suivre sans retard ; que les échelles numéros impairs seraient enlevées et portées rapidement sur la brèche, où nous les poserions seulement à un pied de distance entre elles, tant à cause du peu de largeur du passage que pour aborder avec plus d'ensemble le haut du rempart et repousser les assiégés qui voudraient nous précipiter en bas. Ces explications bien données et bien comprises, le maréchal Lannes, qui les approuvait, s'écria : « Partez, mes braves enfants, et Ratisbonne est enlevé ».

A ce signal, de Viry et moi nous nous élançons, traversons la promenade en courant, et plongeons notre échelle dans le fossé, où nous descendons. Nos camarades et cinquante grenadiers nous suivent.... En vain le canon de la place tonne, la fusillade roule ; les biscaïens et les balles frappent les arbres et les murs ; comme il est fort difficile d'ajuster des individus isolés, allan très rapidement, et espacés de vingt en vingt pas, nous arrivâmes dans le fossé sans qu'aucun des hommes de la petite colonne fût blessé.... Les échelles désignées d'avance étant enlevées, nous les portons au sommet des décombres de la maison abattue, et les appuyant contre le parapet, nous nous élançons vers le rempart....

Je montais en tête d'une des premières échelles. Labédoyère, qui gravissait celle à côté de moi, sentant que la base en était mal assujettie sur les décombres, me pria de lui donner la main pour le soutenir, et nous parvenons enfin tous les deux sur le haut du rempart, à la vue de l'Empereur et de toute l'armée, qui nous salue d'une immense acclamation.... Ce fut un des plus beaux jours de ma vie. Messieurs de Viry et d'Albuquerque nous joignirent en un instant, ainsi que les autres aides de camp et les cinquante grenadiers; enfin, un régiment de la division Morand se dirigeait vers le fossé au pas de course.

Les chances de la guerre sont parfois bien bizarres!... Les deux premières colonnes françaises avaient été détruites avant d'arriver au pied de la brèche, tandis que la troisième n'éprouva aucune perte; mon ami de Viry seul fut atteint par une balle qui enleva un bouton de sa pelisse. Cependant, si les ennemis placés sur le parapet eussent conservé assez de présence d'esprit pour fondre la baïonnette en avant sur Labédoyère et sur moi, il est plus que probable qu'ils nous eussent accablés par leur nombre et tués ou rejetés dans le fossé. Mais les Autrichiens perdent très facilement la tête : notre audace et la vivacité de l'attaque les étonnèrent tellement, qu'en nous voyant courir sur la brèche, ils ralentirent d'abord leur feu et cessèrent bientôt de tirer. Non seulement pas une de leurs compagnies ne marcha contre nous, mais toutes s'éloignèrent dans la direction opposée au point que nous venions d'enlever....

Vous savez que l'attaque avait lieu près de la porte de Straubing. Le maréchal Lannes m'avait ordonné de la faire ouvrir ou enfoncer, afin qu'il pût pénétrer dans la ville avec la division Morand ; aussi, dès que je vis sur le rempart mes cinquante grenadiers qu'allait bientôt joindre le régiment envoyé pour nous soutenir, et dont la tête arrivait déjà dans le fossé où de plus nombreuses échelles assuraient le passage, je descendis dans la ville sans plus attendre. Les moments étaient précieux. Nous marchons donc résolument vers la porte de Straubing, située à cent pas de la brèche, et là mon étonnement est grand, en voyant un bataillon autrichien massé sous l'immense voûte qui précède cette porte vers laquelle tous les hommes faisaient face pour être plus à même de la défendre si les Français l'enfonçaient. Uniquement préoccupé de la mission qu'on lui avait confiée, le chef de bataillon ennemi, ne tenant pas compte du bruit qu'on entendait sur le rempart voisin,

Le maréchal Lannes à l'assaut de Ratisbonne.

n'avait pas même placé un factionnaire en dehors de la voûte, pour le prévenir de ce qui se passait, tant il se croyait certain que les Français échoueraient dans leurs attaques; aussi fut-il stupéfait en nous voyant arriver par derrière.... Il était placé à la queue de sa troupe, de sorte que, ayant fait demi-tour en nous voyant approcher, il se trouva face à face avec la petite colonne française, dont il lui était impossible de juger la force, car je l'avais formée en deux pelotons qui, s'appuyant aux côtés de la voûte, la barraient complètement.... Aux cris de surprise que fit le commandant ennemi, tout son bataillon se retourna, et les dernières sections, devenues les premières, nous couchèrent en joue.... Nos grenadiers les ajustèrent aussi, et comme on n'était qu'à un pas les uns des autres, jugez quel horrible massacre eût suivi le premier coup de fusil tiré!... La situation des deux partis était très périlleuse; cependant, le grand nombre des Autrichiens leur donnait un immense avantage, car si le feu s'engageait à brûle-pourpoint, notre petite colonne était détruite, ainsi que la compagnie des ennemis que nous tenions au bout de nos fusils; mais le surplus de leur bataillon était dégagé. Nous fûmes donc très heureux que nos adversaires ne pussent connaître notre petit nombre, et je m'empressai de dire au chef de bataillon que, la ville étant prise d'assaut et occupée par nos troupes, il ne lui restait plus qu'à mettre bas les armes, sous peine d'être passé au fil de l'épée.

Le ton d'assurance avec lequel je parlais intimida d'autant plus cet officier qu'il entendait le tumulte produit par l'arrivée successive des soldats du régiment français qui, nous ayant suivis par la brèche, accouraient se former devant la voûte.

Le commandant ennemi harangua son bataillon, et après lui avoir expliqué la situation dans laquelle il se trouvait, il ordonna de déposer les armes. Les compagnies placées au bout de nos fusils obéirent, mais celles qui, réunies près de la porte, à l'autre extrémité de la voûte, étaient à l'abri de nos coups, se mirent à vociférer, refusèrent de se rendre, et poussèrent la masse du bataillon qui faillit nous renverser. Cependant les officiers parvinrent à calmer leur troupe, et tout paraissait s'arranger, lorsque le fougueux Labédoyère, impatienté de cette lenteur, fut sur le point de tout perdre par un accès de colère; car, saisissant le commandant autrichien à la gorge, il allait lui plonger son sabre dans le corps, si mes camarades et moi n'eussions détourné le coup. Les soldats ennemis reprirent alors leurs armes, et une sanglante mêlée allait s'engager, lorsque la porte de la ville retentit extérieurement sous les violents coups de hache que lui portaient les sapeurs de la division Morand, conduite par le maréchal Lannes en personne. Les soldats ennemis, comprenant alors qu'ils allaient se trouver entre deux feux, se rendirent, et nous les fîmes sortir sans armes de la voûte, en les dirigeant vers la ville, afin de dégager la porte, que nous ouvrîmes au maréchal, dont les troupes se précipitèrent comme un torrent dans la place.

(Mémoires du Général de Marbot.)
(Plon et Nourrit, Éditeurs.)

Soins de Napoléon pour sa Garde

Nous partîmes de Metz[1] pour ne plus nous arrêter ni jour ni nuit, nous étions conduits par la baguette des fées. Nous arrivâmes à Ulm de nuit, on nous donna nos billets de logement, mais après avoir mangé, la *grenadière*[2] battit, il fallut prendre les armes et partir de suite. Sur la route d'Augsbourg, on fit l'appel, de 9 à 10 heures du soir. Plus de voitures! nous étions sur le pays ennemi. Il fallut nous dégourdir les jambes et marcher toute la nuit; nous arrivâmes à un bourg, le matin sur les 9 heures; on ne nous donna que trois quarts d'heure pour manger et partir de suite. Il fallut faire vingt et une lieues le premier jour avec notre pesant fardeau sur le dos; rien qu'une halte d'une demi-heure! Le lendemain, point de repos que le temps de manger et de repartir. Nous avions encore vingt lieues au moins à faire pour arriver à Schœnbrunn; après avoir fait quinze à seize lieues, en avant d'un grand village, on nous fit mettre en bataille, et là on demanda vingt-cinq hommes de bonne volonté pour aller rejoindre l'Empereur aux portes de Vienne et monter la garde au château de Schœnbrunn. Je le connaissais et j'y avais fait faction bien des fois. Je sortis du rang le premier. « Je pars, dis-je à mon capitaine. — C'est bien, dit le général Dorsenne, le plus petit montre l'exemple. »

On fut au complet de suite, et en route! On nous promit une bouteille de de vin à trois lieues de Vienne. Nous y arrivâmes sur les 9 heures du soir, bien fatigués et bien altérés, comptant sur la bouteille promise. Mais point de vin! il fallut passer tout droit sans s'arrêter. Je me détournai de la route pour trouver de l'eau pour étancher la soif qui me dévorait. Je longe une rue, et je rencontre un paysan qui venait de mon côté.... En me voyant, il entre dans une maison d'apparence où se trouvait un factionnaire; il portait un baquet plein; je passe mon chemin, mais au détour de la route, je me blottis

---

1. En 1809, au moment de la seconde campagne d'Autriche.
2. Batterie des tambours de grenadiers.

le long du mur. Mon paysan revient avec son baquet; je l'arrête en lui parlant sa langue. Quelle surprise! Son baquet était plein de vin. Il fut contraint de s'arrêter devant moi, tenant son baquet des deux mains, et moi, l'arme aux pieds, je me mets à boire à grands traits, et recommence une seconde fois. Je puis dire n'avoir jamais bu si avidement, cela me donna des jambes pour faire mes trois lieues, et je rejoignis mes camarades le cœur content.

Nous arrivâmes au village de Schœnbrunn à minuit; nos officiers eurent l'imprudence de nous laisser reposer à un quart d'heure de chemin du château pour prendre les ordres de l'Empereur, qui fut surpris d'une pareille nouvelle et furieux : « Comment, vous avez fait faire à mes vieux soldats quarante et des lieues dans deux jours? Qui vous a donné l'ordre? Où sont-ils? — Près d'ici. — Faites-les venir, que je les voie! »

Ils vinrent aussitôt nous faire lever, mais nos jambes étaient raides comme des canons de fusil, nous ne pouvions plus avancer, il fallut prendre nos fusils pour nous servir de béquilles pour finir d'arriver. Lorsque l'Empereur nous vit courbés sur la crosse de nos fusils, pas un de droit, tous la tête penchée, ce n'était plus un homme, c'était un lion : « Est-il possible de voir mes vieux soldats dans un pareil état! Si j'en avais besoin! Vous êtes des.... »

Ils furent traités de toutes les manières. Il dit aux grenadiers à cheval : « Faites de suite de grands feux au milieu de la cour, allez chercher de la paille pour les coucher; faites-leur chauffer des chaudières de vin sucré! »

De suite, on mit les grandes marmites au feu pour nous faire la soupe; il fallait voir tous les cavaliers se multiplier, et l'Empereur faire tout apporter. Dans le bombardement de Vienne, les habitants de la ville avaient sauvé des voitures d'épicerie qui étaient devant les portes du château, il s'y trouvait du sucre et des quatre-mendiants. Voilà le sucre qui paraît; on en fait mettre dans les bassines de vin chaud, on apporte des tasses de toutes sortes. L'Empereur ne quittait pas; il resta plus d'une heure; les tasses prêtes, les grenadiers à cheval arrivèrent autour des feux pour nous faire boire. Ne pouvant nous soulever, ils furent obligés de nous tenir la tête pour que nous pussions boire; les malins grenadiers se moquaient de nous : « Eh bien! les dessous-de-pieds et les bretelles de vos sacs vous ont anéantis. Allons, buvez à la santé de l'Empereur et de vos bons camarades! Nous passerons la nuit près de vous à vous soigner; tout à l'heure, nous vous donnerons encore à boire et vous pourrez dormir; la soupe se fait; demain il n'y paraîtra plus. »

L'Empereur remonta dans son palais; à cinq heures, on nous mit sur notre séant pour nous faire manger la soupe, de la viande, du pain et du bon vin. A neuf heures, l'Empereur descendit pour nous voir, il dit aux officiers de nous faire lever, mais il fallait deux hommes pour nous promener; les jambes étaient raides. L'Empereur tapait des pieds de colère, les grenadiers se moquaient de nous et nos officiers n'osaient se faire voir par crainte d'être mal reçus. Le soir on nous donna des logements dans ce beau village très riche; toute la garde arriva et fut bien logée.

(Cahiers du Capitaine Coignet.)
(Hachette et Cie, Éditeurs.)

Mort du Maréchal Lannes
(1809)

Le soir de la journée d'Essling, pendant que les deux armées en présence s'observaient mutuellement sans faire aucun mouvement, et que les chefs, se groupant derrière les bataillons, causaient des événements de la journée, le maréchal Lannes, fatigué d'être à cheval, avait mis pied à terre et se promenait avec le général de brigade Pouzet, lorsqu'une balle égarée frappa celui-ci à la tête et l'étendit raide mort auprès du maréchal!...

Le général Pouzet, ancien sergent du régiment de Champagne, s'était trouvé, au commencement de la Révolution, au camp du Miral, que commandait mon père.

Le bataillon de volontaires du Gers, dans lequel Lannes servait comme sous-lieutenant, faisait aussi partie de cette division. Les sergents des vieux régiments de ligne ayant été chargés d'instruire les bataillons de volontaires, celui du Gers échut à Pouzet, qui reconnut bientôt l'aptitude du jeune sous-lieutenant Lannes, et, ne se bornant pas à lui montrer le maniement des armes, il lui apprit aussi les manœuvres. Lannes devint un excellent tacticien. Or, comme il attribuait son premier avancement aux leçons que lui avait données Pouzet, il lui voua un grand attachement. A mesure qu'il s'élevait en grade, il se servait de son crédit pour faire avancer son ami. La douleur du maréchal fut donc extrême en le voyant tomber à ses pieds.

Nous étions en ce moment un peu en avant de la tuilerie située à gauche en arrière d'Essling; le maréchal, fort ému, voulant s'éloigner du cadavre, fit une centaine de pas dans la direction de Stadt-Enzersdorf, et s'assit tout pensif sur le revers d'un fossé d'où il observait ses troupes. Au bout d'un quart d'heure, quatre soldats, portant péniblement dans un manteau un officier mort, dont on n'apercevait pas la figure, s'arrêtent pour se reposer en face du maréchal. Le manteau s'entr'ouvre, et Lannes reconnaît Pouzet! — « Ah! s'écrie-t-il, cet affreux spectacle me poursuivra donc partout.... » Il se lève et va s'asseoir sur le bord d'un autre fossé, la main sur les yeux, et les jambes croisées l'une sur l'autre. Il était là, plongé dans de sombres réflexions, lorsqu'un petit boulet de trois, lancé par le canon d'Enzersdorf, arrive en ricochant et va frapper le maréchal au point où ses deux jambes se croisaient!... La rotule de l'une fut brisée, et le jarret de l'autre fut déchiré!

Je me précipite à l'instant vers le maréchal, qui me dit : « Je suis blessé.... C'est peu de chose.... Donnez-moi la main pour m'aider à me relever.... » Il essaya, mais cela lui fut impossible! Les régiments d'infanterie placés devant nous envoyèrent promptement quelques hommes pour transporter le maréchal vers une ambulance, mais nous n'avions ni brancard, ni manteau : nous prîmes donc le blessé dans nos bras. Cette position le fit horriblement souffrir. Alors, un sergent, apercevant au loin les soldats qui portaient le cadavre du général Pouzet, coururent leur demander le manteau dans lequel il était enveloppé. On allait poser le maréchal dessus, ce qui eût rendu son transport moins douloureux ; mais il reconnut le manteau et me dit : « C'est celui de mon pauvre ami ; il est couvert de son sang ; je ne veux pas m'en servir ; faites-moi plutôt traîner comme vous pourrez. »

J'aperçus alors un bouquet de bois non loin de nous ; j'y envoyai M. le Coulteux et quelques grenadiers, qui revinrent bientôt avec un brancard couvert de branchages. Nous transportâmes le maréchal à la tête de pont, où les chirurgiens en chef procédèrent à son pansement. Ces messieurs tinrent au préalable un conciliabule secret dans lequel ils furent en dissidence sur ce qu'il fallait faire. Le docteur Larrey demandait l'amputation de la jambe dont la rotule était brisée ; un autre, dont j'ai oublié le nom, voulait qu'on les coupât toutes les deux ; enfin, le docteur Yvan, de qui je tiens ces détails, s'opposait à ce qu'il fût fait aucune amputation. Ce chirurgien, connaissant depuis longtemps le maréchal, assurait que la fermeté de son moral donnait quelques chances de guérison, tandis qu'une opération pratiquée par un temps aussi chaud, conduirait infailliblement le blessé dans la tombe. Larrey était le chef du service de santé des armées ; son avis l'emporta donc : une des jambes du maréchal fut amputée....

Il supporta l'opération avec un grand courage. Elle était à peine terminée lorsque l'Empereur survint. L'entrevue fut des plus touchantes. L'Empereur, à genoux au pied du brancard, pleurait en embrassant le maréchal, dont le sang teignit bientôt son gilet de casimir blanc.

Quelques personnes mal intentionnées ont écrit que le maréchal Lannes, adressant des reproches à l'Empereur, le conjura de ne plus faire la guerre ; mais moi, qui soutenais en ce moment le haut du corps du maréchal et entendais tout ce qu'il disait, je déclare que le fait est inexact. Le maréchal fut, au contraire, très sensible aux marques d'intérêt qu'il reçut de l'Empereur, et lorsque celui-ci, forcé d'aller donner des ordres pour le salut de l'armée, s'éloigna en lui disant : « Vous vivrez, mon ami, vous vivrez !.... » le maréchal lui répondit en lui pressant les mains : « Je le désire, si je puis encore être utile à la France et à Votre Majesté ».

Les cruelles souffrances du maréchal ne lui firent point oublier la position des troupes dont il fallait à chaque instant lui donner des nouvelles. Il apprit avec plaisir que, l'ennemi n'osant les poursuivre, elles profitaient de la chute du jour pour rentrer dans l'île de Lobau.... J'aurais voulu faire transporter le maréchal à Ebersdorf sur la rive droite du Danube; mais la rupture du pont s'y opposait, et nous n'osions l'embarquer sur une frêle nacelle. Il fut donc forcé de passer la nuit dans l'île, où, faute de matelas, j'empruntai une douzaine de manteaux de cavalerie pour lui faire un lit.

Nous manquions de tout et n'avions même pas de bonne eau à donner au maréchal, qu'une soif ardente dévorait. On lui offrit de celle du Danube; mais la crue du fleuve l'avait rendue tellement bourbeuse qu'il ne put en boire et dit avec résignation : « Nous voilà comme ces marins qui meurent de soif, bien qu'environnés par les flots ». Le vif désir que j'avais de calmer ses souffrances me fit employer un filtre d'un nouveau genre. Un des valets que le maréchal avait laissés dans l'île, en allant au combat, portait constamment un petit portemanteau contenant du linge. J'y fis prendre une chemise du maréchal : elle était très fine; on ferma avec de la ficelle toutes les ouvertures, à l'exception d'une, et plongeant cette espèce d'outre dans le Danube, on la retira pleine, puis on la suspendit sur des piquets au-dessous desquels on plaça un gros bidon pour recevoir l'eau, qui, filtrant à travers la toile, se débarrassa de presque toutes les parties terreuses. Le pauvre maréchal, qui avait suivi toute mon opération avec des yeux avides, put enfin avoir une boisson, sinon parfaite, au moins fraîche et limpide; il me sut très bon gré de cette invention. Les soins que je donnai à mon illustre malade ne pouvaient éloigner les craintes que j'avais sur le sort qui lui serait réservé si les Autrichiens, traversant le petit bras du fleuve, nous eussent attaqués dans l'île de Lobau : qu'aurais-je alors pu faire pour le maréchal ? Je crus un moment que ces craintes allaient se réaliser, car une batterie ennemie, établie près d'Enzersdorf, nous envoya plusieurs boulets; mais le feu ne dura pas longtemps....

Le 23 au matin, l'un des premiers soins de l'Empereur fut d'envoyer vers l'île de Lobau une barque de moyenne grandeur, afin de transporter le maréchal Lannes sur la rive droite.... Je restai seul avec le maréchal, qui fut conduit dans une des meilleures maisons d'Ebersdorf....

Malgré les soins qu'il donnait aux travaux nécessaires pour ces importantes constructions, l'Empereur, accompagné du prince Berthier, venait soir et matin visiter le maréchal Lannes, dont la situation fut aussi bonne que possible pendant les quatre premiers jours qui suivirent sa blessure. Il conservait toute sa présence d'esprit et causait avec beaucoup de calme. Il était si loin de renoncer à servir son pays, ainsi que l'ont annoncé quelques écrivains, que, faisant des projets pour l'avenir, et sachant que le célèbre mécanicien viennois Mesler avait fait pour le général autrichien comte de Palfi une jambe artificielle, avec laquelle celui-ci marchait et montait à cheval comme s'il n'eût éprouvé aucun accident, le maréchal me chargea d'écrire à cet artiste pour l'inviter à venir lui prendre la mesure d'une jambe. Mais les fortes chaleurs qui nous accablaient depuis quelque temps redoublèrent d'intensité, et leur effet produisit un bien fâcheux résultat sur le blessé. Une fièvre ardente s'empara de lui, et bientôt survint un délire affreux. Le maréchal, toujours préoccupé de la situation critique dans laquelle il avait laissé l'armée, se croyait encore sur le champ de bataille; il appelait à haute voix ses aides de camp, ordonnant à l'un de faire charger les cuirassiers, à l'autre de conduire l'artillerie sur tel point, etc., etc. En vain le docteur Yvan et moi cherchions-nous à le calmer, il ne nous comprenait plus; sa surexcitation allait toujours croissant; il ne reconnaissait même plus l'Empereur!... Cet état dura plusieurs jours sans que le maréchal dormît un seul instant, ou cessât de combattre imaginairement.... Enfin, dans la nuit du 29 au 30, il s'abstint de donner des ordres de combat; un grand affaissement succéda au délire; il reprit toutes ses facultés mentales, me reconnut, me serra la main, parla de sa femme et de ses cinq enfants, de son père... et, comme j'étais très près de son chevet, il appuya sa tête sur mon épaule, parut sommeiller, et rendit le dernier soupir.... C'était le 30 mai, au point du jour.

Peu d'instants après ce fatal événement, l'Empereur arrivant pour sa visite du matin, je crus devoir aller au-devant de Sa Majesté pour lui annoncer la malheureuse catastrophe et l'engager à ne pas entrer dans l'appartement, infecté de miasmes putrides : mais Napoléon, m'écartant de la main, s'avança vers le corps du maréchal, qu'il embrassa en le baignant de larmes, disant à plusieurs reprises : « Quelle perte pour la France et pour moi!... »

(Mémoires du Général de Marbot.)
(Plon et Nourrit, Éditeurs.)

Les postillons de Masséna

Blessé aux jambes, à la suite d'une chute de cheval qu'il avait faite dans l'île de Lobau, Masséna fut obligé de monter en calèche pour diriger ses troupes pendant la bataille de Wagram, ainsi qu'aux combats qui la suivirent. On allait donc atteler des chevaux d'artillerie à cette voiture, lorsque, s'étant aperçu qu'ils étaient trop longs pour le timon, et n'avaient pas assez de *liant* dans leurs mouvements, on leur substitua quatre chevaux des écuries du maréchal, pris parmi les plus dociles, et parfaitement habitués au bruit du canon. Les deux soldats du train désignés pour conduire Masséna allaient se mettre en selle, le 4 juillet au soir, quand le cocher et le postillon du maréchal déclarèrent que, puisque leur maître se servait de ses propres chevaux, c'était à eux de les diriger. Malgré toutes les observations qu'on put leur faire sur les dangers auxquels ils s'exposaient, ces deux hommes persistèrent à vouloir conduire leur maître. Cela dit, et comme s'il se fût agi d'une simple promenade au bois de Boulogne, le cocher monta sur le siège, et le postillon sauta à cheval. Ces deux intrépides serviteurs furent pendant huit jours exposés à de très grands dangers, surtout à Wagram, où plusieurs centaines d'hommes furent tués auprès de leur calèche. A Guntersdorf, le boulet qui traversa cette voiture perça la redingote du cocher, et un autre boulet tua le cheval que montait le postillon! Rien n'intimida ces deux domestiques, dont tout le corps d'armée admirait le dévouement. L'Empereur même les félicita, et dans une de ses fréquentes apparitions auprès de Masséna, il lui dit : « Il y a sur le champ de bataille 300 000 combattants : eh bien, savez-vous quels sont les deux plus braves? C'est votre cocher et votre postillon, car nous sommes tous ici pour faire notre devoir, tandis que ces deux hommes, n'étant tenus à aucune obligation militaire, pouvaient s'exempter de venir s'exposer à la mort; ils ont donc mérité plus qu'aucun autre! » Puis, s'adressant aux conducteurs de la voiture, il s'écria : « Oui, vous êtes deux braves! »

(Mémoires du Général de Marbot.)
(Plon et Nourrit, Éditeurs.)

Coignet Sergent

Je fus nommé sergent le 18 mai 1809 à Schœbrunn. Ce fut une joie que je ne puis exprimer de me voir sous-officier, rang de lieutenant dans la ligne, avec droit, arrivé à Paris, de porter l'épée et la canne. Je restais dans ma même compagnie, mais je n'avais point de galons de sergent ; il fallut rendre mes galons de caporal à mon remplaçant, et me voilà simple soldat, mais patience ! il s'en trouvera. L'Empereur donna l'ordre au maréchal Lannes de faire passer le grand pont du Danube à son corps d'armée et de se porter en avant de l'autre côté d'Essling ; les fusiliers de la garde, le maréchal Bessières et un parc d'artillerie étaient en position dès le matin. Les Autrichiens ne s'en aperçurent que lorsque notre intrépide Lannes leur souhaita le bonjour à coups de canon, leur faisait tourner le dos à leur capitale, pour venir au-devant de notre armée qui avait passé sans leur permission. Toute l'armée du prince Charles arriva en ligne sur la nôtre, et le feu commença de part et d'autre.

Plus de cent mille hommes arrivèrent sur le corps du maréchal Lannes ; la foudre tombait sur nos troupes, mais il se maintint jusqu'à la dernière extrémité. L'Empereur nous fit partir dès le matin de Schœnbrunn pour le Danube ; toute l'infanterie de la garde et lui à la tête. A onze heures, il donnait l'ordre de passer et de mettre nos bonnets à poil. Comme ça pressait, en passant sur trois rangs le grand pont, nous nous défaisions nos bonnets les uns les autres en marchant. Cette opération fut faite dans la traversée du pont, et tous nos chapeaux furent jetés dans le Danube ; nous n'en avons jamais porté depuis. Ce fut la fin des chapeaux pour la garde.

Nous traversâmes la pointe de l'île et trouvâmes un second pont que nous passâmes au galop ; les chasseurs à pied passèrent les premiers, débouchèrent dans la plaine et firent un *à gauche en colonne* au lieu d'un *à-droite*. La fausse manœuvre ne put se réparer, il fallut se mettre de suite en bataille, notre droite près du bras du Danube. Aussitôt en bataille, il arrive un boulet qui vient frapper la cuisse du cheval de l'Empereur ; tout le monde crie : « A bas les armes, si l'Empereur ne se retire pas sur-le-champ ! » Il fut contraint de repasser le petit pont, et se fit établir une échelle en corde attachée en haut d'un sapin ; de là il voyait tous les mouvements de l'ennemi et les nôtres.

Les cinquante pièces tonnaient sur nous sans que nous puissions faire un pas en avant, ni tirer un seul coup de fusil. Qu'on se figure les angoisses que chacun endurait dans une pareille position, on ne pourra jamais le dépeindre ; nous avions quatre pièces de canon devant nous, et deux devant les chasseurs pour répondre à cinquante. Les boulets tombaient dans nos rangs et enlevaient des files de trois hommes à la fois, les obus faisaient sauter les bonnets à poil à 20 pieds de haut. Sitôt une file emportée, je disais : « Appuyez à droite, serrez les rangs! » Et ces braves grenadiers appuyaient sans sourciller et disaient en voyant mettre le feu : « C'est pour moi. — Eh bien, je reste derrière vous, c'est la bonne place, soyez tranquilles. »

Un boulet frappa le sergent-tambour ; un de mes camarades fut de suite ui ôter ses galons et ses épaulettes et me les apporta, je le remerciai en lui donnant une poignée de main.

(Cahiers du Capitaine Coignet.)
(Hachette et Cie, Éditeurs.)

Le prestige de Napoléon

SI l'armée autrichienne eût effectué le passage dans l'île (de Lobau après la bataille d'Essling) de vive force, et elle le pouvait certainement ; si, en outre, un corps de douze ou quinze mille hommes eût passé le Danube à Krems, et que la population de Vienne se fût révoltée, comme elle y était disposée, tout ce qui était rassemblé dans l'île, devenue si célèbre, le corps de Masséna, celui de Lannes, la cavalerie de la garde, toutes les troupes eussent été incontestablement prises ou détruites, et on peut apprécier les conséquences qui en seraient résultées. Mais l'Empereur exerçait sur les facultés morales de l'archiduc Charles une action incroyable, une espèce de fascination. L'anecdote suivante en est bien la preuve. Je la tiens de deux généraux, le comte de Bubna et le baron de Spiegel, qui servaient près de l'archiduc, en qualité d'aides de camp, et qui étaient investis de sa confiance.

L'archiduc était entré en campagne sous les meilleurs auspices. L'armée française, au moins la grande masse de ses forces, et particulièrement les troupes qui avaient fait les campagnes de 1805, 1806 et 1807, étaient en Espagne et en Italie. Le corps seul de Davout, fort de trente mille hommes environ, et quelques autres troupes, organisées à la hâte dans les dépôts de France, se trouvaient en Allemagne. Ainsi les alliés faisaient le fond de l'armée française par leur nombre. Sans vouloir les traiter injustement, on sait combien ces troupes sont médiocres. L'archiduc, entré en campagne avec une belle et nombreuse armée, bien pourvue, bien outillée, marchait avec la confiance que lui donnait son immense supériorité, et cette confiance était universelle.

Tout à coup, sur le champ de bataille de Ratisbonne, on fait un prisonnier français. On le questionne : il annonce l'arrivée de l'Empereur à l'armée, et dit qu'il est en personne à la tête de ses troupes. On refuse de le croire ; mais un second, puis dix, quinze, vingt prisonniers, disent la même chose. Dès ce moment, me dit-on, dès l'instant où la chose fut constatée, l'archiduc, qui jusque-là avait montré du sang-froid et du talent, perdit la tête, ne fit plus que des sottises. « Et moi, ajoutait Bubna, pour lui faire retrouver ses facultés, pour le remettre, je lui disais : Mais, Monseigneur, pourquoi vous tourmenter ? Supposez, au lieu de Napoléon, que c'est Jourdan qui vient d'arriver ! » Cette histoire fort gaie n'est jamais sortie de ma mémoire. Elle ne fait pas trop valoir le maréchal Jourdan ; mais Bubna avait choisi son nom parce que l'archiduc avait fait la guerre contre lui pendant deux campagnes et l'avait toujours battu.

(Mémoires de Marmont.)
(Perrotin, Éditeur.)

Façons d'agir de Napoléon

LE lendemain de la bataille de Znaïm, le 12 juillet 1809, j'allai voir l'Empereur : il était radieux. Je lui parlai avec détail des combats de la veille et de l'avant-veille. Il loua la vigueur et la résolution que j'avais montrées, mais me blâma avec raison de n'avoir pas appelé plus tôt Davout. Il entra ensuite dans le détail de ma campagne, depuis mon entrée en Croatie. S'occupant à en faire la critique, il me demanda les motifs des diverses opérations. La justification en était facile, car j'avais toujours agi avec système et calcul, et je crois pouvoir dire aujourd'hui, après tant d'années écoulées, que cette campagne, eu égard aux difficultés et au peu de moyens mis à ma disposition, mérite, de la part des gens de guerre, quelques éloges. Ses conclusions m'étaient favorables et mes réponses le satisfaisaient ; mais il semblait prendre à tâche de me trouver en faute et le chercher avec ardeur. Ma conversation, en me promenant avec lui devant sa tente, dura plus de deux heures et demie. Il y rentra pour travailler avec Berthier.

J'étais accablé de fatigue et mécontent. De retour dans la misérable cabane que j'avais choisie pour asile, je commençais, après m'être étendu sur la paille, à raconter à mon chef d'état-major, le général Delort, pour lequel j'avais beaucoup d'amitié, la singulière et fatigante conversation que je venais d'avoir avec l'Empereur, quand Alexandre Girardin, aide de camp du prince de Neuchâtel, le même qui a été premier veneur de Charles X, entra chez moi et me dit : « Mon général, voulez-vous bien me permettre de vous embrasser ? — Tant que vous voudrez, mon cher Girardin, lui répondis-je ; mais il y a du mérite à embrasser une aussi longue barbe et un homme aussi sale. » Et immédiatement après il ajouta : « Voilà votre nomination de maréchal ».

. . . .

La fête de l'Empereur arriva. Elle fut célébrée dans tous les corps d'armée et à Vienne avec une grande pompe. L'Empereur donna beaucoup de récompenses, et, entre autres, il fit princes Masséna et Davout, et leur donna d'énormes dotations. Il était constamment occupé à stimuler les ambitions, et, à mesure que l'un s'élevait, il créait un échelon de plus pour donner l'envie d'y arriver et prévenir le sommeil dans le poste où l'on était arrivé. Pourvu du titre de duc et de maréchal d'Empire, l'ambition semblait devoir être satisfaite ; mais il fallait à l'instant voir le néant de ce que l'on possédait ; car c'est ainsi que l'ambitieux envisage sa situation quand il n'est pas arrivé au dernier terme. Aussi, pour tout le monde, dans toutes les situations, c'étaient des accès d'une fièvre dont chaque jour augmentait l'activité.

(Mémoires de Marmont.)
(Perrotin, Éditeur.)

Maria

(1809)

... Tu sais peut-être qu'à notre retour de Bayonne en Espagne, on nous envoya à Burgos, de là au royaume de Léon ; qu'ensuite nous fîmes une expédition en Galice et que nous allâmes jusqu'auprès de la Corogne. Maintenant prends la carte, suis-moi.

Me voilà en marche pour revenir à Léon, en traversant les montagnes et le pays de Vierys. Arrivés à la capitale du royaume de Léon, nous trouvons une réunion de troupes qui doivent faire l'expédition des Asturies, et l'on nous annonce que nous devons en être. Nous partons par le chemin escarpé qui conduit à Oviedo, et, la veille du jour où nous devions arriver à cette capitale, notre brigade reçoit l'ordre de rétrograder pour se diriger sur l'Aragon, où l'horizon commençait à s'obscurcir. Nous partons à grandes journées pour retourner sur le théâtre de notre ancienne gloire. Nous traversons avec rapidité Léon, la Vieille-Castille, le midi de la Navarre, et nous arrivons enfin dans la plaine de Saragosse. Quelle fut notre surprise de voir tous les bagages de l'armée en retraite et toutes les dispositions prises pour abandonner une ville qui, quelques mois avant, avait coûté tant de peine! Nous apprîmes que le général Blake, ayant su que le Ve corps avait quitté l'Aragon et qu'il n'y avait plus que 10000 hommes du IIIe, avait réuni 50000 hommes des armées de Valence et de Catalogne pour s'emparer de nos conquêtes, et n'était plus qu'à deux heures de la capitale.

La petite armée française faisait bonne contenance en présence de l'ennemi qui était posté au village de Maria, lequel se trouve dans un vallon bordé de montagnes assez hautes, ce qui favorisait notre petit nombre. Cependant le général Suchet avait tout lieu de craindre d'être accablé par la multitude, et depuis deux jours il évitait un engagement général afin d'attendre notre arrivée. Ce fut le 17 juin, à midi, que nous fîmes notre jonction. On nous annonça à l'armée pour donner la confiance, et de suite nous entrâmes en ligne, après avoir fait sept lieues.... L'ennemi, impatient d'arriver à Saragosse, nous attaqua; dès qu'il s'ébranla, nous marchâmes à lui, et dans un instant toute la ligne fut engagée. Le général Suchet fit plusieurs manœuvres fort habiles, et la dernière fut celle qui décida du succès.

Pendant que toute la cavalerie, qui s'était portée sur le flanc gauche de l'ennemi, chargeait entre ses deux lignes, toute l'infanterie attaqua à la baïonnette le front de bataille. Les bandes orgueilleuses ne purent résister à notre impétuosité. Elles se rompirent de toutes parts, et en moins d'une demi-heure nous eûmes une victoire complète. L'ennemi laissa entre nos mains vingt-sept canons, trois drapeaux, beaucoup de bagages, de munitions, et un grand nombre de tués, de blessés et de prisonniers. Dans ces derniers, on compte deux généraux et beaucoup d'officiers supérieurs.

Dans cette bataille, j'ai été fait par hasard capitaine de voltigeurs. J'avais été renvoyé avec ma compagnie du centre sous les ordres d'un capitaine de voltigeurs du même régiment, qui se trouvait plus ancien que moi; nous étions en tirailleurs dans des oliviers et dans un village sur le bord d'une petite rivière appelée la Warba, poste important à garder. Le pauvre capitaine de voltigeurs fut tué d'un éclat de mitraille et, par conséquent, je me trouvai commandant. L'ennemi tenta plusieurs fois d'enlever ce poste, mais nous le reçûmes toujours par un feu si vif, qu'il fut contraint d'abandonner son projet, après avoir laissé beaucoup de morts devant nos embuscades, d'où nous ne tirions qu'à bout portant. Par cette conduite, nous empêchâmes l'ennemi de passer par la seule route praticable pour tourner la gauche de notre armée. Il est vrai que nous étions soutenus par un escadron, mais qui n'eut pas besoin de charger.

Après la bataille, le général Suchet vint au régiment et demanda quel était le capitaine qui commandait les tirailleurs du village. On me fit sortir. « Il faut, dit-il, le faire recevoir capitaine de voltigeurs, car il m'a l'air d'un tirailleur. » Il est bon de te dire que j'avais un fusil à deux coups en bandoulière, ce qui, joint au reste de mon accoutrement, me donnait bien l'air d'un sacripant. Je remerciai, et me voici commandant des épaulettes vertes et des cors de chasse. Ça ne convient pas à ma taille; mais il est vrai que je ne suis pas exclu de la compagnie des grenadiers, ce qui vaudrait mieux, au moins sous le rapport de l'avancement.

Après Maria, vint le combat de Balahite, où nous prîmes à l'ennemi tout le canon qui lui restait avec beaucoup de prisonniers. Depuis ce jour nous avons parcouru l'Aragon à marches forcées, et nous voici à Barbastro, où nous nous reposons un peu.

(Lettre de Bugeaud à sa sœur.)
Vie de Bugeaud, PAR HENRI D'IDEVILLE.
(Firmin Didot, Éditeur.)

Dans l'île de Cabréra

Au bout de quelques mois, les survivants des pontons de Cadix furent transportés à Cabréra, petite île déserte des Baléares; d'autres prisonniers vinrent successivement les rejoindre. Ici, comme sur les pontons, la misère et la mortalité furent effroyables. La paix de 1814 rendit enfin la liberté à ceux qu'avaient laissés vivants la faim, la soif et la maladie.

La faim ne devait pas être notre premier besoin; c'était d'abord la soif, comme à bord des pontons. Or dans l'île il n'existe qu'une seule fontaine dont l'eau soit douce et propre à la cuisson des légumes; mais elle est très peu abondante et sujette à tarir. Chaque compagnie y envoya des hommes de corvée. On fut étonné de ne pas les voir revenir: c'est qu'en arrivant près de la fontaine ils l'avaient trouvée assiégée par une foule haletante, et que, pour prendre leur rang, ils avaient été obligés de faire le coup de poing. On n'entendait de partout que gémissements et imprécations. Un filet d'eau pour environ six mille hommes!

Force fut de préposer un gardien à cette fontaine pendant le jour ; pendant la nuit ce n'était qu'une procession d'hommes attendant leur tour de boire.

Leur première idée fut qu'en les déposant à Cabréra on avait eu l'intention de les faire périr de faim. Aussi quel ne fut pas leur étonnement lorsqu'ils virent venir de Majorque les barques qui apportaient des vivres! On donna à chacun à peu près vingt-quatre onces de mauvais pain et quelques poignées de fèves : c'était là notre provision de quatre jours.... Nous dûmes nous arranger de façon à ne pas manger plus de six onces de pain toutes les vingt-quatre heures. Six onces! il y avait là tout au plus pour un coup de dent.

Il est vrai qu'il restait les fèves ; mais comment en tirer parti? Les uns essayèrent de les faire griller sur des charbons ; elles étaient détestables ; d'autres, ayant conservé de petits bidons en fer-blanc, s'avisèrent de faire macérer leurs *gourganes* dans de l'eau ; mais cette eau, ils ne pouvaient la prendre à la fontaine ; ils allaient la puiser à une source saumâtre qu'on avait inutilement cherché à rendre potable. Il fallait voir, quand une fois les fèves étaient dans le liquide, avec quelle impatience, découvrant et recouvrant le bidon à toute minute, ils en pressaient la cuisson, et quand, après de longs intervalles, ils portaient à leur bouche quelques-unes de ces fèves, et qu'ils les trouvaient toujours aussi dures : « C'est donc l'âme du diable! » s'écriaient-ils en les jetant avec dépit. Plusieurs eurent la constance de les faire bouillir pendant quatre heures, et lorsqu'ils les retirèrent, elles étaient tout aussi coriaces.

Enfin, on prit le parti de les croquer dans leur état naturel, et de laisser à l'estomac délabré la peine de cuire cet aliment.

« Six onces de pain! murmuraient les prisonniers, autant nous tuer tout de suite! » Et beaucoup d'entre eux consommèrent en une seule fois ce qui était destiné à les sustenter pendant quatre jours. On avait beau leur recommander de modérer leur appétit : « Tant pis! répondaient-ils, nous en serons quittes pour nous serrer le ventre.... »

Tant de privations finirent par enfanter mille maladies. Bientôt on releva des morts partout, dans les baraques, dans les lieux écartés, et jusque dans le milieu du camp. La mortalité faisait de tels progrès que notre aumônier crut devoir en donner avis à la junte, qui mit à notre disposition quelques tentes....

Plus notre séjour se prolongeait dans l'île, plus il y avait d'isolement entre les prisonniers. Il n'y avait plus que l'attente toujours si impatiemment désirée de la barque aux vivres qui pût donner l'idée de nous rapprocher. Elle devait revenir quatre jours après son départ. Alors, dès le matin, souvent il n'était pas jour, on voyait tous les prisonniers se succéder par petits pelotons sur le chemin.

Le premier qui apercevait une voile se dirigeant vers l'île donnait le signal par un cri de joie : « Voilà la barque au pain! la voilà! » Et quand elle entrait, cette barque, on se pressait pour la saluer, on dansait, on sautait, on chantait, on se livrait à mille folies ; c'était un délire. On courait à la distribution, et chacun, en recevant sa part, ne manquait pas de dire avec un soupir : « Allons, nous ne mourrons pas encore aujourd'hui ! »

L'instant d'après, des fumées s'élevaient dans l'air : de loin on eût dit un village dont les fortunés habitants faisaient les préparatifs de quelque bombance. Cependant l'eau bouillait; on tenait son pain, pour la plupart du temps déjà moisi, on le regardait, on en faisait scrupuleusement quatre parts égales, pour aujourd'hui, demain et les deux jours suivants : « Aujourd'hui, se disait-on, je me contenterai de la soupe ». On mettait un des morceaux dans le bidon, et c'était le pot-au-feu ; puis, dès qu'il y était, on se laissait raisonner par son estomac : « Deux morceaux, ce n'est pas trop ; et puis, quand on n'a rien mangé la veille, il est bien juste qu'on se récompense le lendemain. » Alors un second quart allait retrouver le premier. Enfin la soupe était dressée. On avalait le bouillon : c'était de l'eau, rien que de l'eau, et encore quelle eau! « Allons, un quart de plus! » le troisième quart y passait et l'on en faisait sauter les miettes.

Ce repas terminé, et il n'avait pas été long, on tournait, on retournait le quart restant, on ne le considérait plus qu'avec une sorte de remords, et pour ne pas s'exposer à l'entamer, on se sauvait bien vite de sa baraque. Dehors, on rencontrait les camarades : « Eh bien, comment cela s'est-il passé? as-tu bien dîné ? — Oh ! je me suis fait une fière bosse ; deux quarts en soupe, un quart à la main. — Et moi, deux quarts à la main, un quart en soupe. » Et en entendant la demande et la réponse, ceux qui avaient été plus ménagers, ne manquaient jamais de dire : « A présent, vous êtes de frais *cocos* ; six onces de pain pour trois jours : il faudra vous brosser le ventre, et encore qui sait si au bout du temps la barque arrivera ! — Taisez-vous donc, leur répliquait-on, vous êtes des oiseaux de mauvais augure ; et quand elle n'arriverait pas, je me suis fait une bosse ! »

Mais la prédiction ne se réalisait que trop souvent. Une première fois, le temps contraria si bien la marche de la barque, qu'elle fut en retard de quatre jours. L'île alors retentit de cris d'angoisse.

Le 25 février 1809, nous attendîmes vainement que la barque parût, et les jours suivants ne firent qu'empirer notre situation. Elle devint affreuse ; ceux à qui restait un peu de force, se traînaient sur les pieds et sur les mains jusqu'au sommet des rochers, pour tâcher de voir si quelque voile ne blanchissait pas à l'horizon. La journée se passait et ils n'avaient rien aperçu. Bientôt le chemin qui menait au camp fut couvert de nos camarades tombés, exténués de besoin : « Arrive-t-elle? » demandaient ceux qui pouvaient encore proférer quelques mots; d'autres venaient de rendre le dernier soupir. Tout à coup une espèce de frénésie s'empara des moins faibles : « Périr pour périr, disaient-ils, faisons un coup »; et dans la fermentation de leur cerveau ils parlaient d'enlever à l'abordage les deux canonnières qui nous gardaient. C'eût été tenter l'impossible; car les Espagnols, prévoyant les effets de notre désespoir, avaient pris leurs précautions. Le délire ne fit que s'accroître; tous étaient agités d'une fièvre brûlante; il y en eut qui expirèrent dans des convulsions horribles; des symptômes de rage se manifestèrent chez plusieurs : la pierre, le bois, ils voulaient tout dévorer; on ne pouvait sans danger s'approcher d'eux.

Dans cette fatale circonstance, plus de cent cinquante d'entre nous étaient morts de faim, et l'on ne voyait plus rien à manger que notre âne Robinson, le seul animal que nous eussions trouvé dans l'île et que nous aimions tous. Le sacrifice en fut fait après quelques oppositions et une discussion assez longue : il nous en coûtait d'en venir là. Nos chefs ordonnèrent de tuer notre âne, qui avait pourtant rendu de si grands services. Cruelle exécution, et que nous déplorions tous! Hélas! oui, ce pauvre âne, on le mit à mort; il me semble encore le voir. Il venait là si paisiblement! Il tomba, et de sa dépouille on fit *quatre mille cinq cents morceaux!* Chacun de nous eut pour sa part à peu près trois quarts d'once de sa chair, dont on fit du bouillon.

Le 1er mars, le lendemain de la mort de l'infortuné Robinson, le petit nombre de ceux qui ont pu encore ramper jusqu'au sommet de la montagne annoncent enfin l'arrivée de la barque aux vivres. A cette nouvelle le vertige cesse. On se lève, on marche avec une joie frémissante, en riant convulsivement, et en tendant les mains vers la barque.

La barque ne fut pas sitôt amarrée, que l'on distribua à chacun un pain; il y en eut qui l'engloutirent et qui périrent victimes de cette avidité. Un jour plus tard, les Espagnols n'eussent trouvé personne de vivant. Parmi ceux qui résistèrent à cette épouvantable famine, quelques-uns s'étaient soutenus en mangeant des orties cuites dans de l'eau salée; moi, je mangeai du trèfle; plusieurs firent bouillir une espèce de plante marine qui avait la saveur acide de l'oseille, mais dont on ne pouvait avaler quelques cuillerées sans éprouver immédiatement après dans l'estomac la sensation d'un fer chaud; d'autres se nourrirent d'une racine tuberculeuse qui avait quelque apparence de la pomme de terre, mais qui était d'une âcreté insupportable.

La santé de ces derniers en fut considérablement altérée : ce tubercule, que, dans l'ivresse de la découverte, nous avions appelé une patate, était un poison.

(Relation du *Timonier Ducor*.)
PUBLIÉE PAR M. LORÉDAN LARCHEY DANS LES *Suites d'une capitulation*.

Une évasion de l'île de Cabréra

Vers juin 1811 (il y avait alors plus de deux ans que j'étais dans l'île), je fis la connaissance de prisonniers amenés récemment de Catalogne. Parmi ces derniers était un sergent-major, militaire intrépide s'il en fut jamais : il était Lyonnais et se nommait Alleigne. Ce nouveau compagnon me mit en rapport avec des hommes non moins déterminés. Je ne doutais pas de leur hardiesse; mais avant de m'ouvrir à eux, je voulais pouvoir compter sur leur discrétion. Dès que je m'en crus assuré, je leur fis part du projet que j'avais formé de m'emparer d'une barque de pêcheurs. Ils l'adoptèrent avec transport, bien que l'exécution leur parût chanceuse, et ils me confièrent le soin de les diriger.

Un lieu de rendez-vous fut assigné, et chacun jura sur l'honneur de garder le secret. Les pêcheurs majorquins tenaient leur barque à distance et n'approchaient de la côte qu'avec précaution. Il fallut donc rêver à quelque expédient : celui d'un grappin que je proposai fut accepté ; mais où se procurer ce grappin ?

A cette époque, notre aumônier, toujours occupé d'étendre ses cultures, faisait miner un rocher qui le gênait. Pendant la nuit nous enlevâmes une des pinces qui servaient à ce travail : un boulet de canon trouvé dans l'île nous tint lieu d'enclume, et nous eûmes bientôt fabriqué un soufflet avec la peau de nos sacs. Notre grappin fut forgé *grosso modo* ; divers chaînons solidement rivés y furent adaptés dans une longueur de huit pieds, et nous y ajoutâmes tout ce qu'il fallait de corde pour atteindre celle des barques qui viendrait raser la côte de plus près.

Je fis observer à mes camarades qu'une provision de vivres et d'eau était indispensable : cette proposition faillit tout gâter. Nos rations étaient si chétives ! Cependant, comme en cas d'insuccès on devait retrouver cette réserve, on souscrivit à tout, et au bout d'une quinzaine de jours nous nous jugeâmes en état de tenir la mer.

UNE ÉVASION DE L'ILE DE CABRÉRA.

Dans la première nuit de juillet 1811, nous transportâmes en silence nos vivres et notre grappin, et, parvenus à la côte de l'ouest, où les barques venaient le plus fréquemment, nous cachâmes le tout dans des trous de rochers. Notre coup de main ne pouvait s'effectuer que pendant la nuit, car il fallait non seulement tromper l'œil des pêcheurs, mais encore celui de nos compagnons; notre misère était si grande que, dans l'espoir d'obtenir quelques fèves de plus, un de ces infortunés aurait pu nous dénoncer; plusieurs exemples de ce genre nous rendaient méfiants.

Le lendemain nous retournâmes au poste pour y épier l'arrivée des bateaux; pas un ne se montra.

Pendant près de trois semaines nous continuâmes ce manège pénible.

Il s'en fallait que nous fussions à notre aise, épuisés par les veilles de la nuit, par la lieue à faire soir et matin à travers de hautes montagnes, dont les pierres anguleuses déchiraient les pieds, et surtout par le manque de nourriture, depuis que nous nous étions fait la loi de ne consommer qu'un quart de nos rations.

Le 16 juillet, nous approchions du rendez-vous. Il devait être neuf heures. Un de nos compagnons, parvenu le premier au haut de la montagne, se retourne, et nous dit à voix basse : « Avancez,... deux bateaux,... vite, vite ! » Nous grimpons comme des chamois. O bonheur ! les deux bateaux sont là sous nos yeux. Respirant à peine, nous nous prenons les mains.

Quelques-uns prétendent qu'il faut s'arrêter pour tenir conseil.

« Comment donc ! réplique Alleigne, est-ce une plaisanterie ? Ne savons-nous pas depuis longtemps ce que chacun doit faire ? Descendons. Cette occasion ne se représentera jamais. — Oui, oui, répétons-nous; il n'y a plus à reculer. Allons, allons ! »

Et nous descendîmes la côte avec les plus grandes précautions. La moindre pierre en roulant pouvait éveiller l'attention des pêcheurs. Le temps était superbe, le vent frais et favorable. Arrivés à l'endroit de notre embuscade, nous prîmes nos dispositions dans le plus grand silence. Des épreuves réitérées ayant eu lieu quelques jours auparavant, Leroy, caporal de grenadiers au 121e, le plus vigoureux d'entre nous, s'était trouvé en même temps le plus adroit. C'est lui qui devait lancer le grappin.

Nous étions quatorze. Six, à la tête desquels était le brave Alleigne, devaient se ranger sur la corde pour haler le bateau dès que le grappin y serait tombé. Quatre (j'étais de ce nombre) devaient, armés de pierres, effrayer les Majorquins par un feu de file, et sauter à bord dès que la distance le permettrait. Quatre autres, enfin, devaient rester sur la rive pour arrêter les Espagnols qui pouvaient, après avoir gagné terre à la nage, gravir la montagne et donner l'éveil aux canonnières.

Nous attendions dans une extrême anxiété. Bientôt l'un des deux bateaux change de direction et double une pointe de rocher ; nous le perdons de vue. Déjà la moitié de notre espoir nous est échappé, il semble qu'on nous arrache l'âme ; cependant l'autre reste : il s'éloigne, se rapproche, dévie légèrement. Nous sommes sur les épines.

Enfin, vers onze heures et demie, je juge l'instant venu. Mes hommes sont à leur poste. Inquiet, je regarde de tous mes yeux celui qui tient dans la main toutes nos espérances, je le vois s'apprêter, affermir ses pieds sur la roche glissante. Et nous, l'oreille attentive, courbés comme si un poids dont la chute doit nous écraser était suspendu sur nos têtes, nous écoutons. Une demi-minute, qui nous parut un siècle, s'écoula. Le grappin était lancé ; nous aurions voulu le retenir. Nos poitrines étaient serrées. Mais un bruit de fer se fait sur le pont : les Majorquins poussent des cris, le grappin est arrivé ! On tire promptement sur la corde, la barque vient et nous nous précipitons, jetant des pierres, sautant à bord, renversant tout. Les Espagnols se blottissent le long du plat-bord. Ils étaient six, et nous n'étions encore que quatre ; ils s'en aperçoivent et s'élancent armés de tout ce qu'ils ont pu trouver sous leurs mains. Chazé, l'un de nous, est blessé à la jambe ; mais Alleigne et un autre sont accourus, et la fureur triple nos forces : en un clin d'œil le pont est balayé ; trois des Majorquins sont jetés à la mer ; les autres se précipitent par l'écoutille au fond du bateau, où nous les tenons prisonniers. « A vous ! crions-nous à ceux qui gardaient la côte, à vous, trois hommes à la mer ! » On les guettait, on les saisit à leur arrivée à terre, on les force à se rembarquer. Pendant ce temps, quatre de ceux qui avaient tiré sur la corde s'étaient portés à quelques pas de là et revenaient à toutes jambes avec les vivres et notre petit baril d'eau.

Le coup fait, il était urgent de quitter la côte. Le pont du bateau était couvert d'ustensiles propres à la pêche : nous les faisons disparaître, et je me hâte de monter le gouvernail, de mâter, de hisser les voiles. Alors, à l'aide de quelques avirons, vite, vite, nous nous éloignons et, m'orientant sur les étoiles, car nous n'avions pas de boussole, je mets le cap au nord, direction qui devait nous conduire entre Barcelone et Tarragone. Le vent était sud-est ; nous ne pouvions le désirer plus favorable.

Une fois au large, nous songeâmes à nos prisonniers. Étourdis du coup, ils nous regardaient faire. Pour lier conversation avec eux, nous les obligeâmes à échanger leurs vêtements contre nos haillons. Trois de leurs défroques étaient mouillées ; c'étaient celles des pêcheurs jetés à la mer, et au nombre desquels était le patron de la barque, homme d'une cinquantaine d'années. Heureusement leurs grosses capotes et leurs bonnets étaient restés sur le pont, et nous nous en servîmes pour braver la fraîcheur de la nuit.

Deux bâtiments paraissaient venir avec une effrayante rapidité.

Dès ce moment tout fut commun entre nous, excepté la gaieté, et que nous les dispensâmes de partager. Il fallut que cette joie se manifestât par des cris, des applaudissements ; nous embrassions Leroy, nous lui pressions les mains, nous lui demandions s'il n'avait pas craint : « Ah ! fichtre, répondait-il, j'étais bien sûr de mon affaire, j'avais trop bien pris mes dimensions ! » Et on le félicitait de nouveau ; nos extravagances recommençaient, nous ne nous possédions plus ; nous allions revoir la patrie, retrouver des frères d'armes, reprendre notre uniforme, respirer un air libre, savourer une ration entière de pain et de viande !

Il y avait environ trois quarts d'heure que nous venions de laisser derrière nous l'île, lorsqu'un incident vint modérer cette allégresse : « Patron, me crie l'un de ceux qui étaient sur l'avant, nous allons aborder un bâtiment ! — Évitez, évitez ! — Nous sommes perdus, disent les autres avec effroi. — Non, non, pas de bruit et laissez faire. »

Je n'étais guère plus rassuré qu'eux : n'importe, je commande à tous mes hommes de baisser la tête ; je mets la barre dessous ; nous venons au vent, et nous reconnaissons le brick anglais qui croisait devant l'île ! Dans le plus grand silence, nous passâmes presque sous son beaupré : grâce aux bonnets et aux capotes des Majorquins, on dut nous supposer Espagnols, et nous en fûmes quittes pour la peur. Alors nous nous réjouîmes de nouveau : « Enfants, leur dis-je, encore une de parée. Bon espoir ! »

Cette alerte nous rendit circonspects : j'ordonnai que chacun à son tour veillât sur l'avant, afin d'être prévenu à temps. Nous continuâmes paisiblement notre route jusqu'au jour.

Le lendemain nous étions par le travers de Palma. Le vent faiblit à tel point qu'il fallut avoir recours aux rames, nécessité fâcheuse, attendu que nous n'étions que trois marins.

Je fis placer nos deux marins aux avirons de derrière, et les soldats à la suite, ce qui donna beaucoup de facilité à ceux-ci pour se guider sur les premiers et régler leurs mouvements d'après eux. Ainsi armés de huit avirons, nous voguâmes tant bien que mal toute la journée. Sur le soir, nous n'en pouvions plus ; ces pauvres soldats, qui n'étaient pas habitués à un si rude métier, se plaignaient d'avoir les bras et les reins brisés. Heureusement le vent ne tarda pas à s'élever. Cette brise favorable soulagea nos rameurs et fit faire beaucoup de chemin.

A la pointe du jour nous aperçûmes derrière nous deux bâtiments qui paraissaient venir avec une effrayante rapidité. Après quelques instants, nous reconnûmes les deux chaloupes canonnières de l'île. Elles nous donnaient la chasse. Chacun comprit le danger ; il fallut redoubler d'efforts et ramer en désespérés. « Surtout de l'ensemble, m'écriai-je, c'est le moyen de ménager nos forces et de faire du chemin. « Les soldats ramèrent si bien, que des matelots n'eussent pas mieux fait, et, après deux heures d'incroyables efforts, pendant lesquelles, je crois, il ne fut pas dit un mot, nous eûmes le bonheur de voir nos chasseurs perdre leur avantage.

Rien de nouveau jusqu'au lendemain trois heures de l'après-midi ; droit devant nous était un gros navire. Nous crûmes reconnaître une frégate anglaise. Alors je laissai arriver vent arrière ; nous étions déjà grand largue ; je me dérangeai de notre route. La frégate avait ses amures à bâbord ; nous allions au-devant l'un de l'autre, mais à une grande portée de canon, je mis la barre à tribord ; la barque vint au vent, et nous courûmes une petite bordée bâbord amures. Peu d'instants après, la frégate fit quelques manœuvres comme dans l'intention de nous joindre : c'était ce que je voulais savoir. Soudain je fais mettre bas les voiles et démâter afin d'être plus difficilement aperçus ; j'ordonne de ramer vigoureusement, et notre bateau n'en marche pas moins avec une grande rapidité. Nous invoquions les ténèbres. Enfin elle vint, cette nuit que nous désirions si ardemment ; on nous perdit de vue et nous reprîmes notre route.

Le 20 juillet, au point du jour, nous vîmes la terre, et nous poussâmes des cris de bonheur. Vers le milieu du jour le sergent-major Alleigne prétendit reconnaître les environs de Tarragone, et à une demi-heure de la côte je laissai arriver vent arrière.

Avant notre départ de l'île nous avions bien entendu dire que Tarragone était au pouvoir des Français ; mais il nous importait de nous en assurer. A l'aide d'un mouchoir blanc, d'une cravate noire et d'un morceau de chemise de laine rouge, nous eûmes bientôt fait un pavillon national. Nous le hissâmes au bout de l'une de nos vergues lorsque nous fûmes par le travers de la ville. L'instant d'après sortit du port une embarcation un peu plus grande que la nôtre, ayant en poupe un grand pavillon français. Notre joie était extrême.

A notre descente sur le môle, nous fûmes reçus par le commandant de la place et par une foule de soldats qui nous sautaient au cou et nous interrogeaient ; tous voulaient nous emmener avec eux.

(Relation du Timonier Ducor.)
PUBLIÉE PAR M. LORÉDAN LARCHEY DANS LES <i>Suites d'une capitulation</i>.</div>

Siège de Lérida

(1810)

... Tu abandonnes la politique et la guerre à Phillis, tu ne veux que des descriptions historiques; ne serais-tu pas bien aise cependant d'avoir un aperçu du siège et de l'assaut de Lérida?...

La tranchée fut ouverte tout près de la place, avec cette audace qui caractérise l'armée française. Les travaux se continuaient avec ardeur, quand on apprit qu'une armée venait au secours de l'ennemi. Rien ne fut suspendu pour cela, on se contenta de détacher la cavalerie et quelques bataillons pour combattre 12 000 hommes des meilleures troupes d'Espagne. Le combat eut lieu en vue même de la ville, qui voulut faire diversion par une sortie de 2000 hommes. La victoire se déclara de suite en notre faveur : une charge brillante du 13ᵉ cuirassiers et du 4ᵉ hussards décida seule cette affaire à jamais glorieuse pour notre cavalerie. Les rangs ennemis furent enfoncés d'une manière terrible, son infanterie sabrée et désunie fut obligée de mettre bas les armes, et pas un homme de la 1ʳᵉ division, composée de 7000 combattants, ne put s'échapper ; la cavalerie ne dut sa conservation qu'à une prompte retraite ; la garnison n'eut guère plus de chance : on la repoussa, la baïonnette aux reins, jusqu'auprès de ses portes.

Peu de jours après, les batteries furent établies et tirèrent sur la place ; elles ne furent pas très heureuses ; le feu du château les écrasa et au bout de trois heures elles furent éteintes, et il fallut en construire d'autres. Le mauvais temps nous contraria. Cependant, cinq jours après, quarante pièces se trouvèrent en position et ouvrirent deux larges brèches.

L'ennemi devait craindre l'assaut pour ce jour-là ; on le trompa en attaquant des redoutes formidables qu'il avait sur un autre point et qui furent prises avec beaucoup de valeur. Le lendemain, l'assaut de la place fut ordonné ; dix compagnies d'élite, dont la mienne faisait partie, furent commandées et réunies dans les tranchées les plus proches des brèches.

Environ à six heures du soir, au signal donné, qui le fut par quatre bombes, on s'élança avec la rapidité de l'air. Les murs sont escaladés ; on pénètre dans les ouvrages ; plusieurs barricades sont brisées ; nos ennemis en foule expirent sous nos coups. Une porte qui devait nous ouvrir l'entrée des quais nous arrête un instant ; là, plusieurs de nos braves sont tués à bout portant. Enfin la porte est brisée ; nous entrons en foule, à l'envi l'un de l'autre. Chacun voudrait porter les premiers coups, rien ne saurait nous arrêter : les baïonnettes, les balles, les lances ne peuvent suspendre notre ardeur. J'ai le bonheur de percer la foule avec ma compagnie, j'arrive le premier à un poste fortifié et je coupe un gros d'ennemis que nous passons au fil de l'épée et de la baïonnette ; les redoutes, les canons, la ville, tout tombe en notre pouvoir. L'Espagnol épouvanté se sauve dans le fort et y porte la terreur ; une foule d'habitants s'y réfugie aussi....

Le lendemain de cette journée terrible, les forts épouvantés demandèrent à capituler ; c'est ainsi que nous nous sommes rendus maîtres en peu de temps d'une ville formidable, qui vit échouer le grand Condé au pied de ses murs, et que le duc d'Orléans ne prit en 1707 qu'après trente-trois jours de tranchée.... Nous sommes pour quelques jours à Lérida ; on parle déjà du siège de Valence et de Tortose. C'est toujours à recommencer !

(*Lettre de Bugeaud à sa sœur.*)
Vie de Bugeaud, par henri d'ideville.
(Firmin Didot, Éditeur.)

Un grognard qui craint l'eau

Après la paix de Tilsitt, l'Empereur forma une école de natation pour nous apprendre à nager ; il fit établir des barques près du pont de Neuilly, et là on mettait une large sangle sous le ventre du grenadier qui ne savait pas nager. Tenu par deux hommes dans chaque barque, ce militaire était hardi, et en deux mois il y avait déjà huit cents grenadiers qui pouvaient traverser la Seine. On me dit qu'il fallait que j'apprenne à nager, je répondis que je craignais trop l'eau : « Eh bien ! dit l'adjudant-major, il faut le laisser tranquille, ne pas le forcer. — Je vous remercie. »

L'Empereur donna l'ordre de tenir prêts les plus forts nageurs en petite tenue et pantalon de toile pour midi. Le lendemain, il arrive dans la cour de notre caserne ; on fait descendre les nageurs. Il était accompagné du maréchal Lannes, son favori ; il demande cent nageurs des plus forts. On nomme les plus avancés : « Il faut, dit-il, qu'ils puissent passer avec leurs fusils et des cartouches sur la tête. » Il dit à M. Belcourt : « Tu peux les conduire ? — Oui, Sire. — Allons, prépare-les ; je vous attends. »

Il se promenait dans la cour ; me voyant si petit à côté des autres, il dit à l'adjudant-major : « Fais approcher ce petit grenadier décoré ». Me voilà bien sot : « Sais-tu nager? me dit-il. — Non, Sire. — Et pourquoi? — Je ne crains pas le feu, mais je crains l'eau. — Ah! tu ne crains pas le feu. Eh bien! dit-il à M. Belcourt, je l'exempte de nager. »

Je me retire bien content. Les cent nageurs prêts, on se rendit au bord de la Seine; il y avait des barques montées par les marins de la garde pour suivre, et l'Empereur descendit à pied sur la berge.

Tous les nageurs passèrent au-dessous du pont, en face du château de Neuilly, sans accident. Il n'y eut que M. Belcourt qui fut accroché par des grandes herbes qui traînent en deux eaux et qui s'entortillèrent autour de ses jambes, mais il fut secouru de suite par les bateliers, et il passa comme les autres. Arrivés de l'autre côté dans une île, les voilà à faire feu. L'Empereur part au galop, fait le tour et arrive; il fait de suite donner du bon vin aux grognards et les fit repasser dans les barques. Il y eut distribution de vin pour tout le monde et vingt-cinq sous pour les nageurs. Il prit aussi la fantaisie à l'Empereur de faire traverser la Seine à un escadron de chasseurs à cheval, en face des Invalides, avec armes et bagages, dans la même place qu'occupe le pont aujourd'hui. Ils passèrent sans accident et arrivèrent dans les Champs-Élysées; l'Empereur fut ravi, mais les chasseurs et les bagages furent mouillés.

(Cahiers du Capitaine Coignet.)
(Hachette et Cie, Éditeurs.)

Le roi de Rome

En 1811, des réjouissances nous attendaient; le 20 mars, un courrier arrive à notre caserne annoncer la délivrance de notre Impératrice et dit que le canon allait se faire entendre. Tout le monde était dans l'attente; aux premiers coups partis des Invalides, on comptait en silence; au vingt-deuxième et au vingt-troisième, tous sautèrent de joie; ce n'était qu'un cri de *vive l'Empereur!* Le roi de Rome fut baptisé le 9 juin, on nous donna des fêtes et des feux d'artifice. Cet enfant chéri était toujours accompagné du gouverneur du palais lorsqu'il sortait pour se promener avec sa belle nourrice et une dame qui le portait. Me trouvant un jour dans le château de Saint-Cloud, le maréchal Duroc qui l'accompagnait me fait signe de m'approcher, et ce cher enfant tendait ses petites mains pour prendre mon plumet; je me penche, et le voilà qui déchire mes plumes. Le maréchal me dit : « Laissez-le faire ». —

L'enfant éclatait de joie, mais le plumet fut sacrifié. Je demeurai un peu sot. Le maréchal me dit : « Donnez-le-lui, je vous le ferai remplacer ». La dame d'honneur et la nourrice se firent une pinte de bon sang.

Le maréchal dit à la dame : « Donnez le prince à ce sergent, qu'il le porte sur ses bras! » Dieux! j'allonge les bras pour recevoir le précieux fardeau. Tout le monde vient autour de moi : « Eh bien! me dit M. Duroc, est-il lourd? — Oui, mon général. — Allons! marchez avec, vous êtes assez fort pour le porter. »

Je fis un petit tour sur la terrasse; l'enfant arrachait mes plumes et ne faisait pas attention à moi. Ses draperies tombaient très bas et j'avais peur de tomber, mais j'étais heureux de porter un tel enfant. Je le remis à la dame, qui me remercia, et le maréchal me dit : « Vous viendrez chez moi dans une heure ».

Je parais donc devant le maréchal, qui me donne un bon pour choisir un beau plumet chez le fabricant : « Vous n'avez que celui-là? dit-il. — Oui, général. — Je vais vous faire un bon pour deux. — Je vous remercie, général. — Allez, mon brave! vous en aurez un pour les dimanches. »

Arrivé près de mes chefs, ils me disent : « Mais vous n'avez plus de plumet. — C'est le roi de Rome qui me l'a pris. — C'est plaisant ce que vous dites là. — Voyez ce bon du général Duroc. Au lieu d'un plumet, je vais en avoir deux, et j'ai porté le roi de Rome sur mes bras près d'un quart d'heure; il a déchiré mon plumet. — Mortel heureux, me dirent-ils : de pareils souvenirs ne s'oublient jamais. »

Mais je n'ai jamais revu l'enfant; c'est la faute de la politique qui l'a moissonné avant le temps.

(Cahiers du Capitaine Coignet.)
(Hachette et Cie, Éditeurs.)

Une revue en 1811

Tous les princes de la Confédération du Rhin étaient à Paris, et le prince Charles fut le parrain du petit Napoléon. L'Empereur leur fit voir une revue de sa façon sur la place du Carrousel. Les régiments d'infanterie arrivaient par la rue de Rivoli et venaient se mettre en bataille sur cette place qui longe l'hôtel Cambacérès. L'infanterie de la garde était sur deux lignes devant le château des Tuileries. L'Empereur descend à midi, monte à cheval et passe

Le roi de Rome porté par Coignet.

la garde en revue et revient se placer en face du cadran. Il fait appeler notre adjudant-major et lui dit : « As-tu un sous-officier qui soit assez fort pour répéter mon commandement ? Mouton ne peut répéter. — Oui, Sire. — Fais-le venir et qu'il répète mot pour mot après moi. »

Voilà M. Belcourt qui me fait venir. Le général, le colonel, les chefs de bataillon me disaient : « Ne vous trompez pas ! Ne faites pas attention que c'est l'Empereur qui commande. Surtout, de l'aplomb ! »

M. Belcour me présente : « Voilà, Sire, le sergent qui commande le mieux. — Mets-toi à ma gauche, et tu répéteras mon commandement. »

La tâche n'était pas difficile. Je m'en acquittai on ne peut mieux. A tous les commandements de l'Empereur, je me retournais pour répéter, et, sitôt fini, je me retournais face à l'Empereur pour recevoir son commandement. Tous les regards des étrangers se portèrent du balcon sur moi ; ils voyaient un sous-officier avec son fusil recevoir le commandement et faire demi-tour tout de suite pour le répéter, de manière que son corps était toujours en mouvement. Tous les chefs de corps répétaient mot pour mot, et après avoir fait passer leurs hommes sous l'Arc de Triomphe, les mettaient en bataille devant l'Empereur. Il passait au galop devant le régiment et revenait à sa place pour le faire manœuvrer et le faire défiler.

Cette manœuvre d'infanterie dura deux heures, la garde ferma la marche. Puis, je fus renvoyé par l'Empereur, et remplacé par un général de cavalerie. Il était temps : j'étais en nage. Je fus félicité de ma forte voix par mes chefs ; le sergent-major, me prenant par le bras, me mena au café dans le jardin pour me faire rafraîchir : « Comme je suis content de vous, mon cher Coignet ! » Le capitaine tapait des mains, disant : « C'est moi qui l'ai forcé d'être caporal ; c'est mon ouvrage. Comme il commande bien ! — Je vous remercie, lui dis-je, mais on est bien petit près de son souverain ; je l'écoutais, je ne levais pas les yeux sur lui ; il m'aurait intimidé ; je ne voyais que son cheval. »

(Cahiers du Capitaine Coignet.)
(Hachette et Cie, Éditeurs.)

Gouvion Saint-Cyr

LE 15 août, jour de la fête de l'Empereur, le 2ᵉ corps d'armée arriva fort tristement à Polotsk, où nous trouvâmes le 6ᵉ corps formé des deux belles divisions bavaroises du général de Wrède, dont un général français, Gouvion

Saint-Cyr, avait le commandement supérieur. L'Empereur envoyait ce renfort de 8000 à 10 000 hommes au maréchal Oudinot, qui l'eût reçu avec plus de satisfaction s'il n'eût craint le contrôle de celui qui le conduisait. En effet, Saint-Cyr était un des militaires les plus capables de l'Europe !... Contemporain et émule de Moreau, de Hoche, de Kléber et de Desaix, il avait commandé avec succès une des ailes de l'armée du Rhin, lorsque Oudinot était à peine colonel ou général de brigade. Je n'ai connu personne qui dirigeât mieux ses troupes sur un champ de bataille que ne le faisait Saint-Cyr.

Fils d'un petit propriétaire de Toul, il avait étudié pour être ingénieur civil ; mais, dégoûté de cet état, il s'était fait comédien à Paris, et ce fut lui qui créa le célèbre rôle de Robert, chef de brigands, au théâtre de la Cité, où la Révolution de 89 le trouva. Saint-Cyr entra dans un bataillon de volontaires, fit preuve de talents, d'un grand courage, parvint très promptement au grade de général de division et se distingua par de nombreux succès. Il était d'une taille élevée, mais avait plutôt la tournure d'un professeur que d'un militaire, ce qu'il faut peut-être attribuer à l'habitude qu'il avait contractée auprès des généraux de l'armée du Rhin de ne porter ni uniforme, ni épaulettes, mais une simple redingote bleue tout unie.

Il était impossible de voir un homme plus calme. Les périls les plus grands, les contrariétés, les succès, les défaites, rien ne pouvait l'émouvoir,... il était de glace devant les événements !... On conçoit quel avantage un tel caractère, secondé par le goût pour l'étude et la méditation, donnait à cet officier général. Mais Saint-Cyr avait aussi de sérieux défauts : jaloux de ses camarades, on l'a vu souvent tenir ses troupes au repos tandis que, auprès de lui, d'autres divisions étaient écrasées ; Saint-Cyr marchait alors, et, profitant de la lassitude des ennemis, il les battait et paraissait ainsi avoir remporté seul la victoire. En second lieu, si le général Saint-Cyr était un des chefs de l'armée qui savaient le mieux employer les troupes sur le champ de bataille, c'était incontestablement celui qui s'occupait le moins de leur bien-être. Jamais il ne s'informait si les soldats avaient des vivres, des vêtements, des chaussures, et si leurs armes étaient en bon état. Il ne passait aucune revue, ne visitait point les hôpitaux et ne demandait même pas s'il en existait. Selon lui, les colonels devaient pourvoir à tout cela. En un mot, il voulait qu'on lui amenât sur le champ de bataille des régiments tout prêts à combattre, sans qu'il eût à s'occuper des moyens de les tenir en bon état. Cette manière d'agir avait beaucoup nui à Saint-Cyr, et partout où il avait servi, les troupes, tout en rendant justice à ses talents militaires, ne l'avaient point aimé. Tous ses camarades redoutaient de se trouver avec lui, et les gouvernements qui s'étaient succédé en France ne l'avaient employé que par nécessité. L'Empereur fit de même, et il avait une telle antipathie pour Saint-

Cyr que, lors de la création des maréchaux, il ne le porta pas sur la liste des promotions, bien que ce général eût de meilleurs services et beaucoup plus de talents que la plupart de ceux auxquels Napoléon donna le bâton de commandement. Tel était l'homme que l'Empereur venait de placer sous les ordres d'Oudinot, au grand regret de celui-ci, qui sentait que la supériorité de Saint-Cyr allait l'écraser.

(Mémoires du Général de Marbot.)
(Plon et Nourrit, Éditeurs.)

La Grande Armée réunie entre la Vistule et le Niémen

(juin 1812)

De Kœnigsberg à Gumbinnen, Napoléon passa en revue plusieurs de ses armées; parlant aux soldats d'un air gai, ouvert et souvent brusque : sachant bien qu'avec ces hommes simples et endurcis, la brusquerie est franchise; la rudesse, force; la hauteur, noblesse; et que les délicatesses et les grâces que quelques-uns apportent de nos salons sont à leurs yeux faiblesse, pusillanimité; que c'est pour eux comme une langue étrangère qu'ils ne comprennent pas, et dont l'accent les frappe en ridicule.

Suivant son usage, il se promène devant les rangs. Il sait quelles sont les guerres que chaque régiment a faites avec lui. Il s'arrête aux plus vieux soldats; à l'un c'est la bataille des Pyramides, à l'autre celles de Marengo, d'Austerlitz, d'Iéna, ou de Friedland, qu'il rappelle d'un mot, accompagné d'une caresse familière. Et le vétéran, qui se croit reconnu de son empereur, se grandit tout glorieux au milieu de ses compagnons moins anciens, qui l'envient.

Napoléon continue : il ne néglige pas les plus jeunes; il semble que tout l'intéresse; leurs moindres besoins lui sont connus; il les interroge. Leurs capitaines ont-ils soin d'eux? leur solde est-elle payée? ne leur manque-t-il aucun effet? Il veut voir leurs sacs.

Enfin il s'arrête au centre du régiment. Là, il s'informe des places vacantes, et demande à haute voix quels en sont les plus dignes. Il appelle à lui ceux désignés, et les questionne. Combien d'années de service? quelles campagnes? quelles blessures? quelles actions d'éclat? puis il les nomme officiers et les fait recevoir sur-le-champ, en sa présence, indiquant la manière : particularités qui charment le soldat ! Ils se disent que ce grand empereur, qui juge des nations en masse, s'occupe d'eux dans le moindre détail ; qu'ils sont sa plus ancienne, sa véritable famille ! C'est ainsi qu'il fait aimer la guerre, la gloire et lui....

Nous touchions à la frontière russe ; de la droite à la gauche, ou du midi au nord, l'armée était ainsi disposée devant le Niémen. D'abord, à l'extrême droite, et sortant de la Galicie sur Drogiczin, le prince Schwartzenberg et trente-quatre mille Autrichiens ; à leur gauche, venant de Varsovie et marchant sur Bialystock et Grodno, le roi de Westphalie, à la tête de soixante et dix-neuf mille deux cents Westphaliens, Saxons et Polonais ; à côté d'eux, le vice-roi d'Italie, achevant de réunir vers Marienpol et Pilony soixante et dix-neuf mille cinq cents Bavarois, Italiens et Français ; puis l'empereur, avec deux cent vingt mille hommes, commandés par le roi de Naples, le prince d'Eckmühl, les ducs de Dantzick, d'Istrie, de Reggio et d'Elchingen. Ils venaient de Thorn, de Marienwerder et d'Elbing, et se trouvaient, le 23 juin, en une seule masse vers Nogarisky, à une lieue au-dessus de Kowno. Enfin, devant Tilsitt, Macdonald et trente-deux mille cinq cents Prussiens, Bavarois et Polonais formaient l'extrême gauche de la Grande Armée.

Tout était prêt. Des bords du Guadalquivir et de la mer des Calabres jusqu'à ceux de la Vistule, six cent dix-sept mille hommes, dont quatre cent quatre-vingt mille déjà présents ; six équipages de pont, un de siège, plusieurs milliers de voitures de vivres, d'innombrables troupeaux de bœufs, treize cent soixante et douze pièces de canon et des milliers de caissons d'artillerie et d'ambulance, avaient été appelés, réunis et placés à quelques pas du fleuve des Russes. La plus grande partie des voitures de vivres étaient seules en retard.

Soixante mille Autrichiens, Prussiens et Espagnols venaient verser leur sang pour le vainqueur de Wagram, d'Iéna et de Madrid ; pour celui qui avait terrassé quatre fois l'Autriche, abattu la Prusse, et qui envahissait l'Espagne. Et cependant tous lui furent fidèles. Lorsque l'on considérait que le tiers de l'armée de Napoléon lui était étranger ou ennemi, on ne savait de quoi s'étonner le plus, ou de l'audace de l'un, ou de la résignation des autres. Ainsi Rome faisait servir ses conquêtes à conquérir.

Quant à nous, Français, il nous trouva remplis d'ardeur. Dans les soldats, l'habitude, la curiosité, le plaisir de se montrer en maîtres dans de nouveaux pays ; la vanité des plus jeunes surtout, qui avaient besoin d'acquérir quelque gloire, qu'ils pussent raconter avec ce charlatanisme tant aimé des soldats ; ces récits toujours enflés de leurs hauts faits étant d'ailleurs indispensables à leur désœuvrement, dès qu'ils ne sont plus sous les armes. A cela il faut bien ajouter l'espoir du pillage, car l'exigeante ambition de

Napoléon avait souvent rebuté ses soldats, comme les désordres de ceux-ci avaient gâté sa gloire. Il fallut transiger; depuis 1805, ce fut comme une chose convenue : eux souffrirent son ambition ; lui, le pillage....

Les dernières levées étaient trop jeunes et trop faibles, il est vrai ; mais l'armée avait encore beaucoup de ces hommes forts et tout d'exécution, accoutumés aux situations critiques, et que rien n'étonnait. On les reconnaissait d'abord à leurs figures martiales et à leurs entretiens ; ils n'avaient de souvenir et d'avenir que la guerre ; ils ne parlaient que d'elle. Leurs officiers étaient dignes d'eux, ou le devenaient : car pour conserver l'ascendant de son grade sur de pareils hommes, il fallait avoir à leur montrer des cicatrices et pouvoir se citer soi-même.

Telle était la vie de ces hommes, tout y était d'action, même la parole. Souvent on se vantait trop, mais cela engageait : car on était sans cesse mis à l'épreuve, et là il fallait être ce qu'on avait voulu paraître....

Quant aux anciens généraux, quelques-uns n'étaient plus ces durs et simples guerriers de la République ; les honneurs, les fatigues, l'âge et l'Empereur surtout, en avaient amolli plusieurs. Napoléon forçait au luxe par son exemple et par ses ordres : c'était, selon lui, un moyen d'imposer à la multitude. Peut-être aussi cela empêchait d'accumuler, ce qui aurait rendu indépendant ; car, étant la source des richesses, il était bien aise d'entretenir le besoin d'y penser, et ainsi de ramener toujours à lui. Il avait donc poussé ses généraux dans un cercle dont il était difficile de sortir ; les forçant à passer sans cesse du besoin à la prodigalité, et de la prodigalité au besoin, que lui seul pouvait satisfaire.

Plusieurs n'avaient que des appointements qui accoutumaient à une aisance dont on ne pouvait plus se passer. S'il accordait des terres, c'était sur ses conquêtes, que la guerre exposait ensuite, et que la guerre pouvait seule conserver.

Mais pour les retenir dans la dépendance, la gloire, habitude chez les uns, passion chez les autres, besoin pour tous, suffisait ; et Napoléon, maître absolu de son siècle, et commandant même à l'histoire, était le dispensateur de cette gloire. Quoiqu'il la mît à un prix fort haut, on n'osait butter ; on aurait eu honte de convenir de sa faiblesse devant sa force, et de s'arrêter devant un homme qui ne s'arrêtait pas encore, quoique si haut parvenu.

D'ailleurs le bruit d'une si grande expédition attirait, son succès paraissait certain : ce serait une marche militaire jusqu'à Pétersbourg et Moscou. Encore cet effort, et tout serait peut-être terminé. C'était une dernière occasion qu'on se repentirait d'avoir laissée échapper ; on serait importuné des récits glorieux qu'en feraient les autres. La victoire du jour vieillirait tant celle de la veille : on ne voulait pas vieillir avec elle!...

Enfin, nous aimions en lui le compagnon de nos travaux, le chef qui nous avait conduits à la renommée. L'étonnement, l'admiration qu'il inspirait, flattaient notre amour-propre; car tout nous était commun avec lui.

Quant à cette jeunesse d'élite qui, dans ces temps de gloire, remplissait nos camps, son effervescence était naturelle. Qui de nous, dans ses premières années, ne s'est point enflammé à la lecture de ces hauts faits de guerre des anciens et de nos ancêtres? Alors n'aurions-nous pas voulu tous être ces héros dont nous lisions l'histoire réelle ou imaginaire? Dans cette exaltation, si tout à coup ces souvenirs s'étaient réalisés pour nous; si nos yeux, au lieu de lire, avaient vu ces merveilles; que nous en eussions senti les lieux à notre portée, et que des places se fussent offertes à côté de ces paladins dont notre jeune et vive imagination enviait la vie aventureuse et la brillante renommée; qui de nous aurait hésité, et ne se serait pas élancé plein de joie et d'espoir, en méprisant un odieux et honteux repos?

Telles étaient les générations nouvelles. Alors on était libre d'être ambitieux! Temps d'ivresse et de prospérité, où le soldat français s'estimait plus que le seigneur, ou même le monarque dont il traversait les États! Il lui semblait que les rois de l'Europe ne régnaient que par la permission de son chef et de ses armes.

(*Histoire de la campagne de Russie.*)
PAR PHILIPPE DE SÉGUR.
(Delaroque, Éditeur.)

Passage du Niémen

.... La Grande Armée marchait au Niémen en trois masses séparées. Le roi de Westphalie, avec quatre-vingt mille hommes, se dirigeait sur Grodno; le vice-roi d'Italie, avec soixante et quinze mille hommes, sur Pilony; Napoléon, avec deux cent vingt mille hommes, sur Nogaraïski, ferme située à trois lieues au-dessus de Kowno. Le 23 juin, avant le jour, la colonne impériale atteignit le Niémen, mais sans le voir. La lisière de la grande forêt prussienne de Pilwisky et les collines qui bordent le fleuve cachaient cette grande armée prête à la franchir.

Napoléon, qu'une voiture avait transporté jusque-là, monta à cheval à deux heures du matin. Il reconnut le fleuve russe, sans se déguiser, comme on l'a dit faussement, mais en se couvrant de la nuit pour franchir cette frontière, que cinq mois après il ne put repasser qu'à la faveur d'une même obscurité.

Comme il paraissait devant cette rive, son cheval s'abattit tout à coup, et le précipita sur le sable. Une voix s'écria : « Ceci est d'un mauvais présage ; un Romain reculerait! » On ignore si ce fut lui ou quelqu'un de sa suite qui prononça ces mots.

Sa reconnaissance faite, il ordonna qu'à la chute du jour suivant trois ponts fussent jetés sur le fleuve près du village de Poniémen ; puis il se retira dans son quartier, où il passa toute cette journée, tantôt dans sa tente, tantôt dans une maison polonaise, étendu sans force dans un air immobile, au milieu d'une chaleur lourde, et cherchant en vain le repos.

Dès que la nuit fut revenue, il se rapprocha du fleuve. Ce furent quelques sapeurs, dans une nacelle, qui le traversèrent d'abord. Étonnés, ils abordent, et descendent sans obstacle sur la rive russe. Là, ils trouvent la paix ; c'est de leur côté qu'est la guerre : tout est calme sur cette terre étrangère, qu'on leur a dépeinte si menaçante. Cependant un simple officier de cosaques, commandant une patrouille, se présente bientôt à eux. Il est seul, il semble se croire en pleine paix, et ignorer que l'Europe entière en armes est devant lui. Il demande à ces étrangers qui ils sont. — « Français, lui répondirent-ils. — Que voulez-vous? reprit cet officier, et pourquoi venez-vous en Russie ? » Un sapeur lui répliqua brusquement : « Vous faire la guerre! prendre Vilna ! délivrer la Pologne ! » Et le cosaque se retire ; il disparaît dans les bois, sur lesquels trois de nos soldats, emportés d'ardeur et pour sonder la forêt, déchargent leurs armes.

Ainsi le faible bruit de trois coups de feu, auxquels on ne répondit pas, nous apprit qu'une nouvelle campagne s'ouvrait, et qu'une grande invasion était commencée.

Ce premier signal de guerre irrita violemment l'Empereur, soit prudence ou pressentiment. Trois cents voltigeurs passèrent aussitôt le fleuve, pour protéger l'établissement des ponts.

Alors sortirent des vallons et de la forêt toutes les colonnes françaises. Elles s'avancèrent silencieusement jusqu'au fleuve à la faveur d'une profonde obscurité. Il fallait les toucher pour les reconnaître. On défendit les feux et jusqu'aux étincelles. On se reposa les armes à la main, comme en présence de l'ennemi. Les seigles verts et mouillés d'une abondante rosée servirent de lit aux hommes et de nourriture aux chevaux.

La nuit, sa fraîcheur qui interrompait le sommeil, son obscurité qui allonge les heures et augmente les besoins, enfin les dangers du lendemain, tout rendait grave cette position. Mais l'attente d'une grande journée soutenait. La proclamation de Napoléon venait d'être lue ; on s'en répétait à voix basse les passages les plus remarquables, et le génie des conquêtes enflammait nos imaginations.

Devant nous était la frontière russe. Déjà, à travers les ombres, nos regards avides cherchaient à envahir cette terre promise à notre gloire. Il nous semblait entendre les cris de joie des Lithuaniens à l'approche de leurs libérateurs. Nous nous figurions ce fleuve bordé de leurs mains suppliantes. Ici, tout nous manquait ; là, tout nous serait prodigué ! Ils s'empresseraient de pourvoir à nos besoins : nous allions être entourés d'amour et de reconnaissance. Qu'importe une mauvaise nuit, le jour allait bientôt renaître, et avec lui sa chaleur et toutes ses illusions ! Le jour parut ! Il ne nous montra qu'un sable aride, désert et de mornes et sombres forêts. Nos yeux alors se tournèrent tristement sur nous-mêmes, et nous nous sentîmes ressaisis d'orgueil et d'espoir par le spectacle imposant de notre armée réunie.

A trois cents pas du fleuve, sur la hauteur la plus élevée, on apercevait la tente de l'Empereur. Autour d'elle, toutes les collines, leurs pentes, les vallées, étaient couvertes d'hommes et de chevaux. Dès que la terre eut présenté au soleil toutes ces masses mobiles, revêtues d'armes étincelantes, le signal fut donné, et aussitôt cette multitude commença à s'écouler en trois colonnes, vers les trois ponts. On les voyait serpenter en descendant la courte plaine qui les séparait du Niémen, s'en approcher, gagner les trois passages, s'allonger et se rétrécir pour les traverser et atteindre enfin ce sol étranger, qu'ils allaient dévaster, et qu'ils devaient bientôt couvrir de leurs vastes débris.

L'ardeur était si grande que deux divisions d'avant-garde, se disputant l'honneur de passer les premières, furent près d'en venir aux mains ; on eut quelque peine à les calmer. Napoléon se hâta de poser le pied sur les terres russes. Il fit sans hésiter ce premier pas vers sa perte. Il se tint d'abord près du pont, encourageant les soldats de ses regards. Tous le saluèrent de leur cri accoutumé. Ils parurent plus animés que lui, soit qu'il sentît peser sur le cœur une si grande agression, soit que son corps affaibli ne pût supporter le poids d'une chaleur excessive, ou que déjà il fût étonné de ne rien trouver à vaincre.

L'impatience le saisit. Tout à coup il s'enfonça à travers le pays, dans la forêt qui bordait le fleuve. Il courait de toute la vitesse de son cheval ; dans son empressement il semblait qu'il voulût tout seul atteindre l'ennemi. Il fit plus d'une lieue dans cette direction, toujours dans la même solitude, après quoi il fallut bien revenir près des ponts, d'où il redescendit avec le fleuve et sa garde vers Kowno.

On croyait entendre gronder le canon. Nous écoutions, en marchant, de quel côté le combat s'engageait. Mais, à l'exception de quelques troupes de cosaques, ce jour-là, comme les suivants, le ciel seul se montra notre ennemi. En effet, à peine l'Empereur avait-il passé le fleuve, qu'un bruit sourd avait agité l'air. Bientôt le jour s'obscurcit, le vent s'éleva et nous apporta les sinistres roulements du tonnerre. Ce ciel menaçant, cette terre sans abri nous attrista. Quelques-uns même, naguère enthousiastes, en furent effrayés, comme d'un funeste présage. Ils crurent que ces nuées enflammées s'amoncelaient sur nos têtes, et s'abaissaient sur cette terre pour nous en défendre l'entrée.

Il est vrai que cet orage fut grand comme l'entreprise. Pendant plusieurs heures, ses lourds et noirs nuages s'épaissirent et pesèrent sur toute l'armée; de la droite à la gauche et sur cinquante lieues de l'espace, elle fut tout entière menacée de ses feux et accablée de ses torrents : les routes et les champs furent inondés ; la chaleur insupportable de l'atmosphère fut changée subitement en un froid désagréable. Dix mille chevaux périrent dans la marche, et surtout dans les bivacs qui suivirent. Une grande quantité d'équipages resta abandonnée dans les sables ; beaucoup d'hommes succombèrent ensuite.

(Histoire de la campagne de Russie.)
PAR PHILIPPE DE SÉGUR.
(Delaroque, Éditeur.)

Champ de bataille de Valoutina

(AOUT 1812)

Les soldats de Ney et ceux de la division Gudin, veuve de son général, étaient rangés sur les cadavres de leurs compagnons et sur ceux des Russes, au milieu d'arbres à demi brisés, sur une terre battue par les pieds des combattants, sillonnée de boulets, jonchée de débris d'armes, de vêtements déchirés, d'ustensiles militaires, de chariots renversés et de membres épars ; car ce sont là les trophées de la gloire ! voilà la beauté d'un champ de victoire !

Les bataillons Gudin ne paraissaient plus être que des pelotons ; ils se montraient d'autant plus fiers qu'ils étaient plus réduits ; près d'eux, on respirait encore l'odeur des cartouches brûlées et celle de la poudre, dont cette terre, dont leurs vêtements étaient imprégnés et leurs visages tout noircis. L'Empereur ne pouvait passer devant leur front sans avoir à éviter, à franchir ou à fouler des baïonnettes tordues par la violence du choc, et des cadavres.

Mais toutes ces horreurs, il les couvrit de gloire. La reconnaissance transforma ce champ de mort en un champ de triomphe, où pendant quelques heures régnèrent seuls l'honneur et l'ambition satisfaits.

Il sentait qu'il était temps de soutenir ses soldats de ses paroles et de ses récompenses. Jamais aussi ses regards ne furent plus affectueux ; quant à son langage, « ce combat était le plus beau fait d'armes de notre histoire militaire ; les soldats qui l'entendaient, des hommes avec qui l'on pouvait conquérir le monde ; ceux tués, des guerriers morts d'une mort immortelle ». Il parlait ainsi, sachant bien que c'est surtout au milieu de cette destruction que l'on songe à l'immortalité.

Il fut magnifique dans ses récompenses : les 12ᵉ, 21ᵉ, 127ᵉ de ligne et le 7ᵉ léger reçurent quatre-vingt-sept décorations et des grades ; c'étaient les régiments de Gudin. Jusque-là, le 127ᵉ avait marché sans aigle ; car alors il fallait conquérir son drapeau sur un champ de bataille, pour prouver qu'ensuite on saurait l'y conserver.

L'Empereur lui en remit une de ses mains. Il satisfit aussi le corps de Ney. Ses bienfaits furent grands en eux-mêmes, et par leur forme. Il ajouta au don par la manière de donner. On le vit s'entourer successivement de chaque régiment comme d'une famille. Là il interpellait à haute voix les officiers, les sous-officiers, les soldats, demandant les plus braves entre tous ces braves, ou les plus heureux, et les récompensant aussitôt. Les officiers désignaient, les soldats confirmèrent, l'Empereur approuva : ainsi, comme il l'a dit lui-même, les choix furent faits sur-le-champ, en cercle, devant lui, et confirmés avec acclamation par les troupes.

Ces manières paternelles, qui faisaient du simple soldat le compagnon de guerre du maître de l'Europe ; ces formes, qui reproduisaient les usages toujours regrettés de la République, les transportèrent. C'était un monarque, mais c'était celui de la Révolution, et ils aimaient un souverain parvenu qui faisait parvenir : en lui, tout excitait, rien ne reprochait.

Jamais champ de victoire n'offrit un spectacle plus capable d'exalter ; le don de cette aigle, si bien méritée, la pompe de ces promotions, les cris de joie, la gloire de ces guerriers, récompensée sur le lieu même où elle venait d'être acquise ; leur valeur proclamée par une voix dont chaque accent retentissait dans l'Europe attentive, par ce grand capitaine, dont les bulletins allaient porter leurs noms dans l'univers entier, et surtout parmi les concitoyens et dans le sein de leurs familles, à la fois rassurées et enorgueillies, que de biens à la fois ! ils en furent enivrés : lui-même parut d'abord se laisser échauffer à leurs transports.

Mais lorsque, hors de la vue de ses soldats, l'attitude de Ney et de Murat, et les paroles de Poniatowski, aussi franc et judicieux au conseil qu'intrépide au combat, l'eurent calmé ; quand toute la chaleur lourde de ce jour eut pesé sur lui, et que les rapports apprirent qu'on faisait huit lieues sans joindre l'ennemi, il se désenchanta. Dans son retour à Smolensk, le cahotage de sa voiture sur les débris du combat, les embarras causés sur la route par la longue file de blessés qui se traînaient ou qu'on rapportait, et dans Smolensk par ces tombereaux de membres amputés, qu'on allait jeter au loin; enfin tout ce qui est horrible et odieux hors des champs de bataille, acheva de le désarmer. Smolensk n'était plus qu'un vaste hôpital, et le grand gémissement qui en sortait l'emporta sur le cri de gloire qui venait de s'élever des champs de Valoutina.

Les rapports des chirurgiens étaient hideux; en ce pays on supplée au vin et à l'eau-de-vie de raisin par une eau-de-vie qu'on tire du grain. On y mêle des plantes narcotiques : nos jeunes soldats, épuisés de faim et de fatigue, ont cru que cette liqueur les soutiendrait; mais sa chaleur perfide leur a fait jeter à la fois tout le feu qui leur restait, après quoi ils sont tombés épuisés, et la maladie s'est emparée d'eux.

On en a vu d'autres, moins sobres ou plus affaiblis, frappés de vertiges, de stupéfaction et d'assoupissement; ils s'accroupissaient dans les fossés et sur les chemins. Là, leurs yeux ternes, à demi ouverts et larmoyants, semblent voir avec insensibilité la mort s'emparer successivement de tout leur être : ils expirent mornes et sans gémir.

A Vilna, on n'a pu créer d'hôpitaux que pour dix mille malades; des couvents, des églises, des synagogues et des granges servent à recueillir cette foule souffrante : dans ces tristes lieux, quelquefois malsains, toujours trop rares et encombrés, les malades sont souvent sans vivres, sans lits, sans couvertures, sans paille même et sans médicaments. Les chirurgiens y deviennent insuffisants, de sorte que tout, jusqu'aux hôpitaux, contribue à faire des malades, et rien à les guérir.

A Vitepsk, quatre cents blessés russes sont restés sur le champ de bataille; trois cents autres ont été abandonnés dans la ville par leur armée, et comme elle en a emmené les habitants, ces malheureux sont restés trois jours, ignorés, sans secours, entassés pêle-mêle, mourants et morts, et croupissant dans une horrible infection; ils ont enfin été recueillis et mêlés à nos blessés, qui étaient au nombre de sept cents comme ceux des Russes. Nos chirurgiens ont employé jusqu'à leurs chemises et celles de ces malheureux pour les panser; car déjà le linge manque.

Lorsque enfin les blessures de ces infortunés s'améliorent, et qu'il ne faut plus qu'une nourriture saine pour achever leur guérison, ils périssent faute de subsistance : Français ou Russes, peu échappent. Ceux que la perte d'un membre ou leur faiblesse empêche d'aller chercher quelques vivres, succombent les premiers; ces désastres se répètent partout où l'Empereur n'est pas ou n'est plus, sa présence attirant, et son départ entraînant tout après lui, enfin ses ordres n'étant scrupuleusement accomplis qu'à sa portée.

A Smolensk, les hôpitaux ne manquent point; quinze grands bâtiments de briques ont été sauvés du feu ; on a même trouvé de l'eau-de-vie, des vins, quelques médicaments, et nos ambulances de réserve nous ont enfin rejoints ; mais rien ne suffit. Les chirurgiens travaillent nuit et jour ; on n'en est qu'à la seconde nuit, et déjà tout manque pour panser les blessés ; il n'y a plus de linge, on est forcé d'y suppléer par le papier trouvé dans les archives. Ce sont des parchemins qui servent d'attelles et de draps fanons, et ce n'est qu'avec de l'étoupe et du coton de bouleau qu'on peut remplacer la charpie.

Nos chirurgiens accablés s'étonnent ; depuis trois jours un hôpital de cent blessés est oublié ; un hasard vient de le faire découvrir : Rapp a pénétré dans ce lieu de désespoir ; j'en épargnerai l'horreur à ceux qui me liront. Pourquoi faire partager ces terribles impressions dont l'âme reste flétrie ? Rapp ne les épargna pas à Napoléon, qui fit distribuer son propre vin et plusieurs pièces d'or à ceux de ces infortunés qu'une vie tenace animait encore, ou qu'une nourriture révoltante avait soutenus.

(Histoire de la campagne de Russie.)
PAR PHILIPPE DE SÉGUR.
(Delaroque, Éditeur.)

La Grande Armée découvre Moscou

Ce jour-là même (le 14 septembre), Napoléon, enfin persuadé que Kutusof ne s'était pas jeté sur son flanc droit, rejoignit son avant-garde. Il monta à cheval à quelques lieues de Moscou. Il marchait lentement, avec précaution, faisant sonder devant lui les bois et les ravins, et gagner le sommet de toutes les hauteurs pour découvrir l'armée ennemie. On s'attendait à une bataille ; le terrain s'y prêtait ; des ouvrages étaient ébauchés, mais tout avait été abandonné, et l'on n'éprouvait pas la plus légère résistance.

Enfin une dernière hauteur reste à dépasser ; elle touche à Moscou qu'elle domine, c'est le *Mont du Salut*. Il s'appelle ainsi parce que, de son sommet, à l'aspect de leur ville sainte, les habitants se signent et se prosternent. Nos éclaireurs l'eurent bientôt couronné. Il était deux heures ; le soleil faisait étinceler de mille couleurs cette grande cité. A ce spectacle, frappés d'étonnement, ils s'arrêtent, ils crient : « Moscou ! Moscou ! » Chacun alors presse sa marche ; on accourt en désordre, et l'armée entière, battant des mains, répète avec transport : « Moscou ! Moscou ! » comme les marins crient : « Terre ! terre ! » à la fin d'une longue et pénible navigation.

A la vue de cette ville dorée, de ce nœud brillant de l'Asie et de l'Europe,

La Grande Armée découvre Moscou.

de ce majestueux rendez-vous où s'unissaient le luxe, les usages et les arts des deux plus belles parties du monde, nous nous arrêtâmes saisis d'une orgueilleuse contemplation. Quel jour de gloire était arrivé! Comme il allait devenir le plus grand, le plus éclatant souvenir de notre vie entière! Nous sentions qu'en ce moment toutes nos actions devaient fixer les yeux de l'univers surpris, et que chacun de nos moindres mouvements serait historique.

Sur cet immense et imposant théâtre, nous croyions marcher entourés des acclamations de tous les peuples; fiers d'élever notre siècle reconnaissant au-dessus de tous les autres siècles, nous le voyions déjà grand de notre grandeur et tout brillant de notre gloire.

A notre retour, déjà tant désiré, avec quelle considération presque respectueuse, avec quel enthousiasme allions-nous être reçus au milieu de nos femmes, de nos compatriotes et même de nos pères! Nous serions, le reste de notre vie, des êtres à part, qu'ils ne verraient qu'avec étonnement, qu'ils n'écouteraient qu'avec une curieuse admiration! On accourrait sur notre passage; on recueillerait nos moindres paroles. Cette miraculeuse conquête nous environnerait d'une auréole de gloire : désormais on croirait respirer autour de nous un air de prodige et de merveille. Et quand ces pensées orgueilleuses faisaient place à des sentiments plus modérés, nous nous disions que c'était là le terme promis à nos travaux; qu'enfin nous allions nous arrêter, puisque nous ne pouvions plus être surpassés par nous-mêmes, après une expédition noble et digne émule de celle d'Égypte, et rivale heureuse de toutes les grandes et glorieuses guerres de l'antiquité. Dans cet instant, dangers, souffrances, tout fut oublié. Pouvait-on acheter trop cher le superbe bonheur de pouvoir dire toute sa vie : « J'étais de l'armée de Moscou! »...

Napoléon lui-même était accouru. Il s'arrêta transporté; une exclamation de bonheur lui échappa. Depuis la grande bataille, les maréchaux mécontents s'étaient éloignés de lui; mais à la vue de Moscou prisonnière, à la nouvelle de l'arrivée d'un parlementaire, frappés d'un si grand résultat, enivrés de tout l'enthousiasme de la gloire, ils oublièrent leurs griefs. On les vit tous se presser autour de l'Empereur, rendant hommage à sa fortune, et déjà tentés d'attribuer à la prévoyance de son génie le peu de soin qu'il s'était donné le 7 pour compléter sa victoire.

Mais chez Napoléon, les premiers mouvements étaient courts. Il avait trop à penser pour se livrer longtemps à ses sensations. Son premier cri avait été : « La voilà donc enfin, cette ville fameuse! » Et le second fut : « Il était temps! »

(*Histoire de la campagne de Russie.*)
PAR PHILIPPE DE SÉGUR.
(Delaroque, Éditeur.)

A Moscou

Je fus employé comme adjoint, avec deux camarades, auprès d'un colonel d'état-major, pour l'évacuation des hôpitaux. Nous étions logés chez une princesse, tous les quatre avec nos chevaux et nos domestiques.

Nous avions des milliers de bouteilles de bordeaux, des vins de Champagne, des milliers de sucre et de cassonade. Tous les soirs, la vieille princesse nous faisait porter quatre bouteilles de bon vin et du sucre (ses caves étaient pleines de tonneaux); elle venait souvent nous visiter; aussi sa maison fut respectée; elle parlait bon français. L'Empereur avait donné l'ordre, pour le 25, de faire partir de Moscou sa maison, tous ses bureaux. On ne peut se faire une idée de la rapidité de l'exécution des ordres; les préparatifs furent terminés dans trois heures. Nous arrivâmes chez notre princesse; là nous trouvâmes de bons chevaux qu'on avait cachés dans une cave. Nous en fîmes monter deux superbes, et ils furent attelés de suite à un beau carrosse. Durant cette opération, je préparais des provisions; d'abord dix pains de sucre, une boîte de thé considérable, des tasses superbes, et une chaudière pour faire fondre le sucre. Il y avait des provisions plein le carrosse.

A trois heures nous sortîmes de Moscou. Il n'était pas possible d'avancer; la route était encombrée de carrosses, et tous les pillards de l'armée en avaient en profusion. A trois lieues de Moscou, une détonation se fit entendre; la secousse fut si terrible que la terre fit un mouvement sous nos pieds. On dit qu'il y avait 60 tonneaux de poudre sous le Kremlin, avec sept traînées de poudre et des artifices plantés sur les tonneaux. Nos 700 brigands, pris mèche à la main, subirent leur sort. C'étaient tous des galériens.

Tous les hôpitaux de Moscou sont sous voûtes rondes; Russes et Français mouraient dans ces lieux infects; tous les matins, on en chargeait des voitures et il fallait présider à cet enlèvement, faire renverser ces charrettes dans des trous de 20 pieds de profondeur. On ne peut se faire une idée de pareils tableaux. Après l'incendie, on fit faire un relevé des maisons brûlées; le chiffre montait à dix mille, et les palais et églises à plus de cinq cents. Il ne restait que les cheminées et les poêles qui sont très grands; c'était comme une forêt coupée; il ne reste que les baliveaux. On pouvait y mettre la charrue, car il n'y avait pas une pierre en fondation.

Les palais occupaient la moitié de la ville avec des parcs, des ruisseaux, des serres considérables qui contenaient des arbres à haute tige et des fruits en hiver; c'était le luxe de Moscou. Quant aux pertes, personne ne put les calculer; personne ne peut voir de plus tristes tableaux.

(Cahiers du Capitaine Coignet.)
(Hachette et Cie, Éditeurs.)

La retraite de Russie

LE FROID devenait toujours plus rigoureux; les chevaux mouraient dans les bivacs, de faim et de froid; tous les jours il en restait où l'on couchait. Les routes étaient comme des miroirs; les chevaux tombaient sans pouvoir se relever. Nos soldats exténués n'avaient plus la force de tenir leurs armes; le canon de leur fusil prenait après leurs mains par la force de la gelée (il y avait 28 degrés au-dessous de zéro). Mais la garde ne quitta son sac et son fusil qu'avec la vie. Pour vivre, il fallait avoir recours aux chevaux qui tombaient sur la glace; les soldats avec leurs couteaux fendaient la cuisse pour en prendre des grillades qu'ils faisaient rôtir sur des charbons quand ils trouvaient du feu, sinon ils les dévoraient toutes crues; ils s'étaient repus du cheval avant qu'il mourût. J'usai aussi de cette nourriture tant que les chevaux purent durer.... Dans l'armée, toute démoralisée, on marchait comme des prisonniers, sans armes et sans sacs. Plus de discipline, plus d'humanité les uns pour les autres! Chacun marchait pour son compte; le sentiment de l'humanité était éteint chez tous les hommes; on n'aurait pas tendu la main à son père, et cela se conçoit. Celui qui se serait baissé pour prêter secours à son semblable n'aurait pu se relever. Il fallait marcher droit et faire des grimaces pour empêcher que le nez et les oreilles ne se gelassent. Toute sensibilité et humanité était éteinte chez les hommes; personne même ne murmurait contre l'adversité. Les hommes tombaient raides sur la route. Si par hasard on trouvait au bivac de malheureux qui se dégelaient, sans pitié les arrivants les jetaient de côté et s'emparaient de leur feu; ces malheureux gisaient sur la neige. Il faut avoir vu ces horreurs pour les croire.

(Cahiers du Capitaine Coignet.)
(Hachette et Cie, Éditeurs.)

Sacrifié pour le salut de l'armée

Aussitôt la revue des prisonniers, l'Empereur me fit appeler : « Pars de suite, porte ces ordres sur la route de Vilna; voilà un guide sûr qui te conduira. Fais tous tes efforts pour arriver demain au petit jour. » Il fit interroger mon guide, récompense lui fut donnée devant moi et on nous donna à chacun un bon cheval russe. Je partis sur une belle route blanche de neige, mais ce n'était que peu de chose encore, nos chevaux ne glissaient pas. Arrivés dans un bois à la nuit, pour plus de sûreté, je passai une forte ficelle autour du cou de mon guide, de crainte qu'il ne s'échappât. Il me dit : *Bac, tac*. Cela veut dire : *C'est bon*. Enfin j'eus le bonheur d'arriver sans aucune mauvaise rencontre. Je mis pied à terre, et mon guide me fit connaître au maire, qui fit conduire nos chevaux dans la grange. Je lui remis mes dépêches, il présenta un verre de *schnapps* et il en but le premier : « Buvez! » me dit-il en français. Il décachette mon paquet et me dit : « Il n'est pas possible que je fasse apprêter les immenses quantités de rations que votre souverain me demande à trois lieues d'ici. C'est bien dans mon diocèse, mais il faudrait un mois pour cela. — Cela ne me regarde pas. — C'est bien, me dit-il, je ferai mon possible. »

Mais il n'en put dire davantage. Celui qui venait de conduire mon cheval à la grange se mit à crier : *Cosaques! Cosaques!* Je me voyais pris. Ce brave maire me fait sortir de son cabinet dans l'antichambre, tourner de suite à droite, et, me prenant par les épaules, me fait baisser la tête et me pousse dans le four; je n'ai pas le temps de la réflexion; ce four est au ras de terre, sous voûte, très haut et long; il avait déjà été allumé, mais il n'était pas trop chaud, c'était supportable. Je n'eus pas le temps de me retourner; je mis le genou droit à terre et restai. J'étais dans une grande anxiété. Cet aimable maire avait eu la présence d'esprit de prendre du bois qu'il mit devant l'entrée de son four[1] pour me cacher. Sitôt fait, des officiers parurent chez le maire, mais ils passaient devant la gueule du four où j'attendais mon sort; les minutes étaient des siècles, mes cheveux se dressaient, je me croyais perdu. Que le temps est long quand la tête travaille!

J'entendis enfin sortir du cabinet tous ces officiers, qui passèrent devant mon refuge; un frisson mortel passa dans tout mon être, je me crus perdu,

---

1. Ce devait être le poêle de la maison.

SACRIFIÉ POUR LE SALUT DE L'ARMÉE.

mais la Providence veillait sur moi. Ils s'étaient emparés de mes dépêches et partirent rejoindre leur régiment au bout du village, pour se porter sur le point indiqué dans mes dépêches. Je sus plus tard que l'Empereur m'avait sacrifié pour faire prendre mes dépêches et pour détourner l'ennemi. Ce digne maire vint près de moi : « Sortez, me dit-il, les Russes sont partis avec vos dépêches, et vont pour arrêter votre armée. Votre route est libre. »

Sorti de ce four, je saute au cou de cet homme généreux, je le serre dans mes bras, je lui dis : « Je rendrai compte à mon souverain de votre action ». Après avoir pris un verre de *schnapps*, il me présenta du pain, que je mis dans ma poche. Je trouve mon cheval à la porte, je pars au galop, je fendais le vent pendant une lieue; enfin je me modérai, car mon cheval aurait succombé. Je ne m'occupai plus de mon guide, qui resta dans le village. Lorsque j'eus atteint nos éclaireurs, quelle joie! je respirais en criant : gare! gare! et je mis alors la main sur mon morceau de pain, que je dévorai. L'armée marchait silencieusement; les chevaux glissaient, car les routes étaient unies par les troupes qui frayaient le chemin. Le froid devenait de plus fort en plus fort; enfin je rencontrai l'Empereur, son état-major; j'arrive près de lui chapeau bas : « Comment, te voilà? et ta mission? — Elle est faite, Sire. — Comment! tu n'es pas pris? Et tes dépêches, où sont-elles? — Entre les mains des Cosaques. — Comment? Approche, que dis-tu? — La vérité! Arrivé chez le maire, je lui donne mes dépêches, et un instant après, les Cosaques sont arrivés, et le maire m'a caché dans son four. — Dans son four! — Oui, Sire, et je n'étais pas à mon aise; ils ont passé près de moi pour entrer dans le cabinet du maire, ils ont pris mes dépêches et se sont sauvés. — C'est curieux, mon vieux grognard, tu devais être pris. — Le brave maire m'a sauvé. — Je le verrai, ce Russe. »

Il conta mon aventure à ses généraux et dit : « Marquez-le pour huit jours de repos et ses frais doublés ». Je rejoins le général Monthyon, je retrouve mes chevaux et mon sucre; j'étais mort de besoin. Le soir, arrivé à une lieue de l'endroit où mes dépêches avaient été prises par les Cosaques, il fit appeler le maire et eut une conférence avec lui. Ce maire le conduisit à une lieue de son village, et je lui donnai en passant près de lui une bonne poignée de main : « J'aime les Français, me dit-il. Adieu, brave officier! » Je bénis encore cet homme qui me sauva la vie.

(*Cahiers du Capitaine Coignet.*)
(Hachette et Cie, Éditeurs.)

Le Maréchal Ney séparé de la Grande Armée

La Grande Armée venait de franchir le Dniéper et s'était retirée sur Orcha. Le maréchal Ney, qui faisait l'arrière-garde, trouva tout d'un coup, en approchant du fleuve, un corps d'armée russe de 80 000 hommes qui lui barrait le passage et le somma de se rendre prisonnier. Ney ne répondit qu'en attaquant les Russes et en essayant de s'ouvrir un passage de vive force. Mais son corps d'armée ne comptait plus alors qu'environ 6 000 hommes, et la lutte était trop inégale. Les Français furent repoussés après un combat des plus sanglants. Le 2ᵉ corps et son chef semblaient perdus.

Aussitôt le maréchal fit rétrograder sur Smolensk la 2ᵉ division. Au bout d'une demi-lieue, il la dirigea à gauche à travers champs, perpendiculairement à la route. La 1ʳᵉ division, ayant longtemps épuisé ses forces à soutenir le choc de l'armée ennemie, suivit ce mouvement, avec les canons et quelques bagages; tous les blessés qui pouvaient encore marcher se traînèrent à leur suite. Les Russes se cantonnèrent dans les villages, en envoyant une colonne de cavalerie pour nous observer.

Le jour baissait; le 3ᵉ corps marchait en silence; aucun de nous ne pouvait comprendre ce que nous allions devenir. Mais la présence du maréchal Ney suffisait pour nous rassurer. Sans savoir ce qu'il voulait ou ce qu'il pourrait faire, nous savions qu'il ferait quelque chose. Sa confiance en lui-même égalait son courage. Plus le danger était grand, plus sa détermination était prompte; et quand il avait pris son parti, jamais il ne doutait du succès. Aussi, dans un pareil moment, sa figure n'exprimait ni indécision, ni inquiétude; tous les regards se portaient sur lui, personne n'osait l'interroger. Enfin, voyant près de lui un officier d'état-major, il lui dit à demi-voix : « Nous ne sommes pas bien. — Qu'allez-vous faire? répondit l'officier. — Passer le Dniéper. — Où est le chemin? — Nous le trouverons. — Et s'il n'est pas gelé? — Il le sera. — A la bonne heure », dit l'officier. Ce singulier dialogue, que je rapporte textuellement, révéla le projet du maréchal de gagner Orcha par la rive droite du fleuve, et assez rapidement pour y trouver encore l'armée qui faisait son mouvement par la rive gauche. Le plan était hardi et habilement conçu; on va voir avec quelle vigueur il fut exécuté.

Nous marchions à travers champs sans guide. Le maréchal Ney, doué de ce talent d'homme de guerre qui apprend à tirer parti des moindres circonstances, remarqua de la glace dans la direction que nous suivions, et la fit casser, pensant que c'était un ruisseau qui nous conduisait au Dniéper. C'était réellement un ruisseau; nous le suivîmes, et nous arrivâmes à un village, où le maréchal fit mine de vouloir s'établir. On alluma de grands feux, on plaça des avant-postes. L'ennemi nous laissa tranquilles, comptant avoir bon marché de nous le lendemain. A la faveur de ce stratagème, le maréchal s'occupa de suivre son plan. Il fallait un guide, et le village était désert; les soldats finirent par trouver un paysan boiteux; on lui demanda où était le Dniéper et s'il était gelé. Il répondit qu'à une lieue de là se trouvait le village de Sirokowietz, et que le Dniéper devait être gelé en cet endroit. Nous partîmes, conduits par ce paysan; bientôt nous arrivâmes au village. Pendant qu'on cherchait un passage, les maisons se remplissaient d'officiers et de soldats blessés le matin, qui s'étaient traînés jusque-là et auxquels les chirurgiens pouvaient à peine donner les premiers soins; ceux qui n'étaient point blessés s'occupaient de chercher des vivres. Le maréchal Ney seul, oubliant à la fois les dangers du jour et ceux du lendemain, dormait d'un profond sommeil.

Vers le milieu de la nuit, on prit les armes pour passer le Dniéper en abandonnant à l'ennemi l'artillerie, les bagages, les voitures de toute espèce et les blessés qui ne pouvaient marcher. M. de Briqueville, dangereusement blessé la veille, passa le Dniéper en se traînant sur les genoux; je le confiai à deux sapeurs, qui vinrent à bout de le sauver. La glace était si peu épaisse, qu'un très petit nombre de chevaux pouvaient passer; les troupes se reformèrent de l'autre côté du fleuve.

Déjà le succès venait de couronner le premier plan du maréchal; le Dniéper était passé, mais nous étions à plus de 15 lieues d'Orcha. Il fallait y arriver avant que l'armée française en fût partie; il fallait traverser des pays inconnus et résister aux attaques de l'ennemi avec une poignée de fantassins épuisés de fatigue, sans cavalerie ni artillerie. La marche commença sous d'heureux auspices. Nous trouvâmes des Cosaques endormis dans un village; ils furent faits prisonniers. Le 19, aux premiers rayons du jour, nous suivîmes la route de Liubavitschi. A peine fûmes-nous arrêtés quelques instants par le passage d'un torrent, et par quelques postes de Cosaques qui se replièrent à notre approche; à midi, nous avions atteint deux villages situés sur une hauteur, et dont les habitants eurent à peine le temps de se sauver en nous abandonnant toutes leurs provisions. Les soldats se livraient à la joie que cause un moment d'abondance, lorsqu'on entendit crier : *Aux armes!* L'ennemi s'avançait et venait de replier nos avant-postes. Les troupes sortirent des villages, se formèrent en colonnes, se remirent en marche en présence de l'ennemi. Mais ce n'étaient plus quelques Cosaques comme ceux que nous avions rencontrés jusqu'à ce moment :

c'étaient des escadrons entiers manœuvrant en ordre, et commandés par le général Platow lui-même. Nos tirailleurs les continrent; les colonnes pressèrent le pas en faisant leurs dispositions contre la cavalerie. Quelque nombreuse que fût cette cavalerie, nous ne la craignions guère, car jamais les Cosaques n'ont osé charger à fond un carré d'infanterie; mais bientôt plusieurs pièces de canon en batterie ouvrirent leur feu sur nos colonnes. Cette artillerie suivait le mouvement de la cavalerie, et se transportait, sur des traîneaux, partout où elle pouvait agir utilement. Jusqu'à la chute du jour, le maréchal Ney ne cessa de lutter contre tant d'obstacles, en profitant des moindres accidents du terrain. Au milieu des boulets qui tombaient dans nos rangs, et malgré les cris et les démonstrations d'attaque des Cosaques, nous marchions du même pas. La nuit approchait, l'ennemi redoubla d'efforts. Il fallut quitter la route et se jeter à gauche le long des bois qui bordent le Dniéper. Déjà les Cosaques s'étaient emparés de ces bois; le 4ᵉ et le 18ᵉ, sous la conduite du général d'Hénin, furent chargés de les en chasser. Pendant ce temps l'artillerie ennemie prit position sur le bord opposé d'un ravin que nous devions passer. C'était là que le général Platow comptait nous exterminer tous.

Nous marchâmes jusqu'au jour sans être inquiétés. Aux premiers rayons du soleil, les Cosaques reparurent, et bientôt le chemin que nous suivions nous conduisit dans une plaine. Le général Platow, voulant profiter de cet avantage, fit avancer sur des traîneaux cette artillerie que nous ne pouvions ni éviter, ni atteindre; et, quand il crut avoir mis le désordre dans nos rangs, il ordonna une charge à fond. Le maréchal Ney forma rapidement en carré chacune de ses deux divisions; la 2ᵉ, commandée par le général d'Hénin, se trouvant d'arrière-garde, était la première exposée. Nous fîmes prendre rang de force à tous les hommes isolés qui avaient encore un fusil; il fallut employer les menaces les plus fortes pour en tirer parti. Les Cosaques, faiblement contenus par nos tirailleurs, et chassant devant eux une foule de traînards sans armes, s'efforçaient d'atteindre le carré. Les soldats précipitaient leur marche à l'approche de l'ennemi et sous le feu de son artillerie. Vingt fois je les vis sur le point de se débander et de fuir chacun de leur côté, en se livrant avec nous à la merci des Cosaques; mais la présence du maréchal Ney, la confiance qu'il inspirait, son attitude calme au moment d'un tel danger, les retinrent dans le devoir. Nous atteignîmes une hauteur. Le maréchal ordonna au général d'Hénin de s'y maintenir, en ajoutant qu'il fallait savoir mourir là pour l'honneur de la France. Pendant ce temps, le général Ledru marchait sur Jokubow, village adossé à un bois. Quand il y fut établi, nous allâmes l'y joindre : les deux divisions prirent position en se flanquant mutuellement. Il n'était pas encore midi, et le maréchal Ney déclara qu'il défendrait ce village jusqu'à neuf heures du soir. Le général Platow tenta vingt fois de nous enlever; ses attaques furent constamment repoussées, et, fatigué de tant de résistance, il prit position lui-même vis-à-vis de nous.

Le maréchal avait envoyé dès le matin un officier polonais, qui parvint à Orcha et y donna de nos nouvelles. L'Empereur en était parti la veille, le vice-roi et le maréchal Davout occupaient encore la ville.

A neuf heures du soir, nous prîmes les armes et nous nous mîmes en marche dans le plus grand silence. Les postes de Cosaques placés sur la route se replièrent à notre approche. La marche continua avec beaucoup d'ordre. A une lieue d'Orcha, l'avant-garde rencontra un poste avancé. On lui répondit en français. C'était une division du 4e corps qui venait à notre secours avec le vice-roi. Il faudrait avoir passé trois jours entre la vie et la mort pour juger de la joie que nous causa cette rencontre.

(Souvenirs du Duc de Fezensac.)
(Dumaine, Éditeur.)

Retraite de la Grande Armée d'Orcha à Wilna

La route de Wilna est une des plus belles que l'on puisse voir, et sa largeur permettait de faire marcher de front plusieurs colonnes. Pour la première fois, n'ayant point à songer à l'ennemi, j'observai la situation de mon régiment; à peine me restait-il quatre-vingts hommes, et comment espérer de conserver ce petit nombre de soldats, auxquels on ne pouvait donner un instant de repos? Je remarquais avec douleur le mauvais état de leur habillement et de leur chaussure, leur maigreur et l'air d'abattement répandu sur leur visage. Les autres régiments du 3e corps étaient peut-être encore en plus mauvais état que le mien. Le manque de vivres seul aurait suffi pour détruire l'armée, quand toutes les autres calamités ne s'y seraient pas jointes. Depuis longtemps les provisions de Moscou étaient consommées, les charrettes qui les portaient abandonnées, les chevaux morts sur la route. Il n'y avait eu de distribution qu'à Smolensk et à Orcha, et notre corps y avait eu peu de part. Quant aux ressources du pays, on peut juger de ce qui restait dans les lieux que les troupes qui nous précédaient venaient de traverser. Aussi vivions-nous d'une manière miraculeuse, tantôt avec de la farine détrempée dans l'eau sans sel, tantôt avec un peu de miel ou quelques morceaux de chair de cheval, et sans autre boisson que la neige fondue. En approchant de Wilna, nous trouvâmes une espèce de boisson faite avec des betteraves. La rigueur du froid était fort diminuée; on se rappelle que nous avions trouvé le Dniéper à peine gelé, et pourtant ce changement de température ne nous fut d'aucun avantage, car le demi-dégel ne faisait que rendre le terrain glissant, ce qui usait la chaussure et augmentait la fatigue. Je rencontrai, à quelque distance d'Orcha, M. Lanusse, capitaine de mon régiment, qui avait perdu la vue par un coup de feu à la prise de Smolensk; une cantinière de sa compagnie le conduisait et en prenait le plus grand soin. Il me raconta qu'après avoir été pillés par les Cosaques à Krasnoï, ils avaient trouvé moyen de s'échapper et qu'ils allaient s'efforcer de nous suivre. Peu de temps après, on les trouva sur la route morts et dépouillés.

Les autres corps d'armée avec lesquels nous marchions avaient perdu moins d'hommes que nous; mais leur misère était aussi grande et leur désorganisation aussi complète. A cet égard, la jeune garde ne se distinguait pas du reste de l'armée. Depuis longtemps la cavalerie n'existait plus. Napoléon réunit les officiers qui avaient encore un cheval, pour en former autour de lui des espèces de gardes du corps, dont les colonels étaient sous-officiers et les généraux officiers. Ce corps, auquel il a donné le nom d'escadron sacré, était lui-même sous les ordres immédiats du roi de Naples; mais les malheurs de la retraite empêchèrent d'en tirer parti; il fut dispersé aussitôt que réuni.

Il est inutile, à cette époque, de raconter en détail chaque journée de marche; ce ne serait que répéter le récit des mêmes malheurs. Le froid, qui semblait ne s'être adouci que pour rendre plus difficile le passage du Dniéper et de la Bérézina, avait repris avec plus de force que jamais. Le thermomètre baissa d'abord à 15 et 18 degrés, ensuite 20 et 25 degrés, et la rigueur de la saison acheva d'accabler des hommes déjà à demi morts de faim et de fatigue. Je n'entreprendrai point de peindre les spectacles que nous avions sous les yeux. Qu'on se représente des plaines à perte de vue couvertes de neige, de longues forêts de pins, des villages à demi brûlés et déserts, et à travers ces tristes contrées une immense colonne de malheureux, presque tous sans armes, marchant pêle-mêle et tombant à chaque pas sur la glace auprès des carcasses des chevaux et des cadavres de leurs compagnons. Leurs figures portaient l'empreinte de l'accablement ou du désespoir, leurs yeux étaient éteints, leurs traits décomposés et entièrement noirs de crasse et de fumée. Des peaux de mouton, des morceaux de drap leur tenaient lieu de souliers; ils avaient la tête enveloppée de chiffons, de jupons de femme, de peaux à demi brûlées. Aussi, dès que l'un d'eux tombait de fatigue, ses camarades le dépouillaient avant sa mort pour se revêtir de ses haillons. Chaque bivouac ressemblait le lendemain à un champ de bataille, et l'on trouvait morts à côté de soi ceux auprès desquels on s'était couché la veille. Un officier de l'avant-garde russe, témoin de ces scènes d'horreur que la rapidité de notre fuite nous empêchait de bien observer, en a fait un tableau après lequel il n'y a rien à ajouter : « La route que nous parcourions, dit-il, était couverte de prisonniers que nous ne surveillions plus, et qui étaient livrés à des souffrances inconnues jusqu'alors; plusieurs se traînaient encore machinalement le long de la route avec leurs pieds nus et à demi gelés; les uns avaient perdu la parole; d'autres étaient tombés dans une sorte de stupidité sauvage et voulaient, malgré nous, faire rôtir des cadavres pour les dévorer. Ceux qui étaient trop faibles pour aller chercher du bois, s'arrêtaient auprès du premier feu qu'ils trouvaient; là, s'asseyant les uns sur les autres, ils se tenaient serrés autour de ce feu, dont la faible chaleur les soutenait encore, et le peu de vie qui leur restait s'éteignait en même temps que lui. Les maisons et les granges auxquelles ces malheureux avaient mis le feu, étaient entourées de cadavres; car ceux qui s'en approchaient n'avaient pas la force de fuir les flammes qui arrivaient jusqu'à eux; et bientôt on en voyait d'autres avec un rire convulsif se précipiter volontairement au milieu de l'incendie, qui les consumait à leur tour. »

Au milieu de si horribles calamités, la destruction de mon régiment me causait une douleur bien vive. C'était là ma véritable souffrance, ou, pour mieux dire, la seule; car je n'appelle pas de ce nom la faim, le froid et la fatigue. Quand la santé résiste aux souffrances physiques, le courage apprend bientôt à les mépriser, surtout quand il est soutenu par l'idée de Dieu, par l'espérance d'une autre vie; mais j'avoue que le courage m'abandonnait en voyant succomber sous mes yeux des amis, des compagnons d'armes, qu'on appelle à si juste titre la famille du colonel, et qu'il semble n'avoir été appelé à commander que pour présider à leur destruction. Rien n'attache autant que la communauté de malheurs; aussi ai-je toujours retrouvé en eux le même attachement et le même intérêt qu'ils m'inspiraient. Jamais un officier ou un soldat n'eut un morceau de pain sans le venir partager avec moi. Cette réciprocité de soins n'était point particulière à mon régiment; on la retrouvait dans l'armée entière, dans cette armée où l'autorité était si paternelle, et où la subordination se fondait presque toujours sur l'attachement et la confiance. On a dit qu'à cette époque les supérieurs étaient méconnus et maltraités; cela ne doit s'entendre tout au plus que des étrangers : car, dans l'intérieur d'un régiment, jamais un colonel n'a cessé d'être respecté autant qu'il avait droit de l'être. Le seul moyen d'adoucir tant de maux était de marcher réunis, de s'aider et de se secourir mutuellement. C'est ainsi que nous avancions vers Wilna, comptant chaque pas qui nous rapprochait, couchant tous entassés dans de misérables cabanes près du quartier général, arrivant la nuit, partant avant le jour. Un tambour du 24ᵉ régiment marchait à notre tête; c'était tout ce qui restait des tambours et des musiciens des régiments du 3ᵉ corps. Le 8 décembre, cinq jours après le départ de Napoléon, nous arrivâmes sous les murs de Wilna.

(Souvenirs du Duc de Fezensac.)
(Dumaine, Éditeur.)

Un combat contre les Cosaques

Après le passage de la Bérésina, le maréchal Oudinot et le général Legrand ayant été blessés, le général Maison commandait le 2ᵉ corps, qui, se trouvant, malgré ses grandes pertes, le plus nombreux de toute l'armée, était habituellement chargé de repousser les Russes. Nous les maintînmes au loin pendant les journées du 30 novembre et du 1ᵉʳ décembre; mais, le 2, ils nous serrèrent tellement avec des forces considérables, qu'il en résulta un combat très sérieux, dans lequel je reçus une blessure d'autant plus dangereuse qu'il y avait ce jour-là 25 degrés de froid!... Je devrais peut-être me borner à vous dire que je fus frappé d'un coup de lance, sans entrer dans aucun détail, car ils sont si horribles que je frémis encore lorsque j'y pense!... Mais enfin je vous ai promis le récit de ma vie tout entière. Voici donc ce qui m'advint au combat de Plechtchenitsoni.

Pour vous mettre plus à même de bien comprendre mon récit et les sentiments qui m'agitèrent pendant l'action, je dois vous dire d'abord qu'un banquier hollandais, nommé Van Berchem, dont j'avais été l'intime ami au collège de Sorèze, m'avait envoyé au commencement de la campagne son fils unique, qui, devenu Français par la réunion de son pays à l'Empire, s'était engagé dans le 23ᵉ, bien qu'il eût à peine seize ans!... Ce jeune homme, rempli de bonnes qualités, avait beaucoup d'intelligence; je l'avais pris pour secrétaire, et il marchait toujours à quinze pas derrière moi avec mes ordonnances. Il était ainsi placé le jour dont je parle, lorsqu'en traversant une vaste plaine, le 2ᵉ corps, dont mon régiment formait l'extrême arrière-garde, vit accourir vers lui une énorme masse de cavalerie russe qui, en un moment, le déborda et l'attaqua de toutes parts. Le général Maison prit de si bonnes dispositions que nos carrés d'infanterie repoussèrent toutes les charges de la cavalerie régulière des ennemis.

Ceux-ci ayant alors fait participer au combat une nuée de Cosaques qui venaient insolemment piquer les officiers français devant leurs troupes, le maréchal Ney ordonna au général Maison de les faire chasser, en lançant sur eux tout ce qui restait de la division de cuirassiers, ainsi que des brigades Corbineau et Castex. Mon régiment, encore nombreux, se trouva devant un *pulk* de Cosaques de la mer Noire, coiffés de hauts bonnets d'astrakan et beaucoup mieux vêtus et montés que ne le sont ordinairement les Cosaques. Nous fondîmes sur eux, et, selon la coutume de ces gens-là, qui ne se battent jamais en ligne, les Cosaques firent demi-tour et s'enfuirent au galop; mais, étrangers à la localité, ils se dirigèrent vers un obstacle bien rare dans ces vastes plaines; un immense et profond ravin, que la parfaite régularité du sol empêchait d'apercevoir de loin, les arrêta tout court!... Se voyant dans l'impossibilité de le franchir avec leurs chevaux, et obligés de faire face à mon régiment qui allait les rejoindre, les Cosaques se retournent, et, se serrant les uns contre les autres, ils nous présentent bravement leurs lances.

Le terrain, couvert de verglas, était fort glissant, et nos chevaux, très fatigués, ne pouvaient galoper sans tomber. Il n'y eut donc pas de choc, et ma ligne arriva seulement au trot sur la masse ennemie qui restait immobile. Nos sabres touchaient les lances; mais, celles-ci ayant treize à quatorze pieds de long, il nous était impossible d'atteindre nos adversaires, qui n'osaient reculer, de crainte de tomber dans le précipice, ni avancer pour venir affronter nos sabres. On s'observait donc mutuellement, lorsqu'en moins de temps qu'il n'en faut pour le raconter, se passa la scène suivante.

Pressé d'en finir avec les ennemis, je criai à mes cavaliers qu'il fallait saisir quelques lances de la main gauche, les détourner, pousser en avant, et pénétrer au milieu de cette foule d'hommes, où nos armes courtes nous donneraient un avantage immense sur leurs longues perches. Pour être mieux obéi, je voulus donner l'exemple, et, écartant quelques lances, je parvins en effet à pénétrer dans les premiers rangs ennemis.... Mes adjudants-majors, mes ordonnances me suivirent, et tout le régiment fit bientôt de même. Il en résulta une mêlée générale. Mais au moment où elle s'engageait, un vieux Cosaque à barbe blanche, qui, placé aux rangs inférieurs, se trouvait séparé de moi par d'autres combattants, se penche, et, dirigeant adroitement sa lance entre les chevaux de ses camarades, il me frappe de son fer aigu, qui passe, d'outre en outre, sous la rotule de mon genou droit!...

En me sentant blessé, je poussai vers cet homme pour me venger de la douleur affreuse que j'éprouvais, lorsque je vis devant moi deux beaux jeunes gens de dix-huit à vingt ans, portant un brillant costume couvert de riches broderies : c'étaient les fils du chef du *pulk*. Un homme âgé, espèce de mentor, les accompagnait, mais n'avait pas le sabre à la main. Le plus jeune de ses élèves ne se servait pas du sien, mais l'aîné fondit bravement sur moi et m'attaqua avec fureur !... Je le trouvai si peu formé, si faible, que, me bornant à le désarmer, je le pris par le bras, le poussai derrière moi et ordonnai à Van Berchem de le garder. Mais à peine avais-je accompli cet acte d'humanité, que je sentis un corps dur se poser sur ma joue gauche,.. une double détonation éclate à mes oreilles et le collet de mon manteau est traversé par une balle !... Je me retourne vivement, et que vois-je?... le jeune officier cosaque, qui, tenant une paire de pistolets doubles dont il venait de tirer traîtreusement un coup sur moi par derrière, brûlait la cervelle au malheureux Van Berchem !...

Transporté de fureur, je m'élance alors sur cet enragé, qui déjà m'ajustait avec le second pistolet !... Mais son regard ayant rencontré le mien qui devait être terrible, il en fut comme fasciné et s'écria en très bon français : « Ah ! grand Dieu ! je vois la mort dans vos yeux !... Je vois la mort dans vos yeux ! — Eh bien, scélérat, tu vois juste ! » En effet il tomba !...

Le sang appelle le sang. La vue du jeune Van Berchem étendu à mes pieds, ce que je venais de faire, l'animation du combat et peut-être aussi l'affreuse douleur que me causait ma blessure, tout cela réuni me jetant dans un état de surexcitation fébrile, je cours vers le plus jeune des officiers cosaques, je le saisis à la gorge, et déjà mon sabre était levé, lorsque le vieux gouverneur, cherchant à garantir son élève, penche le haut du corps sur l'encolure de mon cheval, de manière à m'empêcher de remuer le bras, et s'écrie d'un ton suppliant : « Au nom de votre mère, grâce, grâce pour celui-ci, il n'a rien fait !... »

En entendant invoquer un nom vénéré, mon esprit, exalté par tout ce qui m'entourait, fut frappé d'hallucination, au point que je crus voir une main blanche, si connue de moi, se poser sur la poitrine du jeune homme que j'allais percer, et il me sembla entendre la voix de ma mère prononcer les mots : « Grâce ! grâce ! » Mon sabre s'abaissa. Je fis conduire le jeune homme et son gouverneur sur les derrières.

Mon émotion était si grande après ce qui venait de se passer, que je n'aurais pu donner aucun ordre au régiment, si le combat eût encore duré quelque temps ; mais il fut bientôt terminé. Un grand nombre de Cosaques avaient été tués, et les autres, abandonnant leurs chevaux, s'étaient laissés glisser dans les profondeurs du ravin, où la plupart périrent dans les énormes tas de neige que les vents y avaient amoncelés. Les ennemis furent aussi repoussés sur tous les autres points.

Dans la soirée qui suivit cette affaire, je questionnai mon prisonnier et

Au nom de votre mère, grâce pour celui-ci!

son gouverneur. J'appris que les deux jeunes gens étaient fils d'un chef puissant, qui, ayant perdu une jambe à la bataille d'Austerlitz, avait voué aux Français une haine si vive que, ne pouvant plus les combattre, il avait envoyé ses deux fils pour leur faire la guerre. Je prévis que le froid et le chagrin feraient bientôt périr le seul qui lui restât. J'en eus pitié et lui rendis la liberté, ainsi qu'à son vénérable mentor. Celui-ci, en prenant congé de moi, me dit ces mots expressifs : « En pensant à son fils aîné, la mère de mes deux élèves vous maudira ; mais en revoyant le second, elle vous bénira, ainsi que votre mère, en considération de laquelle vous avez épargné le seul enfant qui lui reste ! »

(Mémoires du Général de Marbot.)
(Plon et Nourrit, Éditeurs.)

Dernière étape de la retraite de Russie

Le maréchal Ney cherchait encore à défendre Kowno pour donner à tous ces malheureux le temps d'échapper à la poursuite de l'ennemi et pour protéger la retraite du roi de Naples, qui avait pris la veille la route de Kœnigsberg par Gumbinnen. Un ouvrage en terre construit à la hâte, en avant de la porte de Wilna, lui parut une défense suffisante pour arrêter l'ennemi toute la journée. Dans la matinée, l'arrière-garde rentra dans la ville ; deux pièces de canon soutenues par quelques pelotons d'infanterie bavaroise furent placés sur le rempart, et ce petit nombre de troupes se disposait à soutenir l'attaque qui déjà se préparait. Le maréchal Ney, ayant pris ces dispositions, avait été se reposer dans son logement ; à peine était-il parti, que l'affaire s'engagea. Les premiers coups de canon des Russes démontèrent une de nos pièces ; l'infanterie prit la fuite, les canonniers allaient la suivre. Bientôt les Cosaques pouvaient pénétrer sans obstacle dans la ville, quand le maréchal parut sur le rempart. Son absence avait pensé nous perdre, sa présence suffit pour tout réparer. Il prit lui-même un fusil, les troupes revinrent à leur poste, le combat se rétablit et se soutint jusqu'à l'entrée de la nuit, lorsque commença la retraite. Ainsi ce dernier succès fut dû à la bravoure personnelle du maréchal, qui défendit lui-même, en soldat, la position qu'il mettait tant de prix à conserver.

Je n'appris qu'ensuite le danger que nous venions de courir, et j'aurais regretté de n'avoir point combattu auprès du maréchal, si mon premier devoir n'eût été de rester avec mon régiment; nous passâmes la journée, ainsi que le 18°, chez un juif où nous trouvâmes quelques vivres et beaucoup d'eau-de-vie. Cette espèce d'abondance avait aussi son danger, car après une si longue disette, le moindre excès pouvait être mortel. Malgré les recommandations du colonel Pelleport et les miennes, plusieurs hommes s'enivrèrent et furent hors d'état de nous suivre. Les officiers trouvèrent à Kowno leurs portemanteaux; il n'y avait aucun moyen de les emporter; chacun prit dans le sien ce qui pouvait lui servir et abandonna le reste, trop heureux de sauver sa vie pour songer à rien regretter.

Vers le soir, l'ordre de départ arriva; le 3° corps devait ouvrir la marche, suivi des Bavarois et des restes de la division Loison. Nous traversâmes Kowno au milieu des morts et des mourants. On distinguait, à la lueur des feux des bivouacs encore allumés dans les rues, quelques soldats qui nous regardaient passer avec indifférence; et quand on leur disait qu'ils allaient tomber au pouvoir de l'ennemi, ils baissaient la tête et se serraient auprès du feu sans répondre. Les habitants, rangés sur notre passage, nous regardaient d'un air insolent. L'un d'eux s'était déjà armé d'un fusil; je le lui arrachai. Plusieurs soldats, qui s'étaient traînés jusqu'au Niémen, tombèrent morts sur le pont, au moment où ils touchaient au terme de leur misère. Nous passâmes le fleuve à notre tour, et, tournant nos regards vers l'affreux pays que nous quittions, nous nous félicitâmes du bonheur d'en être sortis, et surtout de l'honneur d'en être sortis les derniers.

De l'autre côté du Niémen, la route de Gumbinnen traverse une haute montagne. A peine étions-nous au pied, que les soldats isolés qui nous précédaient revinrent précipitamment sur leurs pas et nous annoncèrent qu'ils avaient rencontré les Cosaques. A l'instant même, un boulet de canon tomba dans nos rangs, et nous acquîmes la certitude que les Cosaques, ayant passé le Niémen sur la glace, s'étaient emparés de la hauteur avec leur artillerie et nous fermaient le chemin. Cette dernière attaque, la plus imprévue de toutes, fut aussi celle qui frappa le plus vivement l'esprit des soldats. Pendant la retraite, l'opinion que les Russes ne passeraient pas le Niémen s'était fortement établie dans l'armée. Tous, de l'autre côté du pont, se croyaient en parfaite sécurité, comme si le Niémen eût été pour eux le fleuve des anciens qui séparait l'enfer de la terre. On peut juger de quelle terreur ils durent être saisis, en se voyant poursuivis sur l'autre bord, et surtout en trouvant la route occupée par l'artillerie ennemie. Les généraux Marchand et Ledru parvinrent à former une espèce de bataillon en réunissant au 3° corps tous les isolés qui se trouvaient là. On voulut en vain essayer de forcer le passage; les fusils des soldats ne portaient pas, et eux-mêmes n'osaient avancer. Il fallut renoncer à toute tentative et rester sous le feu de l'artillerie sans oser faire un pas en arrière; car c'eût été nous exposer à une charge, et notre perte alors était certaine. Cette situation acheva de désespérer deux officiers qui avaient été l'exemple de mon régiment pendant toute la retraite, mais dont les forces épuisées depuis longtemps avaient fini par ébranler le courage. Ils vinrent me dire que, ne pouvant plus ni marcher ni combattre, ils allaient tomber entre les mains des Cosaques, qui les massacreraient, et qu'ils étaient forcés de rentrer dans Kowno pour se rendre prisonniers. Je fis d'inutiles efforts pour les retenir ; je leur rappelai les sentiments d'honneur dont ils étaient pénétrés, le courage dont ils avaient donné tant de preuves, leur attachement pour le régiment qu'ils voulaient abandonner, et, si leur mort était inévitable, je les conjurai du moins de mourir avec nous. Pour toute réponse, ils m'embrassèrent en pleurant et rentrèrent dans Kowno. Deux autres officiers subirent le même sort : l'un s'était enivré avec du rhum et ne put nous suivre; l'autre, que j'aimais particulièrement, disparut peu après. Mon cœur était déchiré, j'attendais que la mort vînt me rejoindre à mes malheureux compagnons, et je l'aurais peut-être désirée sans tous les liens qui, à cette époque, m'attachaient encore à la vie.

Le maréchal Ney parut alors, et ne témoigna pas la moindre inquiétude d'une situation si désespérée. Sa détermination prompte nous sauva encore et pour la dernière fois. Il se décida à descendre le Niémen et à prendre la route de Tilsitt, espérant regagner Kœnigsberg par des chemins de traverse. Il ne se dissimulait pas l'inconvénient de quitter la route de Gumbinnen et de laisser ainsi le reste de l'armée sans arrière-garde, inconvénient d'autant plus grave qu'il était impossible d'en prévenir le roi de Naples ; mais il ne restait plus d'autre ressource, et la nécessité en faisait un devoir. L'obscurité de la nuit favorisa ce mouvement. A deux lieues de Kowno, nous quittâmes le Niémen pour prendre à gauche dans les bois un chemin qui devait nous mener dans la direction de Kœnigsberg. On perdit beaucoup de soldats qui, n'étant pas prévenus et marchant isolément, suivirent le Niémen jusqu'à Tilsitt. Pendant la nuit et toute la journée suivante, on prit à peine quelques instants de repos. Un cheval blanc que nous montions à poil les uns après les autres nous fut d'un grand secours. Le 14 au soir, un assez bon village nous servit d'abri. Là je perdis encore deux officiers : l'un mourut la nuit dans la chambre que j'habitais, l'autre disparut le lendemain. Ce furent nos derniers malheurs, car à dater de cette journée notre situation changea de face. La rapidité de notre marche nous avait donné une grande avance; d'ailleurs les Cosaques s'occupaient à poursuivre les autres corps sur la grande route; depuis la montagne de Kowno, nous cessâmes de les rencontrer. Les pays que nous traversions n'avaient point été ravagés : on y trouvait des vivres et des traîneaux. Le maréchal Ney se rendit alors directement à Kœnigsberg, où nous le rejoignîmes le 20, toujours conduits par le général Marchand.

Il faut se rappeler ce que nous avions souffert pour juger combien ces premiers jours d'abondance nous rendirent heureux ; car, en nous voyant, on nous eût trouvés plus dignes de pitié que d'envie. Le 3e corps se composait d'environ 100 soldats à pied, conduits par quelques officiers, et d'un pareil nombre d'éclopés de tous les grades, portés sur des traîneaux....

(Souvenirs du Duc de Fezensac.)
(Dumaine, Éditeur.)

Marmont blessé aux Arapiles

JE venais de replier ma lunette et me mettais en marche pour joindre mon cheval, quand un seul coup de canon, tiré de l'armée anglaise, de la batterie de deux pièces que l'ennemi avait placée sur une des deux collines appelées Arapilès, me fracassa le bras et me fit deux larges et profondes blessures aux côtes et aux reins, et me mit ainsi hors de combat. Je prêtais le flanc gauche à l'ennemi, et le boulet creux dont la pièce avait été chargée ayant éclaté, après m'avoir dépassé, le bras droit et le côté droit furent blessés.

Il était environ trois heures du soir....

Mes blessures étaient extrêmement graves. Cependant mes forces morales n'en furent nullement altérées. Au moment où je fus atteint, les chirurgiens du 120e régiment me donnèrent les premiers secours. Je leur demandai s'il fallait me couper le bras. Ils hésitèrent à me répondre. Je m'en offensai et leur dis qu'il fallait me faire connaître la vérité. Ils déclarèrent que cela était indispensable. Alors je fis appeler le chirurgien en chef, le Dr Fabre, homme du plus grand mérite et mon ami, venu uniquement par attachement pour moi en Espagne et pour m'y suivre. Je lui dis que, sans doute, il allait m'amputer. Il me répondit : « J'espère que non ». Je crus qu'il me trompait ; et il me répondit : « Je ne sais pas si je n'y serai pas forcé ; mais, je vous le répète, j'espère que non ; et, dans tous les cas, ce ne sera pas dans ce moment ».

Ces paroles me furent une grande consolation. On m'emporta au moment où les Anglais faisaient leur attaque et j'eus la satisfaction de les voir repousser; et, en m'en allant, je prononçai à haute voix ce vers de Racine dans *Mithridate* :

> Et mes derniers regards ont vu fuir les Romains.

On voit que mon esprit n'était pas abattu.

Le lendemain, de grand matin, le colonel Loverdo, commandant le 59ᵉ régiment, vint me trouver et me témoigner son intérêt. Nous causâmes quelque temps de la bataille. En me quittant il me dit : « Soyez assuré, monsieur le maréchal, que, si nous avons le malheur de vous perdre, personne ne vous regrettera plus que le 59ᵉ régiment, et surtout son colonel. »

C'eût été un coup terrible pour un esprit faible.

Cette sotte phrase m'eût paru une indiscrétion faite par un homme maladroit qui répétait ce qu'il avait entendu dire dans l'antichambre; mais je répondis sans émotion : « Ce sera comme remplacement, et non autrement, que vous me perdrez, mon cher Loverdo ».

Avant de partir d'Alba-Formès, je questionnai Fabre sur ce qui me concernait, et le mis positivement sur la sellette. Il savait qu'il fallait me parler sans hésiter et me connaissait capable d'entendre la vérité. Il me tint ces propres paroles : « Si je vous coupe le bras, vous ne mourrez pas ; et dans six semaines vous serez à cheval, mais vous n'aurez qu'un bras pendant toute votre vie. Si je ne vous coupe pas le bras, vous aurez de longues souffrances, beaucoup de chances de mort; mais vous êtes courageux, fort et bien constitué, et je crois qu'il faut courir les chances afin de ne pas être estropié pendant le reste de vos jours. » Je lui répondis : « Je me fie à vos conseils et m'en rapporte à vous. Tant pis pour vous si je meurs! »

En effet, si ma mort était survenue, comme les chirurgiens avaient été de l'avis de l'amputation, Fabre eût été perdu de réputation comme homme de l'art....

Je fus transporté à bras jusqu'au Duero. A Aranda, on organisa une litière portée par des mulets. Les soldats de mon escorte, deux cents hommes de cavalerie d'élite, me portèrent et m'accompagnèrent. Jamais jeune femme en couches n'a été soignée avec plus de ménagement par sa garde-malade que moi par ces vieux soldats, et j'ai pu voir combien un sentiment vrai et profond peut donner d'instinct et d'adresse aux individus qui en paraissent le moins susceptibles.

A mon arrivée à Burgos, je fus reçu par le général qui y commandait, comme depuis à Vittoria et à Bayonne, avec tous les honneurs dus à ma dignité; spectacle imposant, présenté par l'entrée avec pompe d'un général d'armée, mutilé sur le champ de bataille, porté avec respect devant les troupes, entrant au bruit du canon et accompagné de tout son état-major....

Vers les premiers jours de novembre, j'arrivai à Bayonne, où je restai jusqu'au moment où l'état de mes blessures me permit de me rendre à Paris.

J'éprouvai combien les longues souffrances affaiblissent le moral. On a vu comment j'avais envisagé ma situation personnelle à l'époque où je reçus mes blessures. Quatre-vingt-dix jours s'étaient écoulés et on essaya de me faire sortir de mon lit. Des accidents survinrent et il fallut suspendre les essais tentés. J'en fus fort affligé. Le préfet de Salamanque, Casa-Secca, Espagnol, vint me voir, et je lui racontai ce qui m'était arrivé. Il me répondit : « Je le savais ; on me l'a dit à mon arrivée, et j'ai tout de suite pensé que c'était comme notre pauvre Gravina. — Comment ! lui dis-je, mais il a été tué à Trafalgar. — Pas du tout, répliqua-t-il ; il a eu le bras fracassé d'un coup de canon ; on n'a pas voulu lui couper le bras, et, au bout de trois mois, il est mort. » C'était, sauf la mort qui n'arriva pas, juste mon histoire. Cette sotte réflexion me fit une vive impression, et je fus pendant quelques jours dans une disposition d'esprit très fâcheuse....

Je ne reçus pas un mot de consolation ni de l'Empereur ni en son nom.

La première fois que j'entendis parler de lui, ce fut pour répondre à une enquête sur ma conduite. Le duc de Feltre, ministre de la guerre, la confia à un officier de son état-major, Balthazar Darcy, qui s'en acquitta avec égard et respect. Je dois, au surplus, dire cependant que Napoléon avait ordonné d'attendre, pour me faire cet interrogatoire, que ma santé fût assez bien remise, pour qu'il n'en résultât pas dans mon esprit un effet fâcheux pour mon rétablissement....

Enfin, le 10 décembre 1812, ma santé me l'ayant permis, je me mis en route pour Paris. Peu après mon arrivée, le trop célèbre vingt-neuvième bulletin de la Grande Armée fut publié, et, le lendemain, Napoléon arriva lui-même. Je n'entreprendrai pas de peindre la profonde sensation que ce retour inopiné et les désastres annoncés firent sur l'opinion publique. Je vis l'Empereur dès le lendemain de son arrivée. Il me reçut très bien. Mes blessures étaient encore ouvertes ; mon bras sans aucun mouvement et soutenu par une écharpe. Il me demanda comment je me portais, et quand je lui dis que je souffrais encore beaucoup, il répondit : « Il faut vous faire couper le bras ». Je lui répliquai que je l'avais payé assez cher par mes souffrances pour tenir aujourd'hui à le conserver, et cette singulière observation en resta là.

(Mémoires de Marmont.)
(Perrotin, Éditeur.)

Mort de Duroc

Le lendemain de la victoire de Bautzen, le 22 mai 1813, l'armée française se mit en mouvement pour suivre l'ennemi. Le 12ᵉ corps resta en position sur le champ de bataille pour la couvrir contre les mouvements que le corps de Bulow aurait pu exécuter. L'ennemi prit position en avant de Reichenbach et sur les hauteurs entre Reichenbach et Markensdorff. Le 7ᵉ corps, qui n'avait pas combattu la veille, soutenu par la cavalerie du général Latour-Maubourg, reçut l'ordre d'attaquer. Le combat fut chaud et brillant, et la cavalerie russe forcée à la retraite. Il coûta la vie à un excellent officier, un de nos camarades de l'état-major général de la glorieuse armée d'Italie, le général Bruyère, commandant une division de la cavalerie légère. Nous le regrettâmes vivement.

Mon corps d'armée suivait, et de ma personne j'avais été joindre l'Empereur à la fin du combat.

Bruyère venait d'être tué, et j'en causais avec le général Duroc, duc de Frioul, avec lequel j'étais intimement lié. En ce moment, la figure de Duroc portait une expression de tristesse que je ne lui avais jamais vue. Les circonstances qui suivirent immédiatement l'ont gravée profondément dans ma mémoire et pourraient faire croire à la vérité des pressentiments. Duroc, donc, triste et préoccupé, montrait une sorte de découragement et d'abattement dans toute sa personne. Je marchai quelque temps en causant avec lui; il me dit ces propres paroles : « Mon ami, l'Empereur est insatiable de combats; nous y resterons tous, voilà notre destinée! » Après avoir cherché à le remettre un peu et à combattre ses idées noires et misanthropiques, j'allai prendre les ordres de l'Empereur, qui m'ordonna de faire camper mon corps d'armée sur la crête que nous venions de traverser. Napoléon, arrivé auprès du village de Markensdorff et marchant dans un chemin creux, un boulet isolé, parti à grande distance d'une batterie qui se retirait devant notre avant-garde, tomba dans le groupe qui l'environnait, tua raide le général Kirchner, bon officier de génie, et blessa mortellement le duc de Frioul, dont les entrailles furent mises à découvert. Peu de moments après, et lorsque j'étais encore occupé de mon établissement, j'appris cette triste nouvelle.

L'Empereur montra de la douleur et passa quelque temps avec Duroc dans la baraque où il fut déposé. Il paraît qu'il se justifia auprès de l'Empereur de je ne sais quels torts que celui-ci lui avait imputés sans fondement, et dont l'accusation l'avait profondément blessé. Le lendemain matin, je le vis de très bonne heure. Ses douleurs atroces lui faisaient désirer la mort, et il la demandait avec instance. Je causai avec lui pendant quelques moments. Je lui parlai des personnes qui l'intéressaient, et, comme je lui montrais ma vive et profonde commisération, il me répondit : « Va, mon ami, la mort serait peu de chose pour moi si je souffrais moins vivement ».

Duroc était d'une bonne famille. Son père, gentilhomme de la province d'Auvergne, sans fortune, servant dans un régiment de cavalerie en garnison à Pont-à-Mousson, s'y maria, et s'établit dans cette ville. Duroc, placé comme élève du roi à l'École militaire qui y existait alors, fut destiné au service de l'artillerie, débouché le plus sûr, carrière la plus avantageuse autrefois pour un gentilhomme qui n'avait ni appui ni protection. Il y entra en même temps que moi, et nous fûmes reçus élèves sous-lieutenants à Châlons, au commencement de janvier 1792. Plus tard, une partie de l'École ayant émigré, Duroc alla rejoindre l'armée des princes et fit le siège de Thionville. Son bon sens naturel lui ayant promptement fait apprécier la confusion qui régnait parmi les émigrés, il rentra en France et vint à Metz, où moi-même, reçu officier, j'étais en garnison. Il me fit confidence de ce qui lui était arrivé, et de sa résolution de reprendre du service. Le gouvernement ferma les yeux sur son absence momentanée, mais le contraignit à subir l'examen de sortie, et à retourner à Châlons pour y reprendre sa place d'élève. Quelque temps après, et cette formalité étant remplie, il rejoignit le 4ᵉ régiment d'artillerie. De là, il passa dans une compagnie d'ouvriers employée à l'armée de Nice. C'est là que je le retrouvai en 1794.

Duroc continua à servir dans son arme, et devint aide de camp du général Lespinasse, commandant l'artillerie de l'armée d'Italie. Après la bataille d'Arcole, le général Bonaparte, ayant perdu plusieurs aides de camp, et m'ayant consulté sur les officiers qui pouvaient les remplacer, je lui proposai et lui présentai Duroc, qui fut admis. Voilà l'origine de sa fortune. Duroc se l'est toujours rappelé, et m'a constamment voué une amitié très vive, que le temps n'a fait que consolider. Il fit, en qualité d'aide de camp, le reste des campagnes d'Italie et la campagne d'Égypte. Arrivé au grade de colonel quand Bonaparte devint premier consul, il eut l'administration de sa maison. Puis, quand Napoléon prit la couronne impériale, il fut grand maréchal avec une autorité très étendue et investi d'une confiance sans bornes. Duroc eut diverses missions diplomatiques à Berlin et à Saint-Pétersbourg, qu'il remplit à la satisfaction de l'Empereur. Il était le centre de mille relations diverses. L'Empereur le chargeait souvent de travaux étrangers à ses fonctions habituelles, et il s'en acquittait toujours bien. Aussi fut-il toujours surchargé de besogne, accablé de fatigues et d'ennuis, et au point de murmurer souvent contre la faveur et les grandeurs.

Le duc de Frioul avait un esprit sans éclat, mais sage et juste, peu de passions, mais une profonde raison et une ambition bornée. Naturellement réservé, son commerce était sûr, et jamais on n'eut à lui reprocher la plus légère indiscrétion. Étranger au sentiment de la haine, il n'a nui à personne; mais au contraire il a rendu une multitude de services à des personnes qui l'ont ignoré. Une réclamation juste et fondée l'a toujours trouvé bien disposé, et il faisait auprès de l'Empereur telle démarche qu'il croyait utile, sans jamais s'en faire de mérite auprès de celui qui en était l'objet. Simple, vrai, modeste, probe et désintéressé, son caractère froid l'aurait empêché de se dévouer pour un autre, de se compromettre pour le servir; mais, dans sa position, c'était déjà beaucoup que de rencontrer, si près du pouvoir suprême, un homme sans malveillance; car tout ce qu'on peut raisonnablement désirer et espérer, c'est d'y trouver, en outre de la justice, une bienveillance active quand elle est sans danger. Duroc était bon officier, et il a regretté d'être éloigné du métier pour lequel il avait de l'attrait. Très utile à l'Empereur, il lui a souvent fait des amis. Ses opinions, toujours sages, lui permettaient, en les exprimant, de s'élever avec une certaine indépendance, quoiqu'il craignît beaucoup Napoléon. S'il eût vécu pendant l'armistice de 1813, peut-être aurait-il eu sur l'Empereur une influence utile et lui aurait-il fait sentir les inconvénients qui devaient résulter de la reprise des hostilités. Mais Napoléon, après l'avoir perdu, n'avait près de lui alors presque que des flatteurs; et de ceux-là seuls il aimait les conseils.

(Mémoires de Marmont.)
(Perrotin, Éditeur.)

Le dernier jour de la bataille de Leipzig

(1815)

Chargé d'occuper le faubourg de Halle, de la ville de Leipzig, et de le défendre, je pris position, le 19, de grand matin. Le 3ᵉ corps était sous mes ordres.

Je plaçai la plus grande partie de mes troupes à la porte même de Halle et derrière la Partha, afin d'empêcher l'ennemi d'arriver plus tôt que nous sur la communication de Lindenau, notre point de retraite, objet de la plus grande importance. Je chargeai la division Ricard de la barrière de Schœnfeld, se liant par sa droite avec le 11ᵉ corps qui défendait la porte de Dresde. Je plaçai en réserve la plus grande partie du 6ᵉ corps dans les vergers, entre la barrière de Schœnfeld et la porte de Halle, les troupes ne pouvant pas se former sur le boulevard, occupé par une grande quantité de voitures.

Nous étions à peine formés lorsque l'ennemi, ayant réuni beaucoup d'artillerie et de troupes, attaqua le 11ᵉ corps dans le faubourg de Dresde. Ses attaques parvinrent peu après à la barrière de Schœnfeld ; mais le canon qu'il avait porté de ce côté, ne pouvant découvrir le pied des maisons et du mur d'enceinte, ne lui ouvrit aucun passage. Ses tentatives furent repoussées. Une vaste maison hors de l'enceinte, une manufacture, que j'avais fait occuper par un détachement du 70ᵉ régiment, et dont j'avais donné le commandement au major Rouget, fit éprouver de grandes pertes à l'ennemi, en même temps qu'une compagnie de carabiniers du 23ᵉ léger sortit de la barrière avec la plus grande impétuosité et massacra tout ce qui s'était avancé.

J'avais appelé au secours de la division Ricard la plus grande partie du 6ᵉ corps, et nous repoussions partout l'ennemi. Mais nous ne tardâmes pas à avoir des preuves que l'ennemi avait pénétré dans les faubourgs de droite. Il se présenta tout à coup à la droite immédiate des troupes à mes ordres, c'est-à-dire à la gauche du 11ᵉ corps, et entre ce corps et moi. Je marchai, à la tête du 142ᵉ et du 23ᵉ léger, pour le chasser des rues qu'il occupait. Un premier succès couronna nos efforts ; mais les troupes ennemies augmentaient sans cesse ; elles furent en outre bientôt secondées par le feu des troupes saxonnes et badoises qui occupaient l'intérieur de la ville. Cette circonstance rendit nos efforts inutiles.

Le désordre était partout. L'encombrement causé par les voitures sur les boulevards, l'affluence de ceux qui se retiraient, empêchaient aucune formation ni aucune disposition. Enfin la terreur emporta tout le monde. L'on jugera de ses effets quand on saura qu'il y a un boulevard circulaire entre la ville et les faubourgs, et que, les troupes se retirant à la fois, par le boulevard du Nord, par celui du Midi et par le milieu de la ville, les trois colonnes se réunissaient sur la chaussée de Lindenau, débouché commun.

La foule était si pressée sur ce point de réunion, qu'ayant, pour mon compte, fait ma retraite par les bas côtés du boulevard, jamais je ne pus entrer sans secours dans le courant. Deux officiers du 86ᵉ s'en chargèrent. L'un frappa tellement avec son sabre qu'il parvint à faire un léger vide, et l'autre, ayant saisi et tiré fortement la bride du petit cheval arabe que je montais, le jeta dans cette masse confuse, où dans les premiers moments il fut porté, tant la foule était compacte.

Cette foule s'écoulait et passait le pont que Napoléon avait fait miner.

J'ignorais cette disposition et je ne compris pas le sens d'une demande faite par le colonel de génie Montfort, qui s'informa auprès de moi de la troupe destinée à passer la dernière. Je lui répondis qu'à la manière dont la retraite s'opérait, avec la confusion existante, on devait croire que c'était le hasard qui en déciderait. Je continuai ma marche.

Je n'étais pas à deux cents pas de ce malheureux pont, lorsqu'une explosion m'annonça qu'il venait de sauter. Douze ou quinze mille hommes étaient encore en arrière.

Cet événement funeste fut causé par la vue de quelques Cosaques qui avaient paru dans la prairie. Le sous-officier de sapeurs qui était chargé de la mine perdit la tête, crut à une attaque, et y mit le feu.

(Mémoires de Marmont.)
(Perrotin, Éditeur.)

Bataille de Champaubert

JE fis placer toute ma cavalerie à ma droite et la dirigeai en arrière du village de Champaubert, où la tête de la colonne en retraite arrivait déjà. Jetée hors de la communication principale, dans un pays difficile et boisé, à un mouvement régulier succédèrent le désordre et la confusion. Tout fut pris ou détruit, à l'exception de sept ou huit cents hommes qui atteignirent Vertus par détachements. Quinze pièces de canon tombèrent en notre pouvoir. Nous fîmes plus de quatre mille prisonniers, et, entre autres, le général Olsonffieff en personne, commandant ce corps. La force de mon corps d'armée, en hommes présents sous les armes, était ce jour-là de trois mille deux cents hommes d'infanterie, représentant cinquante-deux bataillons différents, et de quinze cents chevaux. Aucune autre troupe que les miennes ne fut engagée....

Les troupes montrèrent une grande valeur. Des conscrits, arrivés de la veille, entrèrent en ligne et se conduisirent, pour le courage, comme de vieux soldats. Oh! qu'il y a d'héroïsme dans le sang français! Je ne puis me refuser au plaisir de citer deux mots de deux conscrits, qui peignent, tout à la fois, l'esprit de cette jeunesse et les instruments dont il nous était donné de nous servir.

Deux conscrits étaient aux tirailleurs. Ils avaient été commandés par l'ordre de service. Je m'y trouvais aussi ; j'en vis un qui, fort tranquille au sifflement des balles, ne faisait cependant pas usage de son fusil. Je lui dis : « Pourquoi ne tires-tu pas? » Il me répondit naïvement : « Je tirerais aussi bien qu'un autre, si j'avais quelqu'un pour charger mon fusil ». Ce pauvre enfant en était à ce point d'ignorance de son métier.

Un autre, plus avisé, s'apercevant de l'inutilité dont il était, s'approcha de son lieutenant et lui dit : « Mon officier, il y a longtemps que vous faites ce métier-là, prenez mon fusil, tirez, et je vous donnerai des cartouches ». Le lieutenant accepta la proposition, et le conscrit, exposé à un feu meurtrier, ne montra aucune crainte pendant toute la durée de l'affaire.

(*Mémoires de Marmont.*)
(Perrotin, Éditeur.)

MORT DU GÉNÉRAL DAMRÉMONT.

1850-1871

Seconde expédition de Constantine

I. — LES PRÉPARATIFS.

Au camp de Medjz-el-Ammar, le 29 septembre 1837.

FRÈRE, tout ce que j'ai sous les yeux et autour de moi est si grand, si beau, que je voudrais pouvoir te faire partager ma jouissance en te donnant une description exacte de tout. Figure-toi un vallon immense, entouré de toutes parts d'une double ceinture de collines à plateau sur le premier plan, et de montagnes plus élevées au second. Dans ce vallon, où coule la Seybouse, toute l'armée est campée. Une ville militaire de baraques en feuillage, avec ses rues alignées, ses dessins, ses emblèmes, s'est élevée, et renferme en son centre une ville civile et commerciale non moins curieuse. L'industrie, le commerce, la soif du gain ont amené ici, au centre de l'Afrique, une peuplade d'individus qui ont monté des boutiques en feuillage où l'on vend de tout au poids de l'or, et des cafés et des cabarets sans nombre. Il en faut pour la consommation de quinze mille bouches. Les Arabes ont leur camp à trois lieues et viennent, toutes les nuits, attaquer nos avant-postes, et souvent le jour. Le 23, ils ont déployé une dizaine de mille hommes, commandés par Achmet-Bey en personne. Les Kabyles sont venus se faire tuer à vingt pas des ouvrages, avec une grande intrépidité. Cela promet de la résistance, du danger, et, partant, de la gloire. Toute l'armée se met en marche après-demain 1er octobre. Ici est le rendez-vous général, et, sans discontinuer, les convois et les régiments arrivent. C'est un panorama vivant, continuel, admirable! L'armée est belle et bien disciplinée, mais on charge trop les hommes pour obtenir quelque succès bien prononcé. Chaque soldat porte pour douze jours de vivres en pain, biscuit, riz, sel, café et sucre pour remplacer le vin; de plus un petit fagot de bois sur son sac et un bâton de quatre pieds à la main. Il le faut pour gravir la montagne le premier jour de marche, et ce bâton servira pour faire la soupe ce soir au bivouac. Les Arabes ont tout brûlé d'ici à Constantine. Ils ont détruit tout ce qu'ils ont pu; nous ne devons compter que sur nous.

Au camp d'Hamman-Berda je me suis baigné dans des bains romains d'eau minérale chaude. C'est fort curieux.

II. — ASSAUT DE CONSTANTINE

(13 OCTOBRE 1837)

LA matinée du 12 octobre s'était tristement annoncée par la mort du gouverneur. Le général Damrémont, frappé d'un boulet dans la batterie, léguait à son successeur, le général Valée, les embarras d'un siège que tout se réunissait pour contrarier; mais toutes les difficultés surmontées devaient augmenter la gloire de l'armée expéditionnaire.

L'artillerie française redouble d'efforts. Une canonnade formidable répondit au malheureux boulet qui avait privé l'armée de son chef, et toute la journée, les bombes, les obus se succédaient sans intervalle. La brèche grandissait à vue d'œil. Chaque coup témoignait de l'adresse des tirailleurs. L'artillerie arabe, bien dirigée, répondait presque coup pour coup....

En prenant le commandement de l'armée, le général Valée annonça, en même temps, qu'on eût à se préparer pour donner l'assaut, aussitôt que la brèche serait praticable.

Alors on n'eut plus dans l'armée qu'une idée, celle de voir finir d'une manière ou d'une autre, et les fatigues et les privations sans nombre, et les misères qui nous accablaient depuis huit jours.

La position de l'armée était critique : les chevaux mouraient de faim et de fatigue, et ce qui nous restait, loin de nous servir dans une retraite, nous aurait embarrassés. Le soldat, mal nourri, toujours dans la boue et sous la pluie, sans sommeil, sans repos, devenait la proie des maladies. La dysenterie, la fièvre nous menaçaient plus que les Arabes, et nous les craignions davantage.

Ce mot d'assaut guérissait tout, et l'espoir de faire partie des élus qui devaient le tenter ranimait partout la force et le courage....

Les instructions données, les places de bataille arrêtées, chacun reçut l'ordre d'aller prendre du repos et de se préparer à être sous les armes à trois heures et demie du matin.

S'il m'est permis de parler de moi dans de si graves circonstances, je dirais que, depuis le commencement du siège, je n'avais jamais aussi bien reposé, si profondément dormi, que cette nuit solennelle qui précéda l'assaut. Chaque officier désigné avait fait ses petites dispositions, même son testament.... Est-ce insouciance? Est-ce philosophie? Est-ce confiance? Je ne me charge pas de le deviner, mais l'idée ne me vint même pas que je pourrais rester sous les décombres de la brèche. Une fois le matin, en m'éveillant, je pensai à mon frère, à ma mère, à mes enfants; toutes ces pensées si chères se croisèrent réunies et firent battre mon cœur qu'elles remplissaient.... Je me hâtai de les refouler profondément; ce jour-là je n'étais plus rien que soldat.

Le vendredi 13!.. quel augure pour les superstitieux, un vendredi, un 13!... et ce jour-là a été un des plus beaux de ma vie.... Trois colonnes, fortes chacune de douze cents hommes, avaient été préparées pour l'assaut : la première sous les ordres du colonel Lamoricière; la seconde sous ceux du colonel Combes; la troisième sous ceux du colonel Bedeau. Je faisais partie de la seconde, avec les volontaires de la légion étrangère.

A quatre heures du matin, les trois colonnes étaient massées dans la place d'armes, derrière la batterie de 24, établie à cent mètres de la place. La réserve était pelotonnée, à deux cents mètres plus en arrière, dans les anciennes écuries du bey. On appelle ce bâtiment le Bardo....

Vers deux heures du matin, le brave capitaine Garderens des zouaves, et un capitaine du génie, étaient allés, au milieu des balles, reconnaître la brèche et l'avaient jugée praticable. Cependant le général Valée avait voulu la rendre encore plus facile, et notre artillerie foudroyait sans cesse la muraille qui nous préparait un passage. Vingt-cinq hommes de front pouvaient se présenter à la brèche.

De quatre à sept heures et demie du matin, nous restâmes massés dans la batterie. Le bruit de l'artillerie nous assourdissait, un coup n'attendait pas l'autre. Les boulets et les balles arabes, passant par-dessus nos têtes ou à côté de nous, ne nous envoyaient que des éclats de pierre et de la terre....

A un signal donné, chaque peloton de cinquante hommes devait s'élancer de la batterie au pas de course, traverser l'espace de cent mètres qui nous séparait de la brèche et la franchir. Au bout de quelques minutes, un deuxième peloton de cinquante hommes suivait, et ainsi de suite. On séparait ainsi les pelotons pour donner moins de prise aux boulets, aux balles, à la mitraille arabe, qui sillonnaient l'espace entre la place et la batterie.

Enfin, le bienheureux signal est donné, la charge bat de toutes parts, la canonnade de 24 se tait de notre côté comme par enchantement, et est remplacée par des obus de 12 que l'on jette sans discontinuer dans la place. Le brave Lamoricière s'élance avec ses zouaves. Lui et le commandant Vieux du génie, suivis du capitaine Gardens qui porte un drapeau, gravissent la brèche, où les couleurs françaises flottent glorieuses. En quelques minutes la première colonne couronne la brèche : la deuxième est prête à s'élancer quand la brèche sera débarrassée par la première, qui pénétrera dans la ville.

Mais en arrivant sur la brèche, au lieu de pouvoir pénétrer dans la ville comme on le croyait, la première colonne est arrêtée par un deuxième mur d'enceinte. Toutes les murailles, toutes les maisons, toutes les fenêtres sont garnies de turbans. C'est un mur de feu que l'on a devant soi.... Les Français tombent, mais ne reculent pas. A ce nouvel obstacle, le cri : « Des échelles! des échelles! » est partout répété. Le génie dirige ses braves soldats sur la brèche ; ils sont pourvus d'échelles, de haches, cordes, sacs à poudre, etc. Dans ce moment les Turcs font tomber un pan de mur qui écrase sous ses ruines le brave commandant Sérigny du 2e léger, et environ quarante hommes. Cet avantage est bien loin de profiter aux Turcs, car les décombres comblent les intervalles, et l'on parvient à pénétrer dans une rue, rue étroite et serpentante, et rouge du feu que les Bédouins dirigent sur nous.

Alors seulement, et il s'est écoulé un grand quart d'heure depuis que la première colonne est partie, temps qui nous a paru bien long, alors, dis-je, le général donne l'ordre à la deuxième colonne de faire son mouvement. Ici je deviens acteur et vais raconter ce que j'ai vu, ce qui s'est passé sous mes yeux, sur les points de la ville où j'ai été. L'aspect général de l'assaut se changera souvent en tableaux particuliers.

Pendant que nous gravissions la brèche, les Français, qui, avec les capitaines Richepance, Répon des zouaves, Leflo du 2e, étaient entrés dans la ville, sont arrêtés court par une mitraillade infernale. Les Turcs, beaucoup plus nombreux, s'élancent de toutes parts sur nos soldats, que la mitraille a surpris et arrêtés ; et malgré les cris et les menaces des officiers, qu'ils entraînent eux-mêmes, nos soldats sont ramenés aussi vivement qu'ils étaient entrés. Les cris de : *En avant!* poussés avec énergie, ce tumulte de fuite, attirent Lamoricière suivi d'un renfort, et il arrive pour voir les Turcs poussant les nôtres l'épée dans les reins, nos soldats tombant les uns sur les autres pêle-mêle avec les officiers, enfin un désordre épouvantable. Lamoricière s'élance le sabre à la main. Nous sommes arrivés au haut de la brèche. Notre étoile veut que la compagnie franche soit devant nous. C'est dans ce moment qu'eut lieu la terrible explosion.... Un silence de mort succède un instant au tumulte.... Ceux qui restent debout, repoussés par la force de l'explosion, cherchent un point d'appui sur leurs sabres, leurs voisins ou le mur de gauche. Les plus près du haut de la brèche essuient leurs yeux pleins de terre, de poussière et de poudre, et sont un moment suffoqués. Mais alors s'offre à tous les yeux le plus horrible spectacle.... Les malheureux qui ont conservés leurs membres et qui ont pu sortir des décombres fuient vers la batterie et descendent la brèche en courant et en criant :

« Sauvez-vous, mes amis, nous sommes tous perdus, tout est miné, n'avancez pas, sauvez-vous!!! »

Quand je me rappelle ces figures brûlées, ces têtes sans cheveux, sans poils et dégouttantes de sang, ces vêtements en lambeaux tombant avec les chairs, quand j'entends ces cris lamentables, je m'étonne que ces fuyards n'aient pas entraîné la 2e colonne qui encombrait la brèche. Combes et Bedeau étaient sur le haut de la position. D'un commun accord, ils élèvent leurs épées en l'air, aux cris de : En avant! en avant! Ce cri, je le répétais, je le vociférais avec eux ; je criais à mes soldats :

« A moi la légion, à la baïonnette! Ce n'est rien, c'est de la mitraille.... En avant! en avant! »

Et je me précipitai le premier dans ce gouffre où, sur ma conscience, j'attendais une seconde explosion ; je croyais que c'était une mine, qu'elle devait être suivie d'une deuxième. Là, frère, j'eus ma première récompense ; le colonel Combes me serra affectueusement la main en me disant :

« Bravo, capitaine! »

J'étais tellement enthousiasmé que seul je me serais jeté sur des canons. L'explosion avait, dans son désastre, eu ce côté avantageux pour nous, qu'elle avait arrêté les Turcs et facilité l'entrée de la ville ; une porte, une voûte et plusieurs maisons avaient sauté. Environ cent hommes des nôtres, tant de zouaves que du 2e léger et compagnie franche, dormaient sous les décombres. Lamoricière blessé était emporté par ses zouaves.

Alors nous nous jetâmes dans la ville, chacun où le hasard le poussa, car les ordres étaient confus. C'était un chaos, mais un chaos dont les éléments étaient l'intrépidité et l'oubli de soi-même. J'avais ordonné à mes hommes de ne jamais me dépasser, mais de me suivre toujours; je commençai à me jeter dans la batterie à gauche de la brèche. Dans un petit carré servant de place à l'embrasure d'un canon, sept Turcs faisaient un feu continuel sur nous. Je m'élançai dans ce trou la tête baissée, mes hommes me suivaient de près. Les Turcs se défendaient avec le courage du désespoir. Ils faisaient feu, et nous les tuions rechargeant leurs armes : ce sont d'admirables soldats; la baïonnette n'en laissa pas un vivant. On ne faisait pas de prisonniers.

En quittant la batterie, je me dirigeai sur le point où la fusillade me paraissait la plus vive. J'arrivai à la maison de Ben-Aïssa, lieutenant du bey. Le commandant Bedeau y était avec le commandant Despinois. On cherchait encore des issues pour pénétrer en avant dans la ville. Les balles nous pleuvaient de partout et tombaient sur les dalles autour de nous, comme la grêle qui frappe sur les toits et les carreaux.

Je demandais des ordres, je sollicitais pour qu'on m'envoyât hors de cette cage, où je tournais comme un ours qui évite les frelons. Enfin le génie arrive en criant qu'il y a une barricade à enlever au bout d'une petite rue, et que cette issue donne dans une des rues principales. Je regarde le commandant Bedeau, et sur un petit signe d'approbation, que moi seul devine, je m'élance avec mon peloton, en criant :

« A moi, la légion ! »

Oh! cette petite rue étroite et sinueuse,... je la verrai souvent dans mes rêves.... Elle était encombrée de soldats. Les hommes du bataillon d'Afrique s'y pressaient avec les nôtres, et pendant dix minutes au moins nous avons marché sur le cadavre du brave capitaine Hackette, du génie, tué là avant notre arrivée. Tout le monde criait, on ne s'entendait pas. Mon grade me donnait de l'influence et du pouvoir : au milieu des balles, je rétablis une espèce d'ordre, je fis enlever le corps piétiné de notre camarade, et m'avançant vers le bout de la rue, je vis que nous étions arrêtés par le feu formidable d'une barricade artistement construite : portes, poutres, matelas, rien n'y manquait. Les Kabyles la défendaient par le feu le mieux nourri et nous tuaient beaucoup de monde. Retourné à mes hommes, je leur fis comprendre qu'en allant à la barricade au pas de course et l'enlevant à la baïonnette, on perdrait beaucoup moins de monde qu'en tiraillant inutilement contre des matelas. Ceci bien compris, je plaçai dans les maisons voisines, conquises par nous, quelques tirailleurs adroits qui, dominant la barricade, incommodaient fort les défenseurs; puis, le sabre à la main, aux cris de *hourra*, mieux connu de mes soldats étrangers, aux vociférations de : « En

Assaut de Constantine.

avant la légion ! » je me jetai sur la barricade, que je franchis en tombant de l'autre côté au milieu des Arabes. Cette chute me sauva, car toutes les balles me passèrent au-dessus de ma tête ; on me tira de si près que ma capote fut brûlée par la poudre, mon fourreau de sabre traversé d'une balle. Là, par terre, j'eus le bonheur d'entendre un soldat crier, furieux :

« Au capitaine, au capitaine, il est blessé, par terre, par terre. »

Ma chute les avait trompés. Debout comme l'éclair, je commençai à travailler les Turcs comme il faut, et la barricade, presque aussitôt détruite, nous donna passage à gauche, dans cette même rue où les zouaves et la 1re colonne avaient été d'abord repoussés. A droite était la brèche, mais à environ trois cents pas.

Cette rue, c'est la rue marchande de Constantine, garnie de chaque côté de boutiques sans étage qui les surmonte ; de loin en loin, quelques maisons occupées par les Turcs, les toits surmontant les boutiques, plats et garnis de Turcs, rue serpentante, à coudes arrondis, étroite comme la rue Saint-Jacques, quelquefois davantage. C'était cette rue qu'il fallait prendre maison par maison, et sous un feu d'autant plus terrible qu'on ne voyait pas d'où il venait. C'est dans cette rue que le brave Combes a été blessé mortellement ; que Lacoste, mon pauvre sous-lieutenant, a été tué. Mais n'anticipons pas.

En entrant dans cette rue, mon premier soin fut d'établir mes hommes de chaque côté : ceux de droite tiraient sur tout ce qu'ils voyaient d'ennemis à gauche : ceux de gauche faisaient feu à droite. Malgré cela, mes hommes tombaient et pour ne plus se relever, car toutes les blessures étaient mortelles : on tirait de trop près. Après vingt pas, nous fûmes arrêtés par un feu roulant et croisé qui détruisait tout ce qui voulait hasarder le passage. Le soldat n'obéissait plus d'élan à la voix de son chef. Cet obstacle nous venait d'une grande maison à droite, à plusieurs étages, et qui semblait en feu, tant elle nous envoyait de mitraillade avec des fusils de rempart, tromblons, etc. J'ai su depuis que c'était la caserne des soldats du bey.

Il n'y avait qu'un parti à prendre, enlever la maison. En un instant, cinq ou six officiers de différents corps réunis rassemblent leurs soldats ; on enfonce la porte, on se précipite dans les cours, dans les escaliers, sur les terrasses, dans les chambres....

Quelle scène, quel carnage ! le sang faisait nappe sur les marches ! Pas un cri de plainte n'échappait aux mourants ; on donnait la mort ou on la recevait avec cette rage du désespoir qui serre les dents et renvoie les cris au fond de l'âme. Les Turcs cherchaient peu à se sauver, et ceux qui se retiraient profitaient de tous les accidents de mur pour faire feu sur nous. J'ai vu là bien des morts, j'ai fixé bien de ces terribles et poétiques figures de mourants qui me rappelaient le beau tableau de la bataille d'Austerlitz.

La maison prise, on redescendit à la hâte trouver dans la rue le même feu à peu près qu'on y avait laissé. Les Turcs s'étaient embusqués dans un coude et de là nous décimaient. C'est là qu'à côté de moi, se promenant tranquillement au milieu de la rue, encourageant tout le monde de l'exemple, du geste et de la voix, l'intrépide Combes fut atteint d'une balle. Un simple mouvement nerveux accusa la souffrance; il se retourna du côté de la brèche, et reçut une seconde balle qui amena le même mouvement, sans une plainte, sans un mot; il continua à marcher vers la brèche, la descendit seul, traversa l'esplanade jusqu'à la batterie du 24ᵉ où étaient réunis le prince[1], le général Valée et tout son état-major. On s'aperçut qu'il était blessé, et le prince lui témoignait ses regrets. Combes répondit par un rapport clair et succinct de ce qui se passait à sa colonne, et termina en disant :

« Monseigneur, ceux qui seront assez heureux pour revenir de cet assaut-là pourront dire qu'ils ont vu une belle et glorieuse journée. »

Et s'adressant au chirurgien-major, il lui dit :

« Docteur, j'ai de la besogne pour vous. »

Le lendemain, la France perdait une des espérances de son armée, un intrépide guerrier, aussi froid au feu que sage dans le conseil. Moi, je pleurais un ami, car nous nous étions serré la main deux fois, dans des circonstances que les cœurs généreux n'oublient jamais. Une minute avant sa blessure, je lui disais :

« Mon colonel, ne vous promenez pas là, il y fait trop chaud. Il faut que nous allions en avant à tout prix, la position n'est pas tenable.... »

Et il regardait comment on perdrait le moins de monde.

Ce fut quelques instants après que je fus assailli par le Turc dont je t'ai envoyé le poignard yatagan. Il se jeta sur moi le sabre haut, son pistolet avait raté. Je n'eus que le temps de me précipiter sur lui en parant son coup; ma lame lui pénétra dans le col. Un soldat de ma compagnie, nommé Keller, qui était derrière moi, se jeta à ma droite et lui plongea sa baïonnette dans le corps; au même instant il fut frappé lui-même de deux balles, une à la tête, l'autre à la poitrine; le pauvre garçon mourait pour moi, car ces balles m'étaient destinées; la troisième frappa dans mon manteau que je portais en bandoulière. Le Turc tomba percé de vingt coups de baïonnette.... En roulant dans le sable, l'œil fixe de cet homme me regardait avec une expression terrible. Tout le temps que les cadavres restèrent dans les rues, on s'arrêtait involontairement devant celui-ci, qu'on admirait comme un type d'expression militaire, de colère et de menace.

A ce moment nous avancions lentement; le feu redoublait, et la position devenait de plus en plus dangereuse; en vain, plusieurs fois j'avais voulu

1. Le duc de Nemours.

enlever mes hommes aux cris de : *En avant!* des balles les arrêtaient court et pour jamais.... On n'avançait plus. Six hommes du bataillon d'Afrique me séparaient du feu des Kabyles. Je prends une résolution, je me retourne vers mes soldats et je leur crie :

« Vous serez tous tués là !... Suivez-moi, en avant ! et je vous sauve ! »

Aussitôt je les entraîne, nous chargeons les Turcs, qui ne tinrent que peu, et la rue fut balayée. Il était temps. Pendant que je parlais à mes soldats, les six hommes qui étaient devant moi avaient disparu dans la boue, et pour courir aux Turcs, j'ai été obligé de sauter par-dessus leurs cadavres.

De la même manière et chassant toujours les Turcs qui se défendaient pied à pied, nous parcourûmes plusieurs rues, entrant dans les maisons desquelles partait le feu le plus nourri. Dans une d'elles, une pauvre femme blessée à la tête d'un coup de baïonnette et une négresse vinrent se jeter à mes pieds : je les rassurai et les fis entrer dans une chambre où était un vieillard qui semblait attendre la mort. Je mis une sauvegarde à leur porte.

Enfin, j'arrivai à une petite place où je retrouvai le commandant Bedeau.... Sur cette place... nous eûmes encore des coups de fusil, mais ce n'était rien en comparaison de ce qui s'était passé.... Un Arabe, s'étant présenté un papier à la main, cria : *Carta, carta!* Cet homme était le fils du cheikh : tout était fini, la ville se rendait.

(Lettres de Saint-Arnaud.)
(Calmann Lévy, Éditeur.)

Bugeaud et Lamoricière

Oran, le 1er février 1841.

Nous avons entendu dire que le père Bugeaud allait prendre les rênes des affaires. Tant mieux! Qu'il vienne donc enfin remonter cette machine qui s'en allait se détraquant chaque jour davantage. Vive Dieu! — Mais, de grâce, que le père Bugeaud nous fasse guerroyer, et nous aurons beau jeu de ces messieurs les Arabes.

Aidé par des lapins comme M. de Lamoricière, il fera de la bonne besogne dans ce pays.

Vive Lamoricière! Voilà ce qui s'appelle mener la chasse avec intellignce et bonheur!

Razzias coup sur coup, réussite complète, bataillons réguliers d'Abd-el-

Kader anéantis presque en totalité, tels sont les résultats prompts et décisifs obtenus par ce jeune général qu'aucune difficulté n'arrête, qui franchit les espaces en un rien de temps, va dénicher les Arabes dans leurs repaires à vingt-cinq lieues à la ronde, leur prend tout ce qu'ils possèdent : femmes, enfants, troupeaux, butin, etc.

Le 27 janvier, il vient encore de nous conduire à douze heures d'ici. Nous sommes partis à six heures du soir, et nous avons marché jusqu'au lendemain 28, à neuf heures du soir. Une centaine de bœufs, deux cents moutons, quelques chevaux et ânes, beaucoup de butin ont été enlevés.

Je vous réponds qu'au printemps, le général aura une petite division solide, avec laquelle il pourra aller loin.

Il ne laisse pas un moment de repos aux soldats. Lorsqu'ils ne battent pas la campagne, ils piochent la terre. Les régiments, à tour de rôle, partent d'Oran pour Messerguin, à six heures et demie du matin, piochent toute la journée et rentrent à sept heures du soir. Lorsqu'ils ne sont pas à Messerguin, ils travaillent à d'autres ouvrages de fortification autour de la ville. C'est comme cela qu'il faut mener le soldat : il n'a pas le temps de penser à son pays, son tempérament se forme, son corps se durcit à la fatigue, et les maladies n'ont plus de prise sur lui. Pourquoi n'avons-nous pas beaucoup de généraux comme Lamoricière?

Je vais toujours bien, les fatigues me font vivre, et la guerre m'entretient. Dieu veuille que j'aille longtemps comme cela !

(Lettres d'un Soldat.)
PAR LE COLONEL DE MONTAGNAC.
(Plon et Nourrit, Éditeurs.)

Une marche d'été en Algérie

Au bivouac, sous Mascara, le 4 juillet 1841.

.... Nous avons quitté Mostaganem le 2, et notre première journée, coupée en deux par une halte de plusieurs heures, qui ne repose pas parce qu'on est sous le soleil, sans eau, sans ombre, dans la poussière, a été des plus pénibles. Nous n'avons cependant que des plaines à traverser. Le bivouac n'a été établi que la nuit. Bien des hommes sont restés en arrière, bien des têtes ont été coupées. Mais le lendemain 3, nous avions quatre lieues de montagnes, un soleil de plomb; aucun bataillon n'avait été choisi pour faire l'arrière-garde. L'ennemi nous suivait froidement et en petit nombre, grâce à Dieu. Au bout de deux heures les traînards augmentaient, le terrain devenait difficile, plusieurs têtes avaient été coupées. Je dis au lieutenant-colonel Renaud, qui était avec moi à l'arrière-garde :

« Si nous n'en finissons pas avec les Arabes, nous aurons plus de deux cents têtes coupées ; il faut un mouvement offensif décidé. »

Ce fut son avis ; nous partîmes aussitôt au galop avec vingt-cinq cavaliers, une compagnie de zouaves et nous chargeâmes les cavaliers qui nous suivaient en tiraillant. Ils ne tinrent pas, nous leur tuâmes deux hommes et deux chevaux, et ils ne reparurent plus que de très loin, comme des bêtes féroces qui suivent leur proie et l'attendent avec calme et certitude. Cependant nous les avons trompés, mais que d'efforts, de supplications, de menaces ! Non, pour les épaulettes de général, je ne voudrais pas recommencer la vie que j'ai faite dix heures de suite le 3 juillet ! A peine les coups de fusil avaient-ils cessé que les traînards ont abondé par vingtaines, par centaines de tous les corps, de tous les régiments. Ce malheureux bataillon de chasseurs à pied, qui débutait en Afrique, était à la débandade. Il était d'avant-garde, par conséquent à près de deux lieues de moi, et je ramassais ses hommes à l'arrière-garde. J'ai vu là tout ce que la faiblesse et la démoralisation ont de plus hideux. J'ai vu des masses d'hommes jeter leurs armes, leurs sacs, se coucher et attendre la mort, une mort certaine, infâme. A force d'exhortations, ils se levaient, marchaient cent pas et, accablés de fatigue, affaiblis par la dysenterie et la fièvre, ils retombaient encore et, pour échapper à mes investigations, allaient se coucher, en dehors de ma route, sous les buissons et dans les ravins. J'y allais, je les débarrassais de leurs fusils, de leurs sacs ; je les faisais traîner par mes zouaves, j'en ai fait monter sur mon cheval jusqu'à ce que j'eusse sous la main les sous-officiers de cavalerie, seuls moyens de transport que nous ayons eus à l'arrière-garde. J'en ai vu beaucoup me demander en pleurant de les tuer, pour ne pas mourir de la main des Arabes ; j'en ai vu presser avec une volupté frénétique le canon de leur fusil, en cherchant à le placer dans leur bouche, et je n'ai jamais mieux compris le suicide. Eh bien, pas un n'est resté en arrière, pas un ne s'est tué ; beaucoup sont morts asphyxiés, mais ce n'est pas ma faute. Toujours le dernier de l'armée, je n'ai pas quitté un buisson, un ravin, avant de l'avoir fouillé, et ma récompense ne se faisait pas attendre, quand, vingt minutes après, ces mêmes buissons, ces mêmes ravins étaient visités par les Arabes, qui venaient y chercher la proie que je leur avais arrachée.

(Lettres de Saint-Arnaud.)
(Calmann Lévy, Éditeur.)

La guerre d'Afrique

Mostaganem, 25 novembre 1841.

Je vais donc, au premier jour, reprendre pour la sixième fois la fameuse route de Mascara. Grand convoi, préparatifs immenses, transport de moulins, de matériaux de toutes les façons, de graines, de charrues, etc., installation vigoureuse pour trois ou quatre mois. On labourera, on sèmera, on cultivera, on bâtira, on fortifiera, on tuera, on rasera, on pillera, on dévalisera, on videra les silos, on fera des beys de toutes les couleurs, des rouges, des bleus, des verts; les tribus accourront avec leurs femmes, leurs enfants, leurs chameaux, leurs chèvres, leurs moutons, leurs bœufs, leurs poules, leurs chiens : voilà des succès, voilà de brillants résultats! la France en retentira, et Abd-el-Kader en rira jaune. Plaisanterie à part, ce séjour que nous allons faire à Mascara, et que nous allons employer très activement, produira son effet, j'en suis persuadé : des tribus, aujourd'hui chancelantes, viendront à nous; de tous les côtés on parle de défections. — Ces jours-ci, le général Levasseur, avec sa petite division d'Oran, est allé chercher, à vingt-cinq lieues, la tribu des Smélas, qui est venue à Oran avec 400 cavaliers, 200 chameaux, des femmes et des bêtes de toutes couleurs. Jamais les affaires d'Afrique n'ont été aussi avancées, et, grâce à l'opiniâtreté du père Bugeaud, elles sont en bon chemin.

Me voilà encore remis sur le chantier pour quelque temps; vive la joie et les coups de fusil! Le père Lamoricière me garde ici, bon gré mal gré, et m'a donné un beau bataillon de grenadiers et de voltigeurs réunis; avec cela, vois-tu, on passe tous les Rubicons du monde, et l'on franchit l'Atlas comme l'aigle au vol rapide. Le père Lamoricière se charge de mon avenir, je le lui abandonne; qu'il en dispose à son gré! J'ai du sang dans les veines, une machine bien trempée, deux bons chevaux, l'amour de la guerre, c'est-à-dire tout ce qu'il faut pour galoper franchement vers l'avenir. Ne trouves-tu pas que l'étoile commence à briller au-dessus de mon horizon? Eh bien, si j'étais en France, je serais encore, moi, pauvre capitaine, à apprendre à de malheureux conscrits la position du premier rang. L'Afrique est bonne à quelque chose, vois-tu, quand ce ne serait qu'à pousser quelques honnêtes gens.

(Lettres d'un Soldat.)
PAR LE COLONEL DE MONTAGNAC.
(Plon et Nourrit, Éditeurs.)

A Mascara

19 décembre 1841.

Nous sommes donc à Mascara depuis le 1er décembre au soir : douze mille hommes environ, jetés au milieu d'une ville immense en ruine, presque sans moyens d'existence, pour les hommes comme pour les bêtes, et sans bois. Autour de nous, des plaines arides. Heureusement, dans ce pays qui a l'air d'un désert, la terre[1] renferme des trésors. C'est elle qui se chargera de nous fournir toutes nos ressources, toutes nos richesses. Mais comment les découvrir, ces greniers inépuisables? Le sol que nous foulons semble vouloir nous cacher avec soin ses antres mystérieux.

Enfin, nous voilà à trente lieues de nos bases d'opération, transplantés, comme par enchantement, au milieu de cette ville où, depuis six mois, deux bataillons sont occupés journellement à tirer des décombres quelques édifices habitables. Nous voilà, dis-je, sans autres approvisionnements que ceux qui ont été apportés dans cette ville pour alimenter, pendant quelques mois, une faible garnison; et, qui plus est, nous y arrivons au moment où un troupeau de trois cents bœufs, un grand nombre de chèvres et de moutons, que nous y avions conduits à grands frais, viennent d'être enlevés, ainsi qu'un officier d'état-major. Il ne nous reste, pour sustenter les estomacs de douze mille individus, que deux cent quatre-vingts bœufs bien grêles, bien chétifs. Vous croyez que pour cela nous allons mourir de faim? Pas du tout; — du jour au lendemain, nous tombons en quelque sorte dans l'abondance. Le 1er au soir, nous nous nichons dans nos turnes; le 2, on s'établit tant bien que mal; on fait des murs d'enceinte, on se ferme, on se loge : ce sont les fourmis à l'œuvre; le 3, on achève les travaux ébauchés, et le 4, à six heures du matin, branle-bas général. Toutes les troupes de la division mettent le cap à l'est plein. Nous voilà en campagne au gré du destin, et liant notre vie à une ombre d'espérance qui peut nous échapper.

A deux heures de l'après-midi, nous arrivons sur un terrain couvert de silos. La terre s'ouvre partout et partout nous montre ses trésors cachés : c'est de l'orge, c'est du blé, c'est du sel en abondance et toutes espèces d'approvisionnements. Tout le monde est bientôt à l'ouvrage, et chacun remplit sa sacoche de misère : chaque soldat se charge de quinze kilos de blé; il n'y a plus assez de bêtes de somme, de chevaux de cavalerie pour trans-

---

1. Allusion aux silos où les Arabes enfouissaient leurs grains.

porter tout ce que ces greniers souterrains nous vomissent de ressources de tout genre.

On reste donc, le 5 et le 6, à se nourrir, bêtes et gens, sur les silos, et le 6 dans l'après-midi, on regagne lourdement Mascara, où l'on traîne d'immenses provisions. Nous y entrons le 7 au soir. Nous ne prenons que le temps nécessaire pour nous décharger de la razzia de la veille, et, le 8, à six heures du matin, nous voilà repartis dans une nouvelle direction. A midi, nous rencontrons les silos ; mêmes richesses, nouveau convoi aussi abondant que le premier.

Notre existence commence à s'assurer. Le 10, après avoir enlevé tout ce que les Arabes avaient si précieusement enfoui, nous regagnons nos magasins qui attendent béants qu'on leur verse ces belles récoltes. Le 14, nous regagnons de nouveau les montagnes, et nous tombons sur de nouvelles mines de blé et d'orge plus abondantes que jamais. Malheureusement le mauvais temps s'en mêle, et nous arrête dans nos travaux ; pourtant, malgré les difficultés que nous avons à vaincre, notre chargement est complet, et nous rapportons des masses de grains et de paille. Nous sommes en repos depuis cette dernière rentrée, à cause du mauvais temps qui nous empêche de tenir la campagne.

Vous avez bien du blé, comment vous en tirez-vous pour l'employer à la nourriture de vos hommes ? me direz-vous. Eh bien, chaque soldat est devenu maçon, meunier, boulanger — et surtout consommateur. Dans chaque compagnie on élève des fours, dans chaque compagnie il y a un certain nombre de moulins arabes portatifs, et qui se manœuvrent à la main ; on fait de la farine, on fait de la bouillie, des galettes, et même du pain. Se met-on en campagne, les petits moulins, qui sont tout bonnement deux meules de pierre d'un pied, un pied et demi de diamètre, les petits moulins sont portés par des bourricots, et, aussitôt arrivés au bivouac, ils fonctionnent ; la farine se fait, et le troubadour s'applique bientôt sur la conscience une épaisse pâtée, très saine et très nourrissante. Le brave Lamoricière a donc résolu le grand problème de faire vivre le soldat en Afrique. Parfaitement instruit de toutes les ressources du pays, il met le doigt sur toutes ses richesses incalculables, et trouve le moyen, au milieu de véritables déserts, de faire vivre sa petite armée mieux que sur aucun des autres points d'Afrique où nous avons des hommes et des chevaux. Tout ce que fait le général Lamoricière à Mascara est admirable ; il sort de cette tête de soldat des idées plus brillantes, plus lumineuses tous les jours. Jamais homme n'a eu plus de difficultés à vaincre, et jamais homme ne s'est tiré d'un pareil dédale avec plus d'audace, plus d'intelligence que lui. Entouré de gens incapables de lui donner une idée, et toujours disposés à lui jeter des bâtons dans les jambes, il a trouvé, dans son génie, dans son activité, dans sa fermeté, tous les moyens de créer, de renverser, de réédifier de nouveau, enfin d'établir son installation sur des bases solides, pour les trois ou quatre mois que sa division doit y séjourner, et d'assurer, pour la campagne du printemps prochain, des garanties d'existence à l'armée qui devra expéditionner de ce côté. Le général Lamoricière est un homme bien supérieur à tous les autres, et on ne l'élèvera jamais assez dans l'opinion publique. Quant à moi, je renonce à trouver des expressions suffisantes pour rendre à ce brave général le tribut d'éloges qu'il mérite. Dans des circonstances qui auraient, sans doute, arrêté net tout autre homme que lui, et pouvaient nous mettre à deux doigts de notre perte, il s'est montré au-dessus de tout ce qu'on peut dire.

Les affaires de cette province prennent une tournure des plus avantageuses pour nous; partout les tribus sont en souffrance, et n'attendent que le moment de se soustraire au joug d'Abd-el-Kader. Les Hachems seuls, la tribu la plus considérable des environs de Mascara, tiennent fermement à la cause de leur chef; mais nous allons passer quelques mois à les traquer en tous sens, et je ne doute pas que nous ne finissions par les fatiguer tellement qu'ils se décident à prendre un parti.

Cependant notre troupeau commençait à diminuer; nous étions au bout de nos lanières; il fallait absolument de la viande.

Le 21, nous recevons l'ordre de filer à minuit sans tambours ni trompettes. A la pointe du jour nous tombons sur une tribu qui se croit parfaitement à l'abri dans ses excavations et ses ravins escarpés. Le régiment de spahis est lancé, nos deux bataillons d'élite, qui font tête de colonne, se précipitent dans toutes ces anfractuosités presque infranchissables; deux heures après, nous ramenions 614 bœufs, 684 moutons, 400 ânes, 60 chevaux ou mulets, et 180 prisonniers, hommes, femmes et enfants; vous voyez que nous avons un peu renchéri sur la prise que les Arabes nous ont faite il y a quelques semaines.

Cette razzia nous a parfaitement réussi; elle est d'autant plus avantageuse que nous commencions à être à la portion congrue pour la viande. Vous voyez que la Providence nous protège.

Nous avons tué une cinquantaine d'individus. Ce genre d'expédition a quelque chose de très bizarre et offre, en même temps, des scènes bien pénibles. Aussitôt l'emplacement de la tribu connu, chacun se lance, se disperse dans une direction quelconque; on arrive sur les tentes, dont les habitants réveillés par l'approche des soldats, sortent pêle-mêle avec leurs troupeaux, leurs femmes, leurs enfants; tout ce monde se sauve dans tous les sens; les coups de fusil partent de tous les côtés sur les misérables surpris sans défense; hommes, femmes, enfants poursuivis, sont bientôt enveloppés et réunis par quelques soldats qui les conduisent. Les bœufs, les moutons, les chèvres, les chevaux, tous les bestiaux, enfin, qui fuient sont vite ramassés.

Celui-ci attrape un mouton, le tue, le dépèce : c'est l'affaire d'une minute ; celui-là poursuit un veau avec lequel il roule dans le fond d'un ravin ; les autres se jettent sous les tentes, où ils se chargent de butin ; et chacun sort de là affublé, couvert de tapis, de paquets de laine, de pots de beurre, de poules, d'armes et d'une foule d'autres choses que l'on trouve en très grande quantité dans ces douars souvent très riches. Le feu est ensuite mis partout à ce que l'on ne peut emporter, et bêtes et gens sont conduits au convoi ; tout cela crie, tout cela bêle, tout cela brait ; c'est un tapage étourdissant. On quitte enfin la position, fier de son succès ; alors commence la fusillade ; les cavaliers qui d'abord avaient pris la fuite reviennent lorsqu'ils voient la colonne leur tourner le dos ; ils harcèlent les arrière-gardes, on leur riposte, on les éloigne, et l'on rentre avec ses prises, glorieux trophées d'une brillante journée.

Aussitôt arrivés, grande distribution de moutons, de chèvres, etc. Tout le monde est satisfait : les voraces se sont rempli l'estomac ; le général en chef a grossi ses approvisionnements. Ses soucis sur l'existence de sa troupe ont cessé, chacun envisage l'avenir avec quiétude et s'endort en attendant une nouvelle marche de nuit.

Mais, hélas! les beaux jours sont passés, l'hiver à la figure livide nous jette sans pitié son manteau de frimas sur les épaules. Nous voilà dans les neiges, dans les glaces ; les dégels s'ensuivent, les pluies, les ouragans. Devant cette épouvantable débâcle de l'atmosphère en courroux, nos malheureuses baraques en ruines s'écroulent, les nouveaux édifices, construits pendant l'été avec du simple mortier, se délayent sous les torrents de pluie qui crèvent de partout ; de tous les côtés, des éboulements, des écroulements, des accidents, des sinistres ; ce sont des bestiaux écrasés sous les décombres, des hommes assommés par des murailles qui s'affaissent ; enfin c'est un véritable désastre. Nos magasins se remplissent d'eau, nos vivres se détériorent, nos fours s'écroulent, nos moulins mal outillés se brisent. Tout est en désarroi, par la faute d'un génie peu constructeur, qui avait édifié à grands frais, pendant l'été, avec des matériaux manquant de solidité, et sans calculer les éventualités d'un hiver rigoureux. L'expérience de quelques gens du pays aurait pourtant pu guider nos ingénieurs militaires ; mais leur morgue indélébile les a jetés dans une fausse voie, dont nous sortons boueux et trempés jusqu'aux os.

(Lettres d'un Soldat.)
PAR LE COLONEL DE MONTAGNAC.
(Plon et Nourrit, Éditeurs.)

Une tourmente dans la neige

Mascara, 31 mars 1842.

Le 10, nous sommes partis de Mascara, emportant environ six jours de vivres, et nous nous sommes dirigés sur des silos. Là, nous avons encore pris du blé pour dix jours, de l'orge pour six, et en avant la brigade! Le soleil est brillant; le ciel nous promet une série de beaux jours. Il faut en profiter pour anéantir ce qui veut encore nous opposer une certaine force d'inertie. Nous louvoyons dans la broussaille, dans les rochers, dans les montagnes, nous attrapons quelques troupeaux, quelques prisonniers; mais ce n'est pas encore ce qu'il nous faut. Le 15, les deux bataillons d'élite, déchargés de leurs sacs, partent à trois heures du matin, précédés des spahis et de quelques chasseurs, et, à huit heures du matin, tombent sur des douars assez considérables de la tribu des Sdamas, leur enlèvent environ quatre mille têtes de bétail, une centaine de prisonniers, des chevaux, des mulets, des ânes et un butin immense de tapis, tentes, riches étoffes, armes et objets de luxe; en un mot, font une razzia complète. Au nombre des prisonniers se sont trouvés un marabout très influent et un capitaine des réguliers d'Abd-el-Kader.

Les résultats de cette affaire ont été la soumission de cette partie de la tribu. Le marabout et les autres prisonniers nous ont indiqué des silos très abondants, où nous sommes allés vivre pendant deux jours. Ils nous ont mis à même d'attraper encore quelques individus qui ne se défiaient pas de nous et vivaient, dans la plus parfaite sécurité, sur les abondants silos qu'ils avaient creusés au fond de gorges dont Dieu seul et eux devaient connaître l'emplacement. Deux femmes furent prises qui nous indiquèrent la réunion de quelques douars, à deux journées de marche des silos que nous vidions. Le 22, à trois heures et demie du matin, voilà encore les deux bataillons d'élite en branle avec la cavalerie, et, à sept heures, nous tombions, après avoir risqué cent fois de nous briser les reins, dans une gorge très profonde où se reposait en paix, loin de nous, une population assez nombreuse. Nous lui enlevons tout ce qu'elle possédait, en chevaux, bestiaux et butin, et nous lui faisons cent cinquante prisonniers.

Les malheureux n'avaient pas eu le temps de se sauver; nous les trouvions blottis comme des lièvres dans les épais maquis qui couvrent ces montagnes sauvages. Les trois quarts de ces pauvres diables étaient trahis par leurs chiens, qui se mettaient à aboyer quand ils nous sentaient passer à portée des buissons où ils étaient cachés, et l'on trouvait là-dessous toute une famille. Quelques individus, se voyant découverts, essayaient de se sauver; mais un coup de fusil leur arrivait aussitôt au « débucher ». C'était une vraie traque. Après cette journée pénible, nous sommes venus encore nous approvisionner sur des silos, et nous sommes rentrés à dix heures du soir au camp que nous avions quitté le matin. Nous y avons trouvé la colonne commandée par le général d'Arboville, qui, venue de Mostaganem, s'est jointe à nous, pour opérer dans une autre direction, en coordonnant ses mouvements aux nôtres, afin de couper toutes les populations en désordre qui ne pouvaient guère faire autrement que de se jeter sur l'une ou sur l'autre des deux colonnes. C'est en effet ce qui est arrivé.

Les prisonniers que nous avions faits le 22 nous mirent encore sur les traces de quelques habitants chez qui nous devions trouver des armes, de la poudre et des vivres en abondance. Le 24, nous sommes arrivés sur les lieux, après une marche de nuit très pénible, et nous n'avons rien découvert. Le temps était sombre et glacial, le vent soufflait avec force, nous annonçant quelque bourrasque terrible. Après nous être arrêtés juste ce qu'il fallait pour visiter et fouiller le pays, nous nous mettons en marche, nous dirigeant vers l'emplacement où la colonne, qui était partie trois heures après nous, devait s'établir. Le colonel Yousouff, qui était, avec ses spahis, en tête de notre petite colonne d'élite, aperçoit, dans le lointain, deux points blancs; il pousse immédiatement en avant quelques-uns de ses cavaliers, et bientôt ceux-ci nous appellent avec toute l'énergie d'hommes qui ont découvert quelque chose d'extraordinaire. Au même instant la neige se met à tomber à gros flocons, nous prenons le pas de course, et nous voilà avec la cavalerie au milieu de cinquante-neuf douars de quinze à vingt tentes chacun, fuyant dans toutes les directions, abandonnant femmes, enfants, troupeaux, bêtes de somme chargées et un butin immense.

Malheureusement la neige augmente, on ne se voit plus à dix pas : nous sommes dans des bois épais, pêle-mêle avec les Arabes qui fuient, les chevaux qui renversent leurs charges, les chameaux qui se sauvent. Les femmes, les enfants accrochés dans les épaisses broussailles qu'ils sont obligés de traverser, se rendent à nous. On tue, on égorge; les cris des épouvantés, des mourants se mêlent au bruit des bestiaux qui mugissent, bêlent de tous côtés : c'est un enfer où, au lieu de feu qui nous grille, la neige nous inonde. Le temps est toujours plus atroce, et donne encore à toutes ces scènes d'horreur un caractère plus lugubre. Chaque soldat arrive avec quelques pauvres femmes ou enfants qu'il chasse, comme des bêtes devant lui, ou tient, par le cou, un homme qui veut encore résister. Le troupeau se grossit des contingents qui sortent de partout, et le nombre de nos prisonniers augmente; nos soldats,

Le colonel Yousouff en tête de notre petite colonne d'élite.

malgré la tempête, battent les bois et cherchent à ramasser quelque chose, la cavalerie est sur les traces d'un nombreux convoi qu'elle finit par atteindre; mais les difficultés du terrain sont trop fortes pour qu'elle puisse rien ramener. — Une section des carabiniers du 15ᵉ léger (1ᵉʳ bataillon d'élite), qui était jointe à mon bataillon, arrive aussi sur une caravane qui fuit; elle la coupe, elle essaye de diriger la prise considérable qu'elle a faite; mais les précipices qu'il lui faut franchir sont glissants, la neige les encombre, les animaux s'y enfoncent, elle ne peut venir à bout de se tirer de là qu'en abandonnant une partie de ce qu'elle a pris. La voilà donc voguant à l'aventure, à une demi-lieue du point de ralliement où le noyau du bataillon est resté; elle cherche son chemin pour nous rejoindre, mais la neige, qui tombe toujours, l'empêche de voir à deux pas ; — elle s'égare!... Pendant ce temps-là, les autres portions du bataillon, qui chassaient dans les différents sens, amènent prisonniers et bestiaux, et, dans l'espace d'une heure, on a rassemblé trois cents individus et plus de six mille têtes de bétail. — On ne sait que faire de cet immense butin.

Nous n'attendons plus, pour nous mettre en mouvement et rejoindre le camp, dont nous devons être à deux lieues environ, que la rentrée de la section de carabiniers qui opère pour son compte. Nous faisons toutes les sonneries, toutes les batteries possibles, des feux de peloton, de bataillon (autant que les armes veulent bien partir), personne ne revient.... Plusieurs heures se passent à attendre, la bourrasque va toujours croissant, la nuit approche, la position du camp n'est pas exactement connue, il faut pourtant prendre un parti. — Nous nous décidons à abandonner l'immense troupeau que nous avons réuni, et qui embarrasserait notre marche, et à emmener seulement les prisonniers. Encore une fois, parmi ces prisonniers se trouve un homme qui peut nous guider vers l'endroit où le général Lamoricière est campé avec toute sa division et son convoi. Après deux heures de marche pénible, nous arrivons enfin au bivouac, où fument, de loin en loin, quelques feux que la violence de la neige empêche de brûler. — Il y a partout un pied de neige; hommes et chevaux, tout est couvert d'un manteau de frimas; l'aspect du bivouac a quelque chose de sinistre. — On n'entend que le bêlement des moutons et les cris de quelques malheureux enfants que nous avons pris, et qui meurent de froid dans les bras de leurs mères. La nuit est close; les pâles rayons de la lune essayent de se faire jour à travers l'épais voile de neige qui s'est interposé entre cette planète et la terre, et laissent entrevoir quelques scènes déchirantes. Autour d'une grande tente d'ambulance sont groupés nos prisonniers; une masse de femmes entassées les unes contre les autres, et qui n'ont pu trouver asile sous la tente, sont exposées aux intempéries de cette nuit horrible; elles pressent sur leur sein leurs enfants que le froid a déjà engourdis; leurs gémissements se mêlent aux cris plaintifs de ces pauvres petites créatures ; on essaye en vain d'allumer un peu de feu autour d'elles ; le vent, la neige s'y opposent ; on les aide de toutes les ressources que l'on peut réunir, on leur donne toutes les couvertures dont l'ambulance peut disposer ; mais le froid est trop intense, et toutes ces précautions sont inutiles.

La neige augmente toujours ; la pluie vient ensuite grossir ce gâchis au milieu duquel gisent hommes, chevaux, bagages, etc. Je ne puis mieux vous mettre à même de juger de ce coup d'œil qu'en vous priant de vous reporter au tableau de Gros représentant le champ de bataille d'Eylau. — A quatre heures, on bat la diane. — C'est tout au plus si le bruit sourd du tambour peut se faire entendre ; les hommes, harassés de la veille, sont sous la neige ; le froid les a saisis, ils sont hébétés. Ils vous regardent d'un air stupide lorsqu'on leur dit de se lever, de se remuer pour se réchauffer, de faire du feu afin de manger quelque chose de chaud. Ils restent plantés comme des automates ; quelques officiers et sous-officiers énergiques sont obligés de jouer du bâton pour stimuler un peu ces images de Dieu que le froid a anéanties. Voyant que, dans mon bataillon, je n'obtenais pas ce que je voulais, je prends le pas de course, et me voilà sautant à pieds joints sur tout ce que je rencontre par terre : j'attrape une figure d'un côté, je marche sur le ventre à l'un, j'applique de grands coups de pied à d'autres ; enfin, en un clin d'œil, tous ces fantômes sont debout et se sauvent dans toutes les directions, de peur d'avoir quelques taloches de moi. Un instant après, toutes ces machines, qui avaient l'air d'avoir la mort dans le dos, apportent du bois, font du feu, et ont bientôt l'estomac garni d'un peu de bouillie de farine ou d'un gobelet de café. Il fallait prendre ce parti-là pour vaincre la démoralisation qui commençait à les gagner. A dix heures du matin, nous levons notre triste camp, et nous nous dirigeons vers l'emplacement où, la veille, nous avions fait cette fameuse razzia, et où nous avions laissé plus de six mille têtes de bétail. Le terrain que nous parcourons est jonché de cadavres de chèvres, de moutons, morts de froid ; quelques hommes, femmes et enfants gisent dans les broussailles, morts ou mourants. Partout des bagages abandonnés, des tapis, des tentes, toute espèce d'objets.

Nous prenons la route d'une petite ville appelée Frendah. Le temps est encore plus épouvantable que la veille ; ce n'est plus de la neige, c'est de la pluie qui tombe à flots, avec un vent très violent ; le froid est excessif. Nous semons partout nos bestiaux sur la route, ils meurent ou se blottissent sous les buissons ; impossible de les faire avancer. Enfin, à huit heures du soir, nous arrivons à cette prétendue ville ; c'est un amas de petites baraques à terrasses ; on y case toute la division. Nous y sommes entassés comme des harengs ; bien heureux de trouver ces abris. La nuit est encore très mauvaise,

le lendemain, le soleil, qui ne s'était pas montré depuis près de trois jours,
reparaît radieux ; on se sèche, on se nettoie ; — voilà nos vicissitudes oubliées.
Nous passons la journée à Frendah, et le 27, à cinq heures du matin, nous
quittons ces turnes qui nous ont été d'un si grand secours, pour mettre le cap
sur Mascara, où nous arrivons le 31.

(*Lettres d'un Soldat.*)
PAR LE COLONEL DE MONTAGNAC.
(Plon et Nourrit, Éditeurs.)

La mort de Si-Zerdout

Philippeville, 15 mars 1845.

Le 5, le colonel Barthélemy me fait appeler à six heures du matin : « Le refuge de Si-Zerdout est connu, vous allez l'enlever, me dit-il ; combien voulez-vous d'hommes pour ce coup de main ? — Donnez-moi, lui répondis-je, deux compagnies de grenadiers et deux de voltigeurs ; avec cela et l'appui de la Providence, nous ferons de la besogne. »

Le secrétaire de Si-Zerdout était arrivé au camp dès l'aube. Il se chargeait de nous conduire à l'endroit où se trouvait son maître, et que lui seul connaissait. Me voilà donc guidé par cet ignoble brigand. Au bout de deux heures de marche, le traître me dit : « Il y a là, derrière cette montagne, un ravin très profond couvert de buissons, de broussailles impénétrables ; dans cette direction (qu'il m'indiquait du doigt) est Si-Zerdout ; il est caché dans un fond garni de fourrés très épais. »

D'après ces renseignements, il ne me restait plus qu'à entourer mon homme, comme un renard, par un cercle de soldats qui irait toujours se resserrant, vers le point où il était réfugié. Je fis donc prendre le haut du ravin par deux compagnies de grenadiers qui devaient se mettre à cheval sur le ravin et se déployer de manière à garder les deux versants par un arc de cercle ; je fis faire la même manœuvre aux deux compagnies de voltigeurs, et ces quatre compagnies d'élite, ainsi déployées, devaient former, en se dirigeant l'une vers l'autre, et en se resserrant, un cordon d'où il était impossible que notre ennemi s'échappât, s'il était réellement au point que m'avait indiqué le guide. Je fis, en outre, déployer, sur les deux flancs du ravin, les spahis à cheval en arrière des fantassins, pour pouvoir saisir tout ce qui s'échapperait ; enfin, tous ces ordres donnés, toutes ces dispositions prises, il me semblait, comme il te semblera à toi, que tout cela allait marcher comme sur des roulettes.

Tu vois clairement les grenadiers descendant le ravin, en décrivant un arc de cercle, et les voltigeurs le montant, en en décrivant un autre; tu crois que cette petite manœuvre bien simple fut exécutée? Eh bien, pas du tout!

Heureusement, en matière militaire, comme en toute autre chose, je ne m'en rapporte guère qu'à ce que je vois. J'ai la conviction (conviction que l'expérience accroît tous les jours) que les trois quarts des hommes, prétendus militaires, n'ont pas l'instinct du métier et, par conséquent, ne comprennent pas les choses les plus simples de la guerre. Avec cette conviction intime, je me multiplie, je suis partout et je vois tout. Je me mis donc bientôt en mouvement pour veiller à l'exécution des ordres que j'avais donnés; je franchis avec mon pauvre petit cheval les rochers, les broussailles; je manquai de me tuer deux ou trois fois, mon cheval ayant roulé sur moi; enfin j'arrive, et que vois-je?... Les deux compagnies de grenadiers qui, au lieu de descendre le ravin doucement en se resserrant, en fouillant partout, l'avaient descendu comme des corneilles qui abattent des noix, et, ayant rencontré les voltigeurs qui remontaient, se dirigeaient comme eux, en remontant aussi!... Si j'avais pu attraper un fusil, dans ce moment-là, je tuais l'officier qui venait de me faire une pareille brioche!... Le haut du ravin n'était donc pas gardé, et Si-Zerdout pouvait fuir tout à son aise. Quoique le coup me parût à peu près manqué, je fis aussitôt prendre le pas de course aux deux compagnies de grenadiers, en leur ordonnant de couper le ravin à deux cents pas de là; il était temps : au moment où les premiers grenadiers arrivèrent, ils aperçurent quelque chose qui se glissait dans le fond du ravin, sous les broussailles; c'était Si-Zerdout. Il fut fusillé; sa femme et quatre enfants furent pris à hauteur de l'endroit où j'avais fait rebrousser chemin aux grenadiers.

Si-Zerdout était dans la province de Constantine ce qu'était Abd-el-Kader dans les provinces d'Oran et d'Alger; la prise de cet homme est donc de la plus haute importance pour les affaires de ce pays. C'est lui qui, en 1842, avait attaqué le camp d'El-Arouch, à huit lieues d'ici. Il avait fait accroire à ses populations qu'aussitôt qu'il se présenterait devant le camp, les Français seraient changés en statues de sel. En effet, il s'approcha avec une branche à la main jusqu'à trente pas du fossé de la redoute; on lui tua son cheval, les troupes sortirent, et l'on culbuta tous ses gens, qui furent fort étonnés de nous trouver en selle et non en sel. C'est lui qui, au mois d'août 1842, a attaqué Bougie; c'est lui enfin qui soulevait tout le pays.

(*Lettres d'un Soldat.*)
PAR LE COLONEL DE MONTAGNAC.
(Plon et Nourrit, Éditeurs.)

Si-Zerdout s'approcha, une branche à la main.

Une marche d'hiver en Algérie

Milianah, le 8 février 1843.

Le 3, sur une dépêche du gouverneur[1], je me mettais en route pour aller le rejoindre dans les montagnes. Il me donnait rendez-vous pour le 5 à Haïmda; impossible d'y arriver en un jour. Figure-toi des chemins difficiles pour des chèvres. J'y ai cependant fait passer ma colonne, artillerie, cavalerie et tout. Le lendemain 4, je descendais à Haïmda, je brûlais tout sur mon passage et détruisais ce beau village, mais impossible encore d'aller plus loin. Il était deux heures, le gouverneur était parti. Les feux, qui brûlaient encore dans les montagnes, m'indiquaient la marche de sa colonne, qui se dirigeait sur Zatima, où j'avais l'intention de me rendre le lendemain. Le gouverneur pouvait aussi voir mes feux, entendre mon canon, ma fusillade, car je me battais aussi et bien, je t'assure. Le ciel a dérangé nos projets. Vers cinq heures du soir, le temps s'assombrit, le tonnerre gronda, la tempête éclata furieuse.... A minuit, nous étions dans six pouces de neige et le lendemain dans un pied. Ma position était critique, la neige avait fait disparaître tout sentier. Mes guides ne pouvaient me mener ni à Cherchell, ni à Zatima. Retourner sur mes pas était impossible. Comment franchir, avec la neige, des sentiers qui m'avaient coûté tant de peine, éclairés par un beau soleil? Le temps, noir partout, menaçait d'être mauvais longtemps. Il fallait sortir des montagnes à tout prix; trois lieues infranchissables me séparaient du gouverneur. Mon parti fut bientôt pris. Je rassemblai mes officiers, je leur exposai notre situation, je leur dis que je comptais sur leur courage, que je les exhortais à faire passer dans l'âme de leurs soldats une partie de la force morale qui les animait, et je pris l'engagement de les ramener en deux jours dans la plaine. Puis, muni de bons renseignements, je me mis en marche et me dirigeai à travers les montagnes, en me faisant frayer un chemin dans les neiges, sur Beni-Naâsseur, où je savais qu'il existait un gros bourg nommé Médina-el-Cantara. La dernière nuit passée dans la neige avait fait souffrir hommes et bêtes. Un homme du 26ᵉ était mort gelé en faction. Il ne me fallait pas une seconde nuit semblable, ou j'étais perdu. Un abri était indispensable et je l'ai eu. Après des efforts inouïs, j'étais à trois heures en vue de Médina-el-Cantara. Les Arabes ne m'attendaient pas, ils étaient chez eux. Si le chemin qui mène

---

1. Le général Bugeaud.

à ce bourg eût été praticable, je les prenais tous. Malheureusement il fallut faire travailler le génie pour faire passer les chevaux et les pièces. Cela me fit perdre une heure et les Arabes eurent le temps de fuir. Cependant, j'accours avec une seule compagnie, j'enlève le village assez facilement à la baïonnette et en recevant quelques coups de feu sans les rendre. A six heures du soir, quinze cents hommes, artillerie, cavalerie, troupeaux, tout était logé et à l'abri dans des maisons. La nuit a été horrible pour ceux qui étaient dehors, mais bonne pour nous. Le lendemain, le jour nous a montré deux pieds de neige, plus de chemins, plus rien, de la neige, encore de la neige. Impossible de rester là, les chevaux et le troupeau mouraient de faim. Il fallait partir! Je me mets en route, et à peine avais-je fait quelques centaines de mètres, quel spectacle... et que la guerre m'a semblé hideuse! Des tas de cadavres pressés les uns contre les autres et morts, gelés pendant la nuit! C'était la malheureuse population des Beni-Naâsseur, c'étaient ceux dont je brûlais les villages, les gourbis et que je chassais devant moi... Je m'éloignai en détournant les yeux, assez inquiet pour moi, car je n'avais plus de guide capable de me montrer le chemin. C'était une retraite de Russie au petit pied.... Enfin, après mille tâtonnements, je parviens à amener ma colonne sur le sommet d'une montagne, du haut de laquelle j'aperçois la plaine. C'était pour nous le paradis. Je me reconnais, j'étais chez les Brazes, et je pus encore, en descendant le versant sud, tomber sur leurs troupeaux et brûler leurs gourbis. Sans le mauvais temps, je faisais une razzia magnifique, mais j'avais de quoi faire manger du mouton à mes soldats et la gaieté avait reparu, les chants se faisaient entendre... A six heures du soir, mon arrière-garde entrait à Milianah.

(Lettres de Saint-Arnaud.)
(Calmann Lévy, Éditeur.)

La bataille d'Isly
(1844)

La journée du 12 août avait été consacrée par le maréchal à la rédaction des instructions données à chaque chef de corps. Il était fatigué plus que de coutume et il s'étendit sur son lit de camp, immédiatement après notre dîner.

Dans la matinée, deux régiments de cavalerie, arrivant de France, étaient venus nous rejoindre, et les officiers des chasseurs d'Afrique et des spahis avaient invité tous les officiers du camp, que ne retenait pas leur service, à un punch donné en l'honneur des nouveaux arrivés.

Sur les bords de l'Isly, ils avaient improvisé un vaste jardin dont l'enceinte et les allées étaient formées par de splendides touffes de lauriers-roses et de lentisques. Des portiques en verdure garnissaient l'allée principale qui conduisait à une vaste plate-forme également entourée de lauriers-roses. Tout cet emplacement était splendidement illuminé par des lanternes en papier de diverses couleurs. Que ne trouve-t-on pas dans un camp français?

En voyant ces nombreux officiers de tout grade et de toutes armes réunis dans ce lieu pittoresque, mes camarades et moi, composant l'état-major du maréchal, regrettâmes vivement son absence. Il eût trouvé là une de ces occasions qu'il recherchait, de se mettre en communication directe avec ses compagnons d'armes. Mais il était terriblement fatigué, et qui oserait troubler son repos?

Moins astreint que mes amis aux règles sévères de la hiérarchie militaire, je me chargeai de la commission, et retournai à nos tentes.

Il s'agissait de réveiller notre illustre chef. Je reçus une rude bourrade. Mais il était si bon! En deux mots je lui expliquai le motif de ma démarche. Il se couchait tout habillé; aussi n'eut-il qu'à mettre son képi à la place du *casque à mèche* légendaire qui a donné lieu à la fameuse marche *la Casquette du père Bugeaud*, et nous voici partis! Il maugréa bien encore un peu durant le trajet de sa tente au jardin improvisé, car il nous fallut marcher pendant plus d'un kilomètre à travers les inégalités du terrain, embarrassés par les cordes des tentes et les piquets des chevaux.

Ces petites contrariétés furent vite oubliées. A peine, en effet, le maréchal était-il entré dans l'allée principale, qu'il fut reconnu et salué par des acclamations qui l'émurent singulièrement. Chacun voulait le voir; les officiers supérieurs, les généraux n'avaient pas seuls le privilège de lui toucher la main. Enfin il arrive sur la plate-forme où le punch est servi. Tous les assistants forment le cercle autour de lui. Les généraux et les colonels sont à ses côtés. Il n'a pas de temps à perdre, dit-il, il a besoin de se reposer pour se préparer aux fatigues de demain et d'après-demain.

« Après-demain, mes amis, s'écrie-t-il de sa voix forte et pénétrante, sera une grande journée, je vous en donne ma parole.

« Avec notre petite armée, dont l'effectif s'élève à 6 500 baïonnettes et 1 500 chevaux, je vais attaquer l'armée du prince marocain, qui, d'après mes renseignements, s'élève à 60 000 cavaliers. Je voudrais que ce nombre fût double, fût triple, car plus il y en aura, plus leur désordre et leur désastre seront grands. Moi j'ai une armée, lui n'a qu'une cohue. Je vais vous prédire ce qui se passera. Et d'abord je veux vous expliquer mon ordre d'attaque. Je donne à ma petite armée la forme d'une hure de sanglier. Entendez-vous bien! La défense de droite, c'est Lamoricière; la défense de gauche, c'est

Bedeau; le museau, c'est Pélissier, et moi je suis entre les deux oreilles. Qui pourra arrêter notre force de pénétration? Ah! mes amis, nous entrerons dans l'armée marocaine comme un couteau dans du beurre.

« Je n'ai qu'une crainte, c'est que, prévoyant une défaite, ils ne se dérobent à nos coups. »

Comment pouvoir décrire l'enthousiasme soulevé par le discours du maréchal, dont je rends le fond, mais qui perd cette forme originale que revêtait sa parole si bien faite pour remuer les fibres de ses soldats.

Le lendemain, toute l'armée connaissait le discours du punch, et s'identifiant avec l'âme de son chef, elle, comme lui, n'avait plus qu'une crainte, celle de voir se dérober les Marocains.

Chaque jour le maréchal ordonnait un fourrage. Tout ou partie de la cavalerie, appuyée par de l'infanterie, allait couper les blés, l'orge ou l'herbe nécessaire pour nourrir les chevaux et les bêtes de somme. Les Marocains qui nous observaient s'étaient habitués à cette opération, qu'ils entravaient parfois, mais qui ne leur inspirait aucun soupçon sur nos intentions. Le 13, le fourrage se fit comme d'habitude, mais toute l'armée y prit part, et, à la tombée de la nuit, au lieu de rentrer au camp, on resta sur place. Défense expresse d'allumer le moindre feu, et même de fumer. Chaque cavalier tenait son cheval par la bride.

A une heure du matin, toute l'armée se mit en marche, en gardant le plus profond silence, dans la direction du camp marocain. A six heures du matin, nous venions de gravir une colline qui nous séparait de l'Oued-Isly, quand apparut à nos yeux le camp marocain, que dis-je le camp, les camps marocains. Ils étaient au nombre de sept et occupaient un espace plus grand que le périmètre de Paris. A cette vue tous les soldats poussèrent un hourra formidable et jetèrent en l'air la canne qui sert à soutenir leur tente-abri pendant la nuit et leur sac pendant les haltes de jour. Ce lieu a été nommé le « Champ des Cannes ». Les Marocains commençaient à peine à sortir de leurs tentes. L'alerte fut vite donnée. Bientôt nous les vîmes à cheval et un grand nombre s'avança pour nous disputer le passage de la rivière.

La petite armée française se remit en marche dans l'ordre indiqué par le maréchal. Après le passage de l'Isly, qui s'effectua avec un ordre parfait sans nous coûter trop de pertes, elle s'avança au travers des masses marocaines qui l'enveloppaient complètement. « Elle ressemblait, me disait un de nos cavaliers arabes, à un lion entouré par cent mille chacals. »

Les Marocains opéraient sur nos petits bataillons des charges composées de quatre ou cinq mille cavaliers. Nos fantassins les laissaient arriver à petite portée; nos décharges de mousqueterie arrêtaient le premier rang et le refoulaient sur le second, qui mettait tous les autres en désordre.

Pendant deux heures environ ces charges se renouvelèrent avec le même insuccès, et toujours notre petite armée s'avançait sans que les fameuses *défenses*, les généraux Bedeau et Lamoricière, fussent obligées de faire former le carré à leurs bataillons, ainsi que le maréchal en avait donné l'ordre, au cas où les charges des cavaliers marocains eussent été mieux conduites. On pouvait très justement dire que nous essuyions une pluie de balles; en effet, dans les charges que la cavalerie ennemie exécutait sur une grande profondeur, le premier et le second rang ayant seuls un tir un peu efficace, tous les autres étaient forcés de tirer en l'air, et je n'exagère nullement en disant que tous, soldats, officiers et généraux, nous avons été atteints au moins une fois par des balles mortes.

Arrivé aux premières tentes, le maréchal, voyant le désordre augmenter dans les rangs ennemis, lança sa cavalerie, qu'il avait gardée jusque-là entre les deux oreilles de *la hure*.

Une partie des chasseurs d'Afrique, les spahis et les régiments de cavalerie arrivés l'avant-veille, sous les ordres de Yusuf et du colonel Tartas, envahirent le camp marocain et s'emparèrent de toute l'artillerie, quatorze pièces. Un combat très vif s'engagea autour de la tente du prince marocain. L'arrivée presque immédiate de notre infanterie compléta la déroute de cette immense armée, que le maréchal avait bien nommée *une cohue*.

Je ne vous parle pas de la pointe du colonel Morris qui, poursuivant les fuyards à plus de six kilomètres au delà de l'Isly, se trouva tout d'un coup enveloppé par six mille cavaliers. Il put les maintenir à distance avec ses cinq cents chasseurs, à force de sang-froid et de courage; mais il fallut le coup d'œil du maréchal pour apercevoir, comprendre le danger de la situation et réparer cette impétuosité. Enfin, à midi, le maréchal faisait son entrée dans la magnifique tente du fils de l'Empereur et nous avalions avec bonheur le thé et les gâteaux préparés, le matin, pour ce malheureux prince.

Nous avions tué ou fait prisonniers douze ou quinze cents Marocains, sans compter, bien entendu, les morts et les blessés qui avaient été emportés par leurs camarades. Nous avions pris plus de mille tentes, toute l'artillerie, une grande quantité d'armes de toute sorte, plusieurs drapeaux et fait un butin immense. Nous n'avions eu que deux cent cinquante hommes tués ou blessés.

Quant à moi, j'avais fait la prise la plus importante, c'était la cassette renfermant toute la correspondance politique de l'Empereur avec son fils.

(*Récit de M. Léon Roches.*)
CITÉ DANS LA *Vie du Maréchal Bugeaud*, PAR HENRI D'IDEVILLE.
(Firmin Didot, Éditeur.)

Bugeaud et « Jocelyn »

C'était sous la tente, sur la frontière du Maroc : les secrétaires et les aides de camp du maréchal se tenaient dans un campement contigu à celui occupé par le gouverneur. — « Que font en ce moment Rivet, Roches et Trochu ? demanda un jour le maréchal à l'un de ses aides de camp ; envoyez-moi l'un d'eux, j'en ai besoin ; sont-ils très occupés ? — Je ne crois pas, monsieur le maréchal, répondit l'officier. Ils lisent tout haut *Jocelyn*, le nouveau livre de Lamartine. — Ah ! ils lisent des poésies, ces messieurs », fit le maréchal, et en même temps il entra dans la tente de ses secrétaires. « Belle occupation, ma foi ! que la vôtre, messieurs, fit-il en s'animant ; avez-vous donc tant de loisirs, tant d'heures à perdre pour lire des rêveries et des songes creux ? Ah ! les poètes et les députés-poètes qui font de la politique ! En vérité, je vous croyais plus sérieux. » Et voilà le maréchal s'emportant contre les poètes et prenant en pitié tous les rimailleurs, gent inutile et non sans nuisance, etc. Les jeunes officiers tentèrent en vain de défendre l'auteur des *Harmonies*; ils furent battus.

Cependant, le soir, après dîner, voyant le calme revenu, un des officiers de l'état-major reprit la conversation et chercha à persuader le maréchal.

« Bref, que lisiez-vous de si intéressant lorsque je vous ai interrompus ? fit le maréchal. — Le poème de *Jocelyn*, répondit l'un des jeunes gens, une des plus belles pages de Lamartine. — Si monsieur le maréchal, ajouta timidement M. Roches, me permettait de lui citer un seul passage de l'œuvre, peut-être nous pardonnerait-il de ne point partager son avis ? — Eh bien, faites ! » dit en maugréant le maréchal.

M. Roches commença à déclamer les vers harmonieux du maître. Lorsqu'il eut achevé la première page :

« Donnez-moi cela ! » s'écria tout à coup le maréchal. Et arrachant le livre des mains de son interprète, voilà le vieux soldat, de sa voix superbe et timbrée, relisant le passage et poursuivant le touchant et dramatique récit de la mère de Jocelyn mourante.

Peu à peu, malgré lui subjugué par le charme entraînant du poète et pénétré du sujet, on sentait que l'émotion gagnait le déclamateur improvisé, jusqu'au moment où les mots étranglés s'arrêtèrent dans sa gorge. De grosses larmes obscurcirent ses yeux : « Ah ! c'en est trop, cette fois ! s'écria en riant le maréchal, et jetant le livre : voilà que je vais pleurer comme vous ! »

M. Roches raconta plus tard l'anecdote à M. de Lamartine, qui déclara n'avoir de sa vie reçu plus bel éloge de ses poésies.

(*Vie du Maréchal Bugeaud*.)
PAR HENRI D'IDEVILLE.
(Firmin Didot, Éditeur.)

Horace Vernet
à Djemmaa-el-Ghazaouet [1]

9 avril 1845.

A peine le papa Bugeaud était-il à quatre lieues d'ici, que l'on vient m'annoncer qu'il arrive, par terre, un détachement de cavalerie escortant un personnage. Quel est ce personnage? Je me creuse le cerveau, — le diable ne m'aidait pas; enfin, aujourd'hui, je sais qui; mais vous, mon brave oncle, et vous tous qui écoutez mes mesquins bavardages, vous ne le savez pas!

Quel est donc ce personnage? — Je vous le donne en mille, et je veux que l'on me mette en croix si jamais vous devinez. — Il y a vraiment dans la vie des choses bizarres, — vous le savez tous, du reste, — et leur bizarrerie prend, à l'infini, le caractère le plus extraordinairement fantastique selon les imaginations et selon les événements.

Le détachement de cavalerie approchait toujours, et je rêvais quelle pouvait être la cause de son arrivée : c'était quelque intendant, quelque gros Riz-pain-sel, quelque colonel d'état-major, quelque faiseur de puits artésiens, quelque colon capitaliste; enfin tout cela ne me satisfaisait guère; il y avait, dans cette réunion de hussards et de spahis, quelque chose de fort singulier qui mettait mon imagination à la torture. Ce personnage donc était, pour chacun, une source de conjectures, et personne n'avait le mot de l'énigme. Enfin me voilà à portée du détachement : un petit homme très maigre, portant de longues moustaches, képi en tête, sabre au côté, etc., etc., saute à bas de cheval, en me voyant venir à lui. Quel peut être ce petit monsieur, qui a l'air si leste, qui n'est pourtant plus jeune? Cette figure-là ne m'est pas connue en Afrique. — Il est fort difficile de mettre un nom sur la figure d'un homme, d'un petit et grand homme, que l'on n'a jamais vu, quoique bien souvent on ait ardemment désiré faire sa connaissance. Mais, vous le savez,

---

[1]. Horace Vernet, au printemps de 1845, s'était rendu en Algérie pour y recueillir les documents nécessaires à l'exécution de son tableau *la Bataille d'Isly*.

braves parents, tous les rêves ne se réalisent pas ; pourtant, avec le temps, quelques-uns s'accomplissent ; et, dans cette circonstance, je trouvais la réalisation d'un de mes grands désirs. C'est très drôle.

Enfin, il est fort désagréable de chercher si longtemps, n'est-ce pas ? Eh bien ! ce personnage, c'était..., c'était Horace Vernet !!! Vous concevez qu'il était bien permis de se creuser ainsi la tête. Horace Vernet à *Djemmaa-el-Ghazaouet, Réunion des Voleurs !* (traduction de Djemmaa-el-Ghazaouet).

Heureusement que, depuis quatre jours, j'avais une maison à un étage, et que j'ai pu offrir au grand peintre un appartement avec lit, etc. Quoique le père Bugeaud ne veuille pas de notre Djemmaa, les cuisinières ne sont pas de son avis, et il y a, entre autres, ici, un vrai cordon bleu, qui fut ma providence dans la circonstance actuelle. Nous avons aussi de très beaux jardins, qui nous donnent d'excellents légumes ; nous avons du poisson, des volailles, etc. Je venais tout justement de recevoir, il y a quelque temps, un panier d'excellent champagne et de très bon vin de Lamalgue.

La cuisinière, le poisson, les légumes, les vins complétèrent bientôt un dîner assez confortable. Huit convives célébrèrent ce joyeux festin, et, nous autres, habitants du désert, de nous extasier sur la charmante surprise du jour. — L'Afrique se reliait à Paris par la présence du grand peintre dans cette chétive cité naissante dont personne ne veut.

Le lendemain matin, un déjeuner de seize couverts acheva de prouver à M. Horace Vernet que, si notre camp n'avait pas son Véfour, il n'était pas dépourvu de ressources culinaires, et surtout de lui prouver, je l'espère, qu'il avait, lui, de vives sympathies dans l'armée. Un bateau à vapeur, qui devait le porter à Mogador, chauffait en rade depuis quelques heures, et le commandant était avec nous à table. Le déjeuner fut gai, on fit honneur au champagne, et l'on but à la santé les uns des autres (Vieux style).

On sortit de table : le bataillon du 15e léger était sous les armes, une compagnie de garde d'honneur au pied du perron. Le bataillon défila devant M. Horace Vernet et alla se placer en bataille à la hauteur de l'embarcadère ; M. Horace Vernet nous fit ses adieux, il m'embrassa, me témoigna combien il était touché de cet accueil auquel il était loin de s'attendre sous le rapport des honneurs militaires, et une barque le porta à bord. Aussitôt qu'il eut quitté la plage, quatre coups de canon le saluèrent, et, lorsqu'il fut arrivé sur le bateau, la marine répondit par la même salve. Est-ce que ce n'est pas ainsi qu'il faut recevoir un artiste comme Vernet, lui qui a fait revivre, sous son pinceau magique, les fastes de notre gloire militaire ? Si j'avais été prévenu de son arrivée, je lui aurais fait une réception autrement distinguée.

Les grands hommes, de quelque bord qu'ils soient, peuvent venir ici ; ils sont sûrs d'être toujours bien reçus, et, quoique nos règlements ne me disent

Réception d'Horace Vernet.

pas comment il faut rendre les honneurs à un artiste, je le sais, moi. L'arrivée d'Horace Vernet ici fera époque dans les annales de notre cité.

(Lettres d'un Soldat.)
PAR LE COLONEL DE MONTAGNAC.
(Plon et Nourrit, Éditeurs.)

La capture de Bou-Maza

Orléansville, le 13 avril 1847.

Bou-Maza est entre mes mains! Il est ici depuis deux heures. C'est un beau et fier jeune homme! Nous nous sommes regardés dans le blanc des yeux. J'ai tout de suite annoncé la bonne nouvelle au maréchal, qui sera bien heureux. J'attends ses ordres pour faire partir Bou-Maza par terre ou par mer. Tu comprends que je le garde bien. J'ai ses pistolets, que je te donnerai, et son chapelet pour ma sœur. Voilà une bonne journée, frère; je n'ai pas le temps d'en écrire plus long aujourd'hui....

Bou-Maza n'est pas un homme ordinaire. Il y a en lui une audace indomptable jointe à beaucoup d'intelligence, dans un cadre d'exaltation et de fanatisme. Il se croyait appelé à de grandes choses, et comment ne l'aurait-il pas cru? Il avait été élevé et mis en avant par la puissante secte des Muleï-Abd-el-Kader, dont il fait partie. Il est originaire de la famille des Dris du Maroc. L'empereur du Maroc lui-même correspondait avec lui, l'aidait de son or, de sa poudre, l'encourageait à la guerre sainte. Tous nos chefs, presque sans exception, Sidi-Laribi en tête, lui fournissaient des hommes, de l'argent, de la poudre. Ce serait triste si les révélations d'un conseil de guerre venaient mettre à nu ces plaies de notre histoire africaine. Les dernières tentatives faites par Bou-Maza l'ont dégoûté et désillusionné. Partout il nous a trouvés en garde, partout il a rencontré mes camps, mes émissaires.

Enfin, il arrive chez un de ses affidés, le caïd des Ouled-Jounès, nommé El-Hacéni, qui, s'il eût été seul, se serait prosterné devant lui, mais il y trouve quatre de mes Mokrazani. Ç'a été le dernier coup. Il a tout de suite pris sa détermination, et a dit : « Menez-moi à Orléansville, au colonel Saint-Arnaud lui-même », ajoutant que c'était à moi qu'il voulait se rendre, parce que c'était contre moi qu'il s'était le plus battu. Les autres ont obéi; ils tremblaient encore devant Bou-Maza, qui a gardé ses armes et ne les a déposées que chez moi, sur mon ordre,... deux pistolets chargés de huit balles. En amenant Bou-Maza, mes quatre Mokrazani étaient effrayés de leur audace. D'un signe,

Bou-Maza les aurait fait fuir. L'influence de cet homme sur les Arabes est inconcevable. Bou-Maza était las de la guerre et de la vie aventureuse qu'il menait. Il a compris que son temps était passé, et qu'il ne pouvait plus soulever des populations fatiguées de lui et domptées par nous. C'est un événement remarquable, et il me tarde de savoir comment le maréchal l'aura pris. Les soumissions de Ben-Salem et de Bou-Maza sont de grands pas pour la pacification de l'Algérie.

(Lettres de Saint-Arnaud.)
Calmann Lévy, Éditeur.

1854-1871

Bataille de l'Alma

Old-Fort (Crimée), le 16 septembre 1854.

Le 14 septembre 1812, la Grande Armée entrait à Moscou ; le 14 septembre 1854, l'armée française débarquait en Crimée et foulait le sol de la Russie. Les Russes ne sont pas venus s'opposer à notre débarquement, qui s'est opéré avec une rapidité et un ordre admirables. A cinq heures du soir, j'avais trois divisions et quarante pièces de canon en ligne et occupant leurs positions. Le lendemain, 15, la mer a rendu le débarquement plus difficile; cependant j'avais à terre ma quatrième division, la division turque et toute mon artillerie. J'espère que ce soir tout sera terminé et que je pourrai partir demain si les Anglais sont en mesure comme moi.

Jamais, frère, tu ne t'imaginerais un spectacle plus grandiose que le débarquement opéré aux cris de *Vive l'Empereur!* Il n'y manquait que des Russes. La diversion que j'ai fait faire à Katcha a démontré à tout le monde que j'avais raison et que c'était là qu'il fallait débarquer. Aux premiers obus lancés sur leur camp, les Russes ont filé, et si la quatrième division en avait eu l'ordre, elle aurait pu débarquer seule. Je ne fais pas trop sentir aux

Anglais que j'avais raison. Vois-tu, frère, j'ai un flair militaire qui ne me trompe pas, et les Anglais n'ont pas fait la guerre depuis 1815. Je vais presser les opérations le plus vite possible. Je me défie de mes forces. Ma santé se débat au milieu des crises et des souffrances. Le 14, j'ai passé six heures à cheval et j'ai visité toute la ligne.... Hier j'ai passé l'armée en revue aux cris de *Vive l'Empereur!* Les troupes sont superbes, en bonne santé, pleines d'ardeur et d'entrain.

Champ de bataille de l'Alma, le 21 septembre 1854.

Victoire, victoire! ma Louise bien-aimée[1]. Hier, 20 septembre, j'ai battu complètement les Russes; j'ai enlevé des positions formidables défendues par plus de quarante mille hommes qui se sont bien battus; mais rien ne peut résister à l'élan français, à l'ordre et à la solidité des Anglais. A onze heures j'ai attaqué; à quatre heures et demie les Russes étaient en pleine déroute, et, si j'avais eu de la cavalerie, je leur prenais plus de dix mille hommes. Malheureusement, je n'en ai pas.

L'effet moral est immense. Le champ de bataille sur lequel je bivouaque, sur l'emplacement même qu'occupait le prince Menschikoff hier, est jonché de cadavres russes. J'ai douze cents hommes hors de combat, les Anglais quinze cents. Les Russes doivent en avoir quatre à cinq mille. Mes ambulances sont pleines de leurs blessés, que j'envoie à Constantinople avec les miens. Ils ont laissé plus de deux mille fusils et sacs sur le champ de bataille. C'est une magnifique journée et la bataille de l'Alma figurera honorablement à côté de ses sœurs de l'Empire. Les zouaves sont les premiers soldats du monde.

Toute victoire se paye. Canrobert est blessé d'un éclat d'obus, mais légèrement. Le coup a frappé à la poitrine et à la main. Le général Thomas a une balle dans le bas-ventre; il rentre en France. Le commandant Troyon a été tué.... J'ai trois officiers tués, cinquante-quatre blessés, deux cent cinquante-trois sous-officiers et soldats tués et mille trente-trois blessés.

Les Anglais sont tombés sur des redoutes très fortes et sont plus maltraités que moi. De plus, j'ai perdu moins de monde parce que j'ai été plus vite. Mes soldats courent, les leurs marchent. Aujourd'hui je reste ici pour l'évacuation de mes blessés, l'enterrement de mes morts et le renouvellement de mes munitions. Demain, 22, à sept heures du matin je marche sur la Katcha. Si je trouve les Russes, je les bats encore et je reste le 23 à la Katcha. Le 24, je serai au Belbeck.

Le mouvement tournant que j'avais ordonné et qui a décidé de la victoire a

---

1. Mme de Saint-Arnaud.

été parfaitement exécuté par le général Bosquet. L'oreille de son cheval a été emportée par un éclat d'obus.

L'enthousiasme des troupes est admirable. *Vive l'Empereur! Vive le Maréchal!* Voilà leur cri toute la journée. Toute l'armée m'aime et a grande confiance en moi.

(Lettres de Saint-Arnaud.)
(Calmann Lévy, Éditeur.)

Les misères de l'armée française en Crimée durant l'hiver de 1854-1855

Au mois de novembre 1854, le froid n'était pas encore sensible; mais notre plateau n'offrait aucun abri contre les vents et la pluie qui régnèrent dès lors en permanence. On remplaça nos petites tentes-abris par des tentes turques, dites « marabouts », capables de contenir dix hommes. Les chevaux étaient dans la boue, entravés à des cordes maintenues par des piquets. Toute notre industrie porta sur leur conservation. Faire vivre nos chevaux, tâcher de vivre nous-mêmes, tel fut, pendant de longs mois, le problème journalier à résoudre. A cela se borna notre service. Si rude qu'il fût, il l'était moins que celui de l'infanterie, creusant des parallèles et montant la garde aux tranchées; mais nous n'avions pas, comme elle, les émotions et les compensations de la guerre.

Tous les trois jours, nous allions chercher le fourrage et l'orge à Kamiesh. Chaque homme conduisait un cheval de main portant une balle de foin, attachée par moitié des deux côtés de la selle; lui-même soutenait un sac d'orge placé en travers de sa monture. Cette corvée prenait toute la journée, à cause de l'affreux état de la route.

Les rations variaient selon les approvisionnements en magasin. Dès que les arrivages devenaient rares, nos chevaux étaient à la diète. On leur servait l'orge dans une musette en crin doublée de toile, qu'on leur passait à la tête. Le foin était placé devant eux sur le sol. Le vent en emportait une partie; une autre était foulée dans la boue. Le cavalier qui tenait à son cheval n'avait d'autre ressource que de prendre la ration de foin sous son manteau et de la lui faire manger brin à brin.

Une fontaine pourvue d'auges en bois, située au delà du ravin qui nous séparait du deuxième corps d'armée, servait d'abreuvoir. Pour nos besoins personnels, nous partagions une petite source avec nos voisins, les marins anglais.

Malgré tous nos soins, l'insuffisance des rations réduisit bientôt nos chevaux à se manger réciproquement leurs crinières, leurs queues et leurs couvertures : même les entraves de cuir qui servaient à les attacher ne résistèrent pas à leurs dents.

On finit par découvrir des carrières, d'où nous tirâmes des pierres à paver ; mais, comme ces pierres étaient friables, nous ne pûmes maintenir les chevaux hors de la boue qu'au prix d'incessantes réparations....

Nous tirions nos vivres des magasins situés près du grand quartier général. Les rations étaient suffisantes : elles se composaient de viande salée, de lard et de riz, de viande fraîche de temps à autre, d'un supplément de vin, de sucre et de café ; mais le pain manquait. En échange, nous avions du biscuit dur comme de la pierre, qu'il fallait piler ou trancher à coups de hache. A la longue, l'usage de cet aliment devient réellement fastidieux. Passe encore quand il est de bonne qualité ; mais nous ne recevions en général que du biscuit turc, plein de vers et couvert de moisissure, dont une petite part seulement est mangeable.

Ce n'eût été que demi-mal si nous avions eu du bois pour faire la cuisine. Les arbres du plateau de Chersonèse n'avaient pas fait long feu, c'est le cas de le dire ; puis vint le tour des sarments de vigne ; plus tard, et jusqu'à la fin de l'hiver, l'armée en fut réduite à déterrer les souches et les racines. Un homme, partant le matin avec une pioche et une hache, rentrait le soir avec un sac au quart rempli de souches arrachées à la terre. Tout endroit suspect de receler une parcelle de bois était aussitôt fouillé. Cette tâche se compliqua singulièrement quand le sol se couvrit de neige. Alors les vivres s'amoncelèrent dans les tentes sans qu'il fût possible d'en tirer parti.

Souvent nous vécûmes deux jours de suite avec une espèce de soupe composée d'eau de café et de biscuit pilé qu'on parvenait à faire cuire au moyen de planchettes de sapin provenant des balles à foin. Ces planchettes donnaient lieu à des rixes, chaque fois que nous allions au fourrage à Kamiesh. J'ai vu des hommes se battre jusqu'au sang pour en conquérir un morceau.

Blanchir le linge dans ces conditions devint de plus en plus difficile. Depuis longtemps ceux qui se servaient de mouchoirs et de chaussettes avaient dû en perdre l'habitude. Un autre ennui, de nature plus intime, mit le comble à nos tribulations. L'anecdote suivante permettra de mettre les points sur les *i*.

Quelques jours après notre arrivée au camp supérieur, le général Canrobert vint nous visiter à l'improviste. Deux spahis composaient son escorte. Il était coiffé du chapeau à plumes blanches, marque du commandement en

« Et vous, brigadier, êtes-vous content ? »

chef, et portait un bras en écharpe, à cause d'une blessure. Sa moustache cirée, ses cheveux longs, sa prestance, évoquaient le souvenir de son compatriote Joachim Murat. Ayant mis pied à terre, il passa devant nos rangs, s'arrêtant pour questionner l'un ou l'autre d'entre nous avec ce don de parler au soldat et ce souci de son bien-être qui lui valurent une si grande popularité dans l'armée d'Orient. « Et vous, brigadier, dit-il, en arrivant devant moi, êtes-vous content? — Mon général, répondis-je, tout irait bien sans... les poux! — Les poux, s'écria-t-il, les poux! Eh! qui n'en a pas, des poux! » Un éclat de rire général accueillit cette saillie.

La guerre est un retour pur et simple à l'état sauvage. Malheur à qui s'imagine qu'on puisse faire la guerre avec des mœurs efféminées! Monter à l'assaut, pousser une charge n'est rien. Tout le monde est brave à un moment donné. Autre chose est de bivouaquer pendant de longs mois, en butte à toutes les fatigues et à toutes les privations. Il faut pour cela des corps de fer et des âmes cuirassées d'un triple airain....

Le thermomètre en janvier marque rarement moins de 8 degrés au-dessous de zéro. On nous avait distribué des capotes à capuchon, dites criméennes, des paletots en peau de mouton avec toute la laine, qui nous aidèrent beaucoup à résister au froid. D'autre part, le Sultan nous avait gratifiés de bonnets rouges, sans glands, appelés schazias; mais nos uniformes étaient usés jusqu'à la corde. Le pantalon rouge surtout était une loque informe avec des rapiècements multicolores, car on n'avait pas toujours du drap rouge sous la main. Aux tranchées cette loque n'en restait pas moins pour les Russes la cible la plus voyante. Si les lièvres portaient des pantalons rouges, depuis longtemps il n'y en aurait plus....

Le 20 février, jour de mardi gras, j'eus mon tour de réelle souffrance en revenant de la corvée du fourrage à Kamiesh. La veille, il avait fait beau temps, et le général Canrobert en avait profité pour ordonner la surprise d'une division russe qui se trouvait en l'air à Tchorgoune, village situé sur la Tchernaïa, près de la route de Woronzoff, où nous avions poussé deux reconnaissances en décembre.

Plusieurs régiments d'infanterie s'étaient mis en marche à minuit, éclairés par les chasseurs d'Afrique, sous les ordres du général d'Allonville. Ces troupes venaient de s'engager dans la plaine de Balaklava lorsque, subitement, une épouvantable tempête de neige s'abattit sur elles et les força à revenir. Mais beaucoup de corps s'égarèrent dans l'obscurité, malgré les appels des tambours, et ne retrouvèrent leur camp que le lendemain. Ce jour, le thermomètre descendit à 20 degrés.

En revenant de Kamiesh l'après-midi, nous rencontrâmes un grand nombre de traînards à la débandade par groupes de trois ou quatre, appartenant à des régiments différents. Le long des fossés gisaient de distance en distance des hommes que le froid avait saisis et rendus incapables de continuer leur marche. Des cacolets, des voitures d'ambulance, un aumônier offrant son ministère, le sol couvert de neige, le ciel lugubrement obscur, des oiseaux de proie attendant la curée, complétaient cette scène empruntée à la retraite de Moscou. Deux énormes chameaux, déserteurs de Sébastopol, abandonnés sur le plateau de Chersonèse, dressaient à l'horizon leur silhouette mélancolique, vivante antithèse qui ajoutait à la souffrance générale l'évocation d'un climat plus hospitalier.

Depuis quelques jours, un commencement de congélation à l'extrémité du pied gauche m'empêchait de chausser ma botte jusqu'au bout. Il me fut donc impossible de descendre de cheval comme tout le monde pour me réchauffer en marchant. A certain moment la sensation de froid fut remplacée par un besoin de sommeil presque invincible. Aussi me demandai-je sérieusement si je parviendrais jusqu'au bivouac. Quand on me descendit de cheval, il n'était que temps. Une vigoureuse friction des pieds avec de la neige remit toutes choses en état et j'en fus quitte pour porter des sabots.

(*Souvenirs d'un dragon de l'armée de Crimée.*)
PAR M. CHARLES MISMER.
(Hachette et Cie, Éditeurs.)

Histoire d'une reconnaissance et d'un cheval borgne
(Crimée, 1855)

LE 15 mai, deux divisions d'infanterie, toute la cavalerie française et trente canons, sous le commandement du général Canrobert, reçurent l'ordre de descendre du camp supérieur dans la plaine de Balaklava, de traverser la Tchernaïa et d'aborder l'armée russe, qui paraissait en force sur les hauteurs en arrière du village de Tchorgoune.

On nous fit monter à cheval au milieu de la nuit. En arrivant près de la gorge de Balaklava, dont les abords étaient palissadés et couverts de trous de loup, il nous fallait attendre, pendant des heures, sans mettre pied à terre, le défilé des troupes de toutes armes. Comme j'avais monté la garde la nuit précédente, cette position incommode ne m'empêcha pas de dormir. Plus tard j'acquis une telle habitude du sommeil à cheval, durant nos fréquentes marches de nuit, que mon corps se maintenait en selle, droit comme à la parade, au point de faire envie à mes camarades, qui ne pouvaient pas se reposer une minute sans se faire tancer par notre vigilant capitaine....

Les monts Fedioukine sont coupés en deux parties inégales par un ravin escarpé que suit la route de Balaklava à Batchi-Seraï. Ce ravin aboutit au pont de Traktir, où fut livrée, au mois d'août suivant, la bataille de ce nom. Deux batteries russes surnommées « Bilboquet » et « Gringalet », établies sur les hauteurs d'Inkermann, enfilaient le ravin et le pont que nous devions traverser.

Pour diminuer, autant que possible, les risques de ce passage, le général Morris nous fit gravir à pic la pente gauche du ravin. Cette pénible ascension coupa les jarrets de nos chevaux. Plusieurs dégringolèrent avec leurs cavaliers, entraînant tout ce qui se trouvait au-dessous.

Arrivés sur le plateau, on nous forma en colonne par quatre, le sabre à la main. La fusillade et la canonnade étaient engagées sur notre droite, dans la direction de Tchorgoune. Devant nous, les batteries d'Inkermann tiraient sans interruption. La fumée, mélangée avec la brume du matin, empêchait de rien distinguer.

Dès que les chevaux eurent repris haleine, on partit au galop. Nous passâmes ventre à terre sur le pont de Traktir, en suivant d'abord la route de Baktchi-Seraï pour nous rabattre ensuite à droite. Plusieurs cavaliers roulèrent dans la poussière. Tout à coup je me sentis dans le vide et j'allai m'étendre violemment sur le sol. Quand je me relevai tout étourdi, la trombe de cavalerie avait passé et mon cheval gisait au fond d'un trou de cosaques sans faire un mouvement. Je le crus tué par un boulet.

Sans perte de temps, je lui enlève la selle et la bride, que je charge sur mes épaules. Me voilà courant au hasard avec mon fardeau. Un officier d'état-major passant au galop m'indique du doigt une direction. Des éclaboussures d'obus le suivent sans le toucher. Je rencontre des cadavres russes. Un cheval broute l'herbe sur place, retenant son cavalier mort par l'étrier. C'était la monture d'un officier de cosaques. L'idée me vient de m'en emparer. Je détache l'homme; mais quand je veux monter en selle avec mon attirail, les étrivières sont absolument trop courtes.

Je continue mon chemin en tirant le prisonnier derrière moi. A peine ai-je fait vingt pas qu'un autre cheval passe en hennissant, la queue en trompette. Je ne rêve pas : c'est bien le mien que je croyais mort ! Quelques minutes après je le retrouvai à sa place de bataille, à la droite de l'escadron.

Le régiment avait le sabre à la main, prêt à charger. Je remis ma prise au trompette, en serre-file, avec recommandation de ne pas l'abandonner sans m'avertir, et je me hâtai de reprendre mon rang, après avoir resellé ma monture.

L'affaire était finie. Quelques bataillons russes seulement avaient été trouvés à Tchorgoune. On brûla leur camp, après les avoir délogés. Nous repassâmes la Tchernaïa à gué, pour bivouaquer à deux kilomètres en arrière, non sans avoir rechargé, en passant, les vivres abandonnés le matin.

Tout compte fait, nos pertes se réduisaient à quelques chevaux blessés. Les cavaliers tombés le matin avaient fait, comme moi, la culbute dans les trous recouverts de branchages et de terre, qui avaient abrité les Russes durant la mauvaise saison....

En échange, il restait mon cheval d'officier de cosaques. Tout le régiment vint le visiter. Le paquetage ne contenait pas grand'chose : un peu de linge, des effets de propreté, un couvert en ruolz, deux livres brochés en langue russe et un petit cylindre creux en bois, renfermant quelques roubles en papier. Les officiers se disputèrent ces objets, ainsi que le harnachement, à titre de souvenir.

Dans l'après-midi, un de nos chefs d'escadron me donne l'ordre de faire disparaître le cheval. « Arrangez-vous comme vous voudrez, me dit-il, nous pouvons marcher d'un moment à l'autre, et cette rosse est un embarras. » Ce mot de rosse, appliqué à mon prisonnier, me parut dépasser la mesure. Sans rien répondre je fis prendre le cheval par mon dragon avec l'intention de le vendre à Balaklava.

A peine sortis du bivouac, nous rencontrâmes deux officiers piémontais. « Qu'est-ce que ce cheval ? » me demandèrent-ils. Je leur racontai son histoire ; alors ils offrirent de l'acheter pour deux cent cinquante francs. J'acceptai sans discussion, heureux d'en finir. Ces messieurs n'ayant point la somme sur eux, je chargeai le dragon de les suivre. Mais, à peine eus-je tourné le dos, que je m'entendis rappeler : « Signor ! votre cheval est borgne. » Vérification faite, il avait une taie sur l'œil. Dire que ni moi ni personne n'y avions fait attention !

De deux cent cinquante francs, les officiers piémontais descendirent à cent francs. La bête valait cinq fois plus, toute borgne qu'elle fût. Le marché étant rompu, nous continuâmes notre route.

Aux abords de Balaklava, un Maltais, qui cultivait des légumes, dans un champ, me demande, en italien, si le cheval était à vendre. Sur ma réponse affirmative, il vint l'examiner et, après avoir reconnu qu'il était borgne, en offrit cent cinquante francs, que j'acceptai et qu'il paya sur-le-champ, en puisant dans une ceinture passée sous sa chemise. Alors je poussai jusqu'à Balaklava, où, conformément aux mœurs militaires, je m'empressai d'échanger l'argent contre des victuailles, des boissons et des cigares. Mais il était écrit que je ne sortirais d'un embarras que pour tomber dans un autre.

Survient un brigadier de gendarmerie qui me questionne sur un ton peu rassurant. Or il avait pour consigne d'arrêter les militaires trouvés dans la ville sans permis régulier. Il me rappela aussi que les chevaux pris sur l'en-

C'était la monture d'un officier de Cosaques.

nemi devaient être vendus par le ministère de l'intendance. Me voilà dans de beaux draps! Volontiers, j'eusse abandonné les provisions pour n'être pas reconduit au camp.

Le dragon vint à mon secours : « Si le brigadier, insinua-t-il, venait dîner avec nous à la popote de l'escadron? — C'est une idée, cela », répondit le gendarme. Il se mit en route avec nous. Ce soir-là les sous-officiers du 4ᵉ escadron du 6ᵉ dragons firent bombance, et l'on but tellement à la santé du brigadier de gendarmerie, qu'il en perdit la tête jusqu'au matin.

(<i>Souvenirs d'un dragon de l'armée de Crimée.</i>)
PAR M. CHARLES MISMER.
(Hachette et Cⁱᵉ, Éditeurs.)

Une visite à Sébastopol après l'assaut

Je me rendis directement à Malakoff, en passant par le camp des Moulins et le ravin du Carénage. Chemin faisant, je rencontrai un officier portant l'uniforme des guides. C'était le marquis de Galiffet, dont on vantait dès lors les brillantes qualités militaires.

Quand j'arrivai entre le Mamelon-Vert et Malakoff, les cadavres étaient presque tous enlevés. Quelques brancardiers, en manches de chemise, achevaient paresseusement leur besogne en fumant leurs pipes. Une épaisse couche de boulets, de fragments de bombes, de fusils brisés, de baïonnettes tordues, de gibernes et de toutes sortes de débris, rendait difficile le passage de mon cheval. Ses pieds s'enfonçaient dans la terre gorgée de sang. Partout des batteries éventrées, des gabions dispersés, des affûts en pièces, des canons sens dessus dessous. Mais ce spectacle n'était rien en comparaison de celui de Malakoff. Aucune plume ne saurait décrire les horreurs accumulées dans cet ouvrage par la ruine, la destruction et la mort....

Les fossés regorgeaient de cadavres, les embrasures des pièces en étaient bouchées; à l'une d'elles pendaient deux Russes, la tête en bas, les cheveux hérissés, atroces à voir. Après avoir franchi l'entrée, à la suite d'une prolonge d'artillerie, je m'engageai dans un véritable dédale de traverses blindées. Tantôt le hasard me conduisait à des recoins couverts de cadavres absolument nus et déjà tuméfiés, tantôt aux embrasures où Français et Russes s'étaient entre-tués et entre-assommés à coups de baïonnettes, de leviers et d'écouvillons....

En sortant de ce lieu d'enfer, je me dirigeai vers le faubourg de Karabalnaïa.

En certains endroits, il était impossible de passer sans faire un long détour. Derrière la courtine qui reliait Malakoff au Petit-Redan, les Russes gisaient alignés comme au cordeau. Il y avait, parmi les officiers, beaucoup d'enfants de seize à dix-huit ans, dont les visages de jeunes filles endormies, semblant goûter la mort, selon l'expression biblique, contrastaient avec ceux des hommes tués en première ligne, où l'on pouvait lire, en caractères effrayants, tout le paroxysme de la guerre, toute la gamme des sentiments compris entre l'héroïsme et la peur.

Le faubourg de Karabelnaïa n'existait pour ainsi dire plus. Toutes les constructions étaient en ruines. Le fort Paul, que les Russes avaient fait sauter, couvrait le sol de ses miettes. De la flotte de Sébastopol il ne restait rien que des tronçons de mâts émergeant de l'eau.

Je m'avançai le long de la baie du Sud avec l'intention de gagner la ville en passant derrière le Grand-Redan; mais je rencontrai tant d'obstacles que je dus renoncer pour cette fois à compléter mon excursion. A force de tours et de détours, je finis par trouver une issue de retraite entre le Grand-Redan et la batterie Gervais. Là, je tombai sur un vrai bazar en plein vent. Des objets de toute nature : meubles, pendules, tableaux, instruments de musique, etc., jonchaient le sol, sous la garde de sentinelles. Un officier me demanda, comme à une douane-frontière, si je n'avais rien à déclarer. J'appris alors qu'après l'évacuation de la ville, des pillards s'y étaient précipités et que, pour enrayer le mal, un ordre du général en chef avait prescrit la confiscation du butin.

(<i>Souvenirs d'un dragon de l'armée de Crimée.</i>)
PAR M. CHARLES MISMER.
(Hachette et Cie, Éditeurs.)

La charge des cuirassiers à Reichshoffen

L'ordre est arrivé de lancer enfin la cavalerie contre les masses prussiennes qui noircissent la terre et avancent comme des murailles vivantes.

Le général de Lartigue dépêche un de ses officiers d'ordonnance au général Duhesme, commandant la division de cavalerie du premier corps, et lui demande de faire charger la brigade Michel, 8e et 9e cuirassiers....

C'est le général Michel, le général Duhesme étant fort malade, qui va lancer cette avalanche d'hommes et de chevaux sur un terrain bien peu favorable à une charge de cavalerie. Ce terrain descend en pentes assez accentuées vers le Sauerbach et le village de Morsbronn, situé au sud du Nieder-Wald. Il est parsemé d'arbres à fruits, de houblonnières où vont s'enchevêtrer les casques et les sabres, où les obus allemands les écraseront. Qu'importe!... Ils descendront sur cette terre qui frémira sous les pieds des chevaux.

La légende formée sur l'heure des cuirassiers épiques de Reichshoffen sera dépassée par la grandeur sublime de la réalité. Jamais l'attachement au devoir, le mépris de la mort, l'amour frémissant du drapeau n'engendrèrent sacrifice plus héroïque et plus digne d'effacer, sous le rayonnement de l'abnégation, la douleur sans honte de la défaite.

Lorsque arriva l'ordre de la charge, la brigade Michel avait mis pied à terre dans un ravin, au sud du Nieder-Wald, entre Eberbach et Bruckmul. Les hommes d'ailleurs, assez mal abrités, ne demandaient qu'à prendre part à cette lutte dont ils entendaient depuis de longues heures les interminables rugissements. Aussi, quelle joie quand ils apprirent enfin qu'ils allaient se mesurer avec les soldats de Guillaume! « A la bonne heure, disent-ils dans un enthousiaste frémissement, nos sabres vont sortir du fourreau. »

On passe la main sur l'encolure, sur la croupe de son rapide coursier,... on lui parle,... on le flatte....

« Ainsi donc, mon vieux, ça va chauffer. Tu sais, il ne s'agit pas de rester en arrière.... Le premier et le premier toujours. »

Nos cavaliers sautent en selle et s'écrient :

« Enfin!... En avant!... »

Ah! si encore la cavalerie allemande voulait se présenter, n'importe le nombre!...

Mais non, les Prussiens opposeront neuf mille baïonnettes aux mille sabres de notre cavalerie. Et encore, ces soldats aux neuf mille baïonnettes seront abrités par des murs, par des arbres et des talus d'où ils lanceront, et sans danger aucun, une pluie de balles, tandis que leurs canons, placés sur des hauteurs inaccessibles, lanceront la mitraille et des obus.

Soit.... Il faut pousser une charge,... on la poussera, malgré l'immense disproportion du nombre et les moyens de défense.

Les cuirassiers ne comptent pas.

La brigade Michel se met en mouvement. Elle avance au pas comme sur un terrain de manœuvre. Au premier rang, le 8e cuirassiers en colonne par escadrons. Le 9e en seconde ligne, déployé et débordant par sa droite.

Les deux escadrons du 6e lanciers, formant la cavalerie divisionnaire du général de Lartigue, suivent le mouvement de la brigade en prenant la droite du 9e cuirassiers. Dans cette marche, qui n'est que de 200 mètres environ, les feux ennemis commencent à faire des victimes. A terre quelques hommes et quelques chevaux....

Le général Michel passe au galop de son cheval sur le front de la brigade, et d'une voix où vibre le sentiment de l'honneur et de tout le dévouement au drapeau, il s'écrie :

« Camarades, on a besoin de nous. Nous allons charger l'ennemi. C'est le moment de montrer qui nous sommes et ce que nous savons faire. »

De telles paroles sont acceptées de tous. Mais assurés, convaincus qu'ils allaient à la mort, il leur faut un puissant souvenir, le dernier dans leur agonie gigantesque. Et alors... alors de toutes ces vaillantes poitrines s'échappe le même cri, un seul : Vive la France !

Le général de Lartigue se découvre devant eux, et prononce une parole qui, après le souvenir de la patrie, en réveille un autre bien précieux, des plus glorieux encore et qui aurait enlevé cent mille hommes :

« Allez-y comme à Waterloo, les enfants.

— Soyez tranquille, répond une voix, nous savons comment nos pères ont chargé sur le plateau de Mont-Saint-Jean et en présence des abîmes d'Ohain.... »

Les cuirassiers retirent de leur fourreau ces sabres droits et longs qui lancent des éclairs.

Alors le général, un regard de feu sur le commandant du 8e :

« Chargez! colonel. »

Et Guiot-de-la-Rochère, brandissant son épée :

« Suivez-moi !...

« Vive la France !... »

Et ces hommes de fer se sont élancés.

Ils marchent à la mort.... Ils le savent et ne frémissent pas. Et pendant que les trompettes remplissent l'air de leurs notes vibrantes, eux ne cessent de jeter de leurs robustes poitrines ces deux paroles qui enlèveraient des morts :

« En avant !... »

Au delà de la route d'Eberbach à Gunstett, nos cuirassiers prennent le galop et s'élancent à bride abattue.

« En avant !... En avant !... »

Une colonne de fer qu'on aurait momentanément déposée de son piédestal et qui maintenant par une volonté puissante, mais inconnue, marche, avance, se tord et bondit, comme si la vie, si une âme la poussait, l'entraînait au travers de nuages de fumée, de mitraille, de tout ce que la guerre et la mort peuvent avoir de formidables engins à leur farouche et lugubre service.

Une fournaise attend cette masse de fer qui se meut, qui se précipite, qui balaye les premières pentes du plateau, et descend vers le village de Morsbronn....

Ils se précipitent indomptables, rapides comme la foudre. C'est une tempête qui roule, qui a des mugissements comme les flots soulevés par des vents impétueux. Les éperons labourent les flancs des chevaux qui, la crinière au vent, bondissent et s'allongent plus encore. Le souffle qui s'échappe de leurs naseaux,... c'est du feu. Leurs yeux grands ouverts jettent des flammes. Leurs cavaliers, le corps en avant, les sabres et les regards à l'ennemi, leur communiquent la fougue qui les emporte, leur furie, peut-on dire. Ce ne sont plus des hommes, c'est une trombe qui, longtemps, avait tourné sur elle-même comme pour acquérir plus de force et qui maintenant va droit devant elle pour ne semer que des ruines....

On dirait que tout se bat contre cette poignée de soldats, les murailles, le moindre accident de terrain. De partout s'élance le sombre regard de la mort et arrive en jets de plomb et de fer sur la poitrine de nos braves. Qu'ils sont beaux, tournoyant dans cette éruption de mitraille, presque sur les dernières pentes de ce cratère immense et toujours inépuisable....

En avant de Morsbronn, dans les houblonnières, dans les fossés, un fourmillement noir, sombre, sinistre.... C'est l'ennemi qui attend!...

Mais il faut traverser la ferme d'Albrechserhof, où les attendent de nombreux tirailleurs.

Ils passent comme des ombres qu'emporte un vent de tempête... Ils vont et toujours, faisant trembler le sol,... comme des ondées de pierres avec des flots d'étincelles qu'on prendrait pour de rapides éclairs.

A terre quelques braves encore. Nos chevaux, de véritables colosses, hennissent et soufflent comme un vent d'orage sous les balles, secouent la tête et se cabrent. Il en est dont les flancs sont ouverts par la mitraille.... Ils roulent dans la poussière. Sur d'autres qui n'ont plus de cavaliers sautent des camarades démontés qui ne veulent pas en avoir fini de sitôt.

Les obus et les balles font des trouées formidables et rongent les escadrons du brave colonel, que l'on voit toujours haut et ferme sur son magnifique coursier couvert de sueur et d'écume.

Où donc se trouve la cavalerie allemande? Qu'elle se présente enfin. Mais non, les obus, la mitraille,... c'est mieux, et de plus loin surtout.

La charge arrive à quatre cents mètres des tirailleurs placés en avant de Morsbronn, invisibles comme toujours. Aussitôt une pluie de projectiles s'abat sur le premier escadron.

Les cuirasses retentissent sous les balles de ce tintement lugubre qui convient à la mort.... Des chevaux s'arrêtent et tombent. Les rangs de nos braves se renversent les uns sur les autres,... bruit sinistre et lourd comme le bruit de certaines masses qui se choquent,... enchevêtrement d'hommes, d'armes et de chevaux que semblent relier des flots de sang et des lambeaux de chair.

Dans les bois, des batteries attendaient pour se joindre aux tirailleurs de la plaine. Tout à coup elles se montrent à la lisière. Le canon se fait entendre et pratique des trouées profondes dans les rangs de nos cuirassiers qui semblent disparaître dans une pluie de fer et de feu....

Mais nos hommes de fer... où sont-ils maintenant? Tous ne sont-ils pas broyés, anéantis?...

Non, les casques, les cuirasses, les sabres valeureux de nouveau étincellent au soleil. Les voici, ces incomparables soldats de la France et de l'honneur! Voyez comme ils sont plus beaux encore après être passés par cette fournaise des colères humaines.... Ils continuent cette charge qui va les immortaliser. Mais combien qui, sous le tir ennemi, sont restés dans les houblonnières, dans les chemins!...

Et la course folle continue.... Et encore des traînées de cadavres, d'hommes et de chevaux, comme pour marquer le passage de l'ouragan terrible.

Les rangs se resserrent, aussi compacts que le permet le terrain....

Des soldats qui tombent, qui se relèvent et sautent sur d'autres chevaux. Des soldats qui meurent. D'autres que d'affreuses blessures empêchent d'aller plus avant et qui, ne pouvant plus frapper l'ennemi, lui jettent comme dernier défi cette parole d'amour et de suprême regret : « Vive la France!... En avant! camarades.... En avant! et toujours! »

Des poitrines, des bras rendus plus vigoureux encore, s'il est possible, par le désespoir d'une lutte sans trêve ni merci. Un tourbillon enfiévré de fureur et de mort. Lancés à toute vitesse et semblables à une tempête que pousserait le souffle le plus violent du Midi, nos cavaliers approchent de Morsbronn. En avant du village, deux régiments pour les recevoir. Un troisième dans l'intérieur.

Sans perdre un instant et par un tir effroyable, continu, c'est une pluie de balles qui met, non en déroute, mais en lambeaux notre 8ᵉ cuirassiers. Il est disloqué, désagrégé pour ainsi dire.

Qu'importe!... on ira jusqu'où l'on veut aller, ou plutôt tant qu'il y aura du chemin devant soi. Malgré les batteries qui font pleuvoir la mitraille, malgré le pêle-mêle des hommes et des chevaux qui tombent, des tas de cadavres qu'il faut franchir, les cuirassiers arrivent sur les tirailleurs, brisent leurs rangs, les écrasent, les pressent et les pressent encore, les sabrent de leurs bras rendus plus forts, ce semble, par la fièvre de mourir. Tout tombe sous la tempétueuse poussée de ces hommes de fer....

Dans leur élan, disons dans leur audace, poussée jusqu'au sublime d'une héroïque folie, nos cavaliers continuent au milieu de cet effondrement d'où aucun ne sortira vivant peut-être.

Les uns contournent le village par des chemins difficiles où s'abattent un certain nombre de chevaux. Les autres le traversent par une rue tortueuse et unique, bordée de vieilles maisons, renversant tout ce qu'ils rencontrent dans leur course à fond de train et arrachant des étincelles aux gros pavés du village, sous les sabots rapides de leurs coursiers.

Ici encore des blessés et des morts. La chose est facile pour les Allemands qui remplissent les maisons. Nos soldats sont au bout de leurs carabines. Le capitaine Lot a sa cuirasse et son casque dix fois traversés. Il tombe. Sur lui s'abat son cheval qui doit en avoir reçu autant. L'un et l'autre morts. Le pied de l'un de nos braves reste pris à l'étrier après une blessure qui l'a jeté à terre. Le malheureux, traîné sur les pavés du village, a la tête broyée comme si sur elle un puissant marteau s'était abattu plusieurs fois.

Soudain, à un tournant, l'escadron se trouve en présence d'une barricade, formée à la hâte mais assez puissante pour devenir un obstacle et barrer le chemin. Les premiers rangs s'arrêtent et, par suite, la confusion est dans les derniers qui, ne pouvant retenir leur élan, se poussent, se bousculent, s'agglomèrent et s'entassent comme sur la grève les épaves d'une tempête, jetées là par la fureur des vagues et des vents avec cette écume qui dénonce la colère des flots.

Les balles arrivent sur eux à bout portant. Ils tombent les uns après les autres et les uns sur les autres. Vous voyez le désordre, la rage, la fureur de nos beaux et superbes cuirassiers, brisant leurs sabres contre ces murs qui recèlent des ennemis invisibles. Comprenez s'il est près cet ennemi qu'on ne peut atteindre quand même…. La plupart des tuniques de nos soldats prennent feu sous les coups du fameux Dreyse qui n'est déchargé qu'à deux pas….

Un jeune sous-lieutenant, M. de Quinnemont, est visé par le canon d'un revolver en passant devant une fenêtre. Il est si près que d'un coup de pointe il étend raide mort son adversaire….

Pendant que la lutte continue si inégale et dans un espace si restreint, d'autres escadrons parviennent à tourner la barricade, sabrent furieux tous ceux qui la défendent, et repoussent au loin les Allemands terrifiés.

Tous se portent en avant, et vont se reformer dans le bas du village, sous la mitraille toujours, pour reprendre leur charge, là, tout près, dans ce vallon où fourmillent les masses noires de la Germanie.

Le canon et les dreyses en abattent quelques-uns encore….

On voit des officiers, des soldats courir après des chevaux qui ont perdu leurs cavaliers.

Les survivants ont repris leur course vertigineuse….

Déchirés par une pluie de fer, jetés parfois en lambeaux à droite et à gauche de la colonne, ils chargent dans des champs de lin où l'on ne voit guère plus que la tête des chevaux et le haut du corps des cavaliers…. Ils s'enfoncent dans les houblonnières.... Ils tombent, se relèvent, reparaissent sur leurs chevaux.... Et en avant toujours, en avant, malgré tous les obstacles. On les dirait saisis de la fureur de mourir.

La charge a repris son allure furibonde. Ils balayent dans la plaine jusqu'à Durenbach et Walbourg tout ce qui est là devant eux, comme ces vents qui avancent, qui tournoient si rapides et soulèvent en tourbillons la poussière des chemins, les feuilles descendues des grands arbres, la paille amoncelée dans les champs. Mais de même que ces vents impétueux finissent par disparaître, tels nos rapides escadrons qui ont semé la mort et qui lui ont aussi donné de généreuses victimes.

On peut dire que le 8ᵉ cuirassiers a vécu !... combien reste-t-il de ces braves gens, de ces héritiers de l'héroïsme de Waterloo? Cinquante, soixante à peine.

Je l'ai dit, des officiers, des soldats ont eu leurs chevaux tués sous eux. Quelques-uns toutefois ont pu en arrêter parmi ceux qui erraient sans cavalier sur le champ de bataille et se remettre en selle, sous les balles toujours. Les autres, blessés ou moins heureux, restent aux mains de l'ennemi.

Deux cents sous-officiers ou soldats ont été tués ou blessés.

(*Vingt minutes dans la vie d'un peuple.*)
PAR M. L'ABBÉ LANUSSE, AUMÔNIER A L'ÉCOLE SPÉCIALE MILITAIRE DE SAINT-CYR.
(Marpon et Flammarion, Éditeurs).

Attaque du parc de Villiers

(30 NOVEMBRE 1870)

Le 30 novembre 1870, la deuxième armée de Paris, commandée par le général Ducrot, avait pris l'offensive et franchi la Marne. Le village de Champigny fut brillamment enlevé. On avait maintenant devant soi les hauteurs de Villiers, dont le parc avait été fortifié par les Allemands d'une façon formidable.

L E général en chef, considérant le parc de Villiers comme la véritable clef du champ de bataille, et sachant qu'il aurait à vaincre les plus grandes difficultés, avait prescrit à l'aile gauche (composée du 3ᵉ corps, que commandait le général d'Exéa) de se porter rapidement sur le village de Noisy-le-Grand, d'où l'on pouvait prendre à revers toutes les défenses du plateau.

Attaquée de front par la division Maussion, tournée au sud par la brigade de Miribel, au nord par le général d'Exéa, il y avait lieu de croire que cette position, bien que formidable, pourrait céder devant de si grands efforts.

Vers les 10 heures, quand les tirailleurs de la division de Maussion, maîtres du versant de Villiers, cherchent à dépasser la crête, ils sont accueillis par une telle fusillade, que toute tentative d'attaque avec l'infanterie seule est immédiatement reconnue impossible.

Le général en chef lance sur le plateau les trois batteries divisionnaires du commandant de Grandchamp; cette artillerie, après avoir fait brèche dans le parc, doit soutenir l'attaque, en arrêtant les colonnes ennemies qui tenteraient de déboucher du village.

La 10ᵉ batterie du 21ᵉ, capitaine Nismes, prend position sur le bord du plateau, à droite de la route de Villiers, la batterie de mitrailleuses, 3ᵉ du 21ᵉ, capitaine Mahieu, à la même hauteur, la 4ᵉ du 22ᵉ, capitaine Courtois, sur le même prolongement, plus à gauche encore.

A peine en batterie, nos canonniers sont en butte à un feu rapide de mousqueterie et d'artillerie, venant à la fois de Villiers et de Cœuilly; la batterie Courtois, prise d'enfilade, à très courte distance, par les tirailleurs qui couronnent le mamelon de Villiers, est obligée d'abandonner le terrain sans avoir pu prendre position. Une seule section parvient à ouvrir le feu, mais, en quelques minutes, chevaux, servants sont renversés. Il faut toute l'intrépidité du capitaine Courtois et du lieutenant Pelletier pour empêcher ces deux pièces de tomber au pouvoir de l'ennemi.

Les batteries Nismes et Mahieu, un peu moins exposées, se maintiennent, tout en éprouvant de grandes pertes; elles sont bientôt renforcées par une batterie de la division Berthaut, la 5ᵉ du 22ᵉ, capitaine Lapâque, qui s'établit sur la droite, non loin du chemin de fer, et nos trois batteries, dirigées avec autant d'habileté que de vigueur, ripostent énergiquement aux coups de Villiers. Dans le même temps, de l'autre côté du ravin de la Lande, les batteries de la division de Malroy sont aux prises avec l'artillerie de Cœuilly.

Malheureusement, dans ce duel violent et meurtrier, le terrain nous était des plus défavorables; placée en contre-bas, notre artillerie voyait difficilement les obstacles dissimulés par les déclivités du sol; en face de Villiers, il fallait gravir le renflement même du mamelon, et s'avancer jusqu'à 5 ou 600 mètres du parc pour voir suffisamment la muraille; mais alors on se trouvait à bonne portée de fusil, et dès que nos batteries apparaissaient, elles étaient balayées avant même d'avoir pris position.

Aussi était-ce avec une fébrile impatience que le général en chef attendait l'entrée en ligne du 3ᵉ corps, espérant toujours le voir déboucher; à chaque instant il tournait ses regards du côté de Noisy, quand vers les onze heures on lui apprend, à son grand étonnement, que le général d'Exéa n'a même pas commencé son passage de rivière.

Il fallait donc longtemps encore rester passivement, sans bouger, sous le feu terrible de Villiers et de Cœuilly. C'était impossible.

Notre artillerie souffrait cruellement; notre infanterie, tenue immobile au milieu d'une pluie de projectiles, commençait à montrer une certaine inquiétude; il devenait indispensable de brusquer l'attaque. Le général en chef lança ses troupes sur le parc de Villiers.

En première ligne se trouvent les éclaireurs du quartier général, commandés par le capitaine de Néverlée, les francs-tireurs de la division de Maussion, commandant Conti, et un certain nombre de compagnies des 123e et 124e de ligne.

Tous se portent en avant, mais, arrivés à portée, nos soldats sont reçus par un feu roulant de mousqueterie; les plus avancés tombent, ceux qui suivent l'arrêtent : un moment de trouble, de désordre se produit. Les officiers généraux, les chefs de corps se précipitent au milieu de leurs hommes, ils les appellent, les arrêtent, les entraînent, et tous, chefs, soldats, deux mille hommes environ, fondent sur l'ennemi. Les Allemands plient, mais tout en reculant, ils démasquent, à droite et à gauche, le long mur du parc, obstacle infranchissable, d'où part une fusillade meurtrière. Nos soldats s'arrêtent encore, se couchent; de nouveau enlevés par leurs chefs, ils s'élancent une deuxième fois, et gagnent ainsi du terrain par bonds successifs; mais plus nous approchons, plus nous perdons de monde, car notre héroïque artillerie, en dépit de tous ses efforts, n'a pu ni faire brèche dans le parc, ni débusquer les Wurtembergeois de leurs créneaux.

Cependant un certain nombre des nôtres arrivèrent en se défilant, en se rasant, jusqu'à une centaine de mètres de la muraille; arrêtés par un feu à bout portant, ils sont contraints de rétrograder, et le mouvement de recul se produit sur toute la ligne.

Sur ce terrain découvert, tous les coups de l'ennemi portent et de nombreuses victimes tombent encore. Les Allemands débouchent du parc, s'élancent en poussant leurs hourras. Nos hommes se retournent, font une décharge et se précipitent tête baissée à la baïonnette. Trois fois l'ennemi essaye de précipiter notre retraite, trois fois nos soldats, ramenés par leurs officiers, reviennent à la charge et repoussent les assaillants. Grâce à ces énergiques retours offensifs, nous pouvons, sans être serrés de trop près, reprendre nos positions derrière la crête.

<small>Le général Ducrot, ayant reconnu l'impossibilité de s'emparer du parc de Villiers avant que l'artillerie eût fait son œuvre, appela à lui toute l'artillerie disponible, et ce fut pendant plusieurs heures, entre les deux armées, un formidable duel d'artillerie. Mais, dans ce duel, l'avantage demeura aux Allemands, qui avaient à la fois la supériorité du nombre et celle des positions. Notre artillerie souffrit cruellement sans pouvoir entamer les défenses de l'ennemi. Cependant le général d'Exéa, à la tête du 3e corps, avait enfin franchi la Marne. Mais, au lieu de se diriger vers Noisy-le-Grand, ainsi</small>

L'attaque du Parc de Villiers.

ATTAQUE DU PARC DE VILLIERS.

qu'il en avait reçu l'ordre, de façon à prendre en revers le parc de Villiers, il dirigea la première division, commandée par le général de Bellemare, directement contre le parc de Villiers. Une nouvelle attaque se produisit alors, dans les mêmes conditions que la première, également impuissante, malgré le courage de nos soldats.

Aussitôt ses troupes rassemblées, le général de Bellemare donna l'ordre d'attaquer les hauteurs de Villiers....

Vers trois heures et demie, les zouaves s'engagent dans le chemin creux conduisant au plateau.

Les deux premières compagnies du 1er bataillon, formant avant-garde, escaladent les pentes au pas de course, entraînées par le capitaine Noëllat; elles se jettent sur les tirailleurs ennemis, les bousculent et s'avancent intrépidement sur le plateau.

Mais tout à coup, du mur de Villiers part un feu roulant qui renverse en quelques minutes la moitié de nos hommes : tous les officiers sont atteints, le commandant a son cheval tué, c'est à grand'peine que les zouaves parviennent à dégager leur chef; rejetés en arrière, les débris de ces braves compagnies se rallient derrière la crête.

A peine est-on reformé que tout le bataillon se porte de nouveau en avant sans attendre l'arrivée des autres colonnes.

Les zouaves, qui s'étaient déjà si vaillamment comportés à la Malmaison, veulent, par un coup d'éclat, effacer tout souvenir, toute trace de ce qui s'est passé à Châtillon; tête baissée, ils se précipitent sur le plateau : des murs, des fossés, des abris jaillit un feu terrible; la plupart tombent, les autres marchent, courent à travers une grêle de balles; mais, arrivés à 100 mètres du parc, ils sont foudroyés à bout portant. Devant eux se dresse une muraille qui ne cesse de vomir le fer et le feu. Force est de s'arrêter, de reculer; seize officiers sur dix-huit et trois cent onze hommes sur six cents sont hors de combat....

Pendant ce temps, le 2e bataillon de zouaves arrive au chemin creux qui longe la crête; le 2e bataillon du 136e entre en ligne vers la droite au milieu des vignes; il est bientôt suivi par les deux autres bataillons du même régiment, le 1er bataillon du 107e et la légion des Amis de la France; une fraction des mobiles de Seine-et-Marne, sous les ordres du lieutenant-colonel de Courcy, couronne la crête à gauche du chemin de Bry à Villiers; une autre fraction de ce régiment est en réserve sur les pentes avec le colonel Franceschetti; à sa gauche se trouvent les mobiles du Morbihan, qui marchent vers Noisy-le-Grand.

Sous la conduite du colonel Fournès, commandant la 1re brigade de la division, toutes les troupes de première ligne se précipitent de nouveau contre le parc de Villiers avec la plus fougueuse intrépidité; la 16e batterie du 2e régiment, capitaine Malfroy, établie près du chemin de Bry, soutient, au centre, cette charge générale. Nos pièces de 8 postées sur Avron nous prêtent également un puissant concours; aux ordres du capitaine Pothier, ces pièces atteignent à 5 et 6 000 mètres l'artillerie ennemie et la forcent plusieurs fois à changer de position.

Comme la division Bellemare abordait le plateau, arrive le général en chef, entraînant à sa suite les fractions des divisions Berthaut et de Maussion qu'il a rencontrées sur son passage : deux bataillons du 126ᵉ et deux du 119ᵉ sont jetés, les uns à gauche de la route de Villiers, les autres à droite; deux batteries, dont une de mitrailleuses, ouvrent le feu à 400 mètres du parc.

Ce dernier effort n'est pas plus heureux que les précédents; cette fois encore, nos plus vaillants soldats vont se briser contre des obstacles qu'ils n'atteignent que pour tomber morts avant d'avoir pu les escalader; nos batteries, écrasées par la mousqueterie, perdent en quelques instants la moitié de leurs effectifs en hommes et en chevaux, presque tous leurs officiers; plus de six cents hommes restent sur le terrain. Mais ces pertes cruelles, loin de diminuer l'élan de nos soldats, semblent redoubler leur ardeur; les mobiles du lieutenant-colonel de Courcy veulent encore se jeter sur le parc de Villiers. Le général Ducrot, convaincu de l'impuissance de cette nouvelle tentative, les arrête et fait cesser tout mouvement offensif.

N'ayant pas été prévenus en temps opportun du vigoureux effort de la division Bellemare, les 2ᵉ et 1ᵉʳ corps n'avaient pu y coopérer, quelques fractions seulement s'étaient portées en avant au moment où la fusillade avait éclaté.

Il était fort tard, le jour baissait sensiblement; après ce dernier échec, il n'y avait plus rien à tenter. Le gros des troupes est reporté en arrière de la crête, sur laquelle nous laissons seulement des avant-postes.

Des ordres sont donnés sur toute la ligne pour que la nuit soit employée à retrancher les positions conquises, enlever les blessés, enterrer les morts et renouveler les munitions, dont la dépense a été considérable.

(*La Défense de Paris*, 1870-1871.)
PAR LE GÉNÉRAL DUCROT.
(Dentu, Éditeur.)

Une exécution militaire à l'armée de la Loire

Au moment où le 48ᵉ de ligne, quittant Nevers pour se rendre à Blois, arrivait à la gare, l'un des retardataires, le caporal Tillot, soit qu'il se fût échauffé en voulant rejoindre son rang, soit qu'il eût peut-être trop essayé de se rafraîchir, avait le visage enflammé, l'air surexcité. A une observation de son chef, il répliqua, et le sous-officier s'avança d'un air courroucé. Le caporal le saisit par le plastron de la capote, assez violemment pour en arracher un des boutons. Si le caporal était aviné, ce geste, malgré sa brusquerie, pouvait être celui d'un interlocuteur tenace, importun, grossier, si l'on veut, mais sans intention brutale. Mais ce point ne devait jamais être éclairci.

Cent cinquante personnes avaient été témoins du fait en lui-même, y compris les officiers. Irrités déjà du relâchement que dénotait l'interminable défilé des retardataires, nos chefs étaient mal préparés à l'indulgence. Ordre fut donné de saisir le caporal et de le désarmer. Le malheureux était inculpé de voies de fait envers un supérieur.

Aussitôt dégrisé ou calmé, il demeura stupéfait, prêt sans doute à faire des excuses, à s'humilier. Car, déjà mûr, marié, assurait-on, et père de famille, il n'avait plus la fougue de la prime jeunesse. Rengagé volontairement à bonne intention, il dut regretter vite un premier mouvement inconsidéré; mais on ne lui demandait plus rien. Rien que sa vie. Il était pris dans l'engrenage de la justice militaire, terrible instrument que la nécessité du salut commun rendait impitoyable....

A Paris, dès le 26 septembre, le général Trochu avait institué des tribunaux spéciaux, appelés à rendre la justice plus expéditive. Les cours martiales avaient à connaître immédiatement des crimes à l'égard desquels le code militaire a édicté la peine de mort. Un défenseur était pourtant donné à l'accusé, et, en cas de doute, la cour devait prononcer le renvoi devant un conseil de guerre ordinaire....

L'accusé était traduit devant une cour martiale où siégeaient un chef de bataillon, deux capitaines, un lieutenant et un sous-officier, et dont les sentences ne pouvaient être ni revisées ni cassées. Après l'audition des témoins, l'accusé avait la parole, le dernier, il est vrai; mais point de plaidoirie par avocat, ni pour, ni contre. Le président devait poser aux membres du conseil, dit le décret, une question unique, en ces termes :

« Au nom de la patrie envahie,

« Le nommé un tel est-il coupable d'avoir brisé son arme, maraudé, insulté un supérieur? etc., etc.

« Il sera répondu par oui ou par non.

« La majorité simple décidera de la culpabilité.

« Le greffier rédigera, séance tenante, le procès-verbal, et le président, faisant rentrer l'accusé, lui lira la sentence qui le condamne ou l'acquitte.

« En cas de condamnation, la sentence sera exécutée le lendemain matin, avant le départ des troupes.... »

Entre un texte formel et un fait indéniable, il n'y avait pas de place pour une hésitation. La cour martiale, constituée pour juger le caporal Tillot, après notre arrivée à Blois, n'hésita pas.

Notre lieutenant en faisait partie, en raison de son ancienneté de grade. Il nous annonça le verdict, sans commentaires. Certes il avait eu l'occasion de cuirasser son cœur, à Sedan. Plus d'une fois il menaça de son revolver des hommes qui maugréaient contre le service, et il aurait eu le courage de tuer un fuyard; mais il veillait sur sa compagnie paternellement, quoique bien jeune. Il la réconfortait après les journées de fatigue. Il était bon, certainement, autant que brave. Toute sa bravoure lui fut nécessaire pour tenir jusqu'au bout le rôle qui lui était échu dans l'accomplissement de ce drame. L'arrêt qu'il avait contribué à rendre, il devait le prononcer le lendemain à la face du condamné, devant 8 000 hommes assemblés pour en voir mourir un autre.

Spectacle douloureux. Acte le plus pénible de la vie militaire, car, quelque bien établi qu'il soit que l'armée forme un tout complet qui doit se suffire, il n'en reste pas moins terrible d'être obligé de passer, sans préparation, à l'état et de juge et de justicier. Nul ne peut répondre qu'il ne deviendra pas le bourreau sans pitié de son camarade coupable d'une peccadille, qu'il ne sera pas forcé de viser au cœur d'un ami digne d'estime quand même....

Tous, nous avions à craindre d'être désignés pour faire partie du fatal peloton. Brûler ainsi sa première cartouche, quelle épreuve!...

Mauvaise nuit que celle qui précéda l'exécution. Pourtant nos appréhensions furent vaines. Aucun gradé, aucun homme de notre compagnie ne fut requis. Seul le 2ᵉ bataillon avait été chargé de former le peloton. Dès l'aube, tout le régiment s'était préparé à prendre les armes, dans une sorte de recueillement. Il était à peine aligné en avant du front de bandière, que l'alerte sonnerie de clairons des chasseurs à pied se fit entendre venant de la ville :

« As-tu vu la casquette, la casquette? »

Le 10ᵉ bataillon de marche défilait devant nous, d'une vive allure. Puis le puissant roulement des tambours, sourd d'abord, plus distinct, plus sonore d'instant en instant, sembla faire trembler le sol. C'était un aussi beau régiment que le nôtre, le 51ᵉ. Il venait de son campement, sur l'autre rive de la Loire. Il passa devant nous, et, à la suite des chasseurs, s'enfonça dans la forêt, où nous nous engageâmes à notre tour....

A distance, le bois et les chemins se perdaient dans le brouillard ; mais ce voile, sans se dissiper, semblait reculer devant nous, dessinant, à mesure que nous avancions, un cadre approprié à la cérémonie où nous étions conduits. Les arbres dépouillés étendaient lamentablement leurs branches, comme les bras d'un peuple de squelettes ; l'herbe disparaissait sous la litière des feuilles desséchées, terreuses, qui s'affaissaient en grinçant sous nos pas. Quittant bientôt la grande route qui partage la forêt, la colonne prit un étroit chemin, mal frayé, défoncé par les chariots des bûcherons. Tout à coup s'ouvrit devant nous une immense clairière, où nous nous engageâmes en face du 51ᵉ de marche et à côté du 10ᵉ bataillon.

Clairons et tambours s'étaient tus ; mais derrière nous se faisait entendre la voiture cellulaire qui, entre deux gendarmes, cahotait dans les ornières. Il lui fut impossible d'avancer au milieu des fougères qui nous cachaient jusqu'à la ceinture. La portière s'ouvrit, et le condamné, invité à descendre, put contempler une dernière fois la voûte du ciel, qui, dans ce large espace, n'était plus voilé par la brume.

Le caporal Tillot était vêtu de la petite veste bleu foncé, avec ses galons. Un aumônier le soutenait, car il semblait prêt à faillir, comme au terme d'un trop long voyage. Il recueillait les dernières consolations de la bouche du prêtre. Son visage, douloureusement contracté, exprimait pourtant la résignation. Sa marche était pénible, mais non pas hésitante.

Les herbes et les fougères avaient été fauchées sur un carré de quelques mètres. C'était l'endroit où le malheureux devait mourir. Il y parvint enfin. Il se laissa bander les yeux et s'agenouilla devant ses compagnons d'armes rangés à dix pas de lui.

A cheval auprès du peloton, le colonel Koch était visible de tous les points de la clairière. Il commanda : « Portez vos armes ! — Tambours, ouvrez le ban ! »

A un roulement lugubre comme un glas succéda un silence plus lugubre encore. Dans cet espace où, sous le ciel, 8 000 hommes respiraient, on entendit, semblable à un râle d'agonie, le souffle oppressé du condamné. A cet instant solennel, la voix sonore, nette et vibrante du lieutenant Eynard s'éleva du centre de ce cirque et prononça l'inexorable arrêt que terminaient ces mots :

« Au nom de la patrie envahie, le caporal Tillot est condamné à la peine de mort. »

La dernière parole fut couverte par une détonation que les échos de la forêt répercutèrent comme un grondement de tonnerre. Puis on entendit un coup isolé, sec, sinistre, le coup de grâce, tandis qu'un blanc nuage de fumée s'élevait lentement dans l'air en s'y évaporant peu à peu. Le caporal Tillot avait achevé de souffrir.

M. Eynard nous rejoignit de son pas long et souple. Nous ne savions trop s'il fallait admirer cette maîtrise de soi-même ou craindre la cruauté que dénotait le sang-froid de notre chef. Pourtant il était livide et sa main trembla en cherchant la poignée de son sabre, qu'il tira du fourreau pour défiler. Il n'essaya pas d'ailleurs de dissimuler. « J'ai passé, nous dit-il à demi-voix, par bien des émotions ; mais celle-ci est la plus cruelle. »

« Arme au bras ! » reprit cependant la voix calme et froide du colonel. Les tambours roulèrent de nouveau, et le défilé commença devant le corps du supplicié. Auprès se tenaient le prêtre et le docteur, et autour de ce groupe quatre hommes en sentinelle formaient le carré à dix pas les uns des autres. Le malheureux s'était affaissé sur le côté droit, sa veste portait dans le dos les petites déchirures rondes des balles qui l'avaient traversé de part en part, et le visage exsangue touchait terre, baignant dans une mare d'un rouge noir dont l'herbe s'imprégnait.

Nous passâmes rapidement devant cette guenille humaine, la regardant, par une sorte de fascination, obstinément, quelque désir que nous eussions de ne la point voir. Un lourd silence, au retour, pesait sur nous ; il semblait qu'un lien trop étroit nous opprimât la poitrine, jusqu'à nous étreindre le cœur.

(Journal d'un sous-officier, 1870.)
PAR M. AMÉDÉE DELORME.
(Hachette et Cie, Éditeurs.)

Une nuit sur le champ de bataille

Le 2 décembre 1870, au soir de la bataille de Patay-Loigny, comme le 16e corps, commandé par le général Chanzy, se repliait, le général de Sonis, commandant le 17e corps, accourut au secours de Chanzy avec une de ses divisions. Il vit le 51e régiment de marche, qui couvrait son centre, lâcher pied et essaya vainement de le rallier. Appelant alors à lui un bataillon de zouaves de Charette, le général de Sonis, à la tête de cette petite troupe, s'élança désespérément sur l'ennemi. En approchant du bois de Loigny, une fusillade presque à bout portant accueillit la colonne et l'écrasa. Blessé à la cuisse, le général de Sonis dut se faire descendre de cheval. On va l'entendre raconter lui-même ce qui suit.

J'avais donc fait retirer MM. Bruyère et Harscouët. Ils auraient voulu rester pour ne pas se séparer de moi. Mais c'eût été les livrer aux mains de l'armée prussienne qui se portait en avant, à la poursuite de nos troupes. Je les forçai de partir. Ayant dessellé mon cheval, qui était criblé de balles, ces deux officiers, me soutenant l'un à droite, l'autre à gauche, placèrent la selle sous ma tête et se retirèrent.

Le général De Sonis à Loigny.

J'étais là, seul, immobile, étendu sur la terre et la neige. Autour de moi gisaient de nobles victimes qui n'avaient point marchandé leur vie, mais qui l'avaient libéralement donnée pour la grande cause de la patrie et de l'honneur. A quatre ou cinq pas en avant, et un peu sur ma droite, je remarquai un de ces braves étendu sur la terre et appuyé sur le coude. Était-ce un officier ou un simple zouave? Je ne le savais pas.

L'armée prussienne ne tarda pas à passer sur nos corps, en ordre parfait. J'avoue que je ne pus me défendre, même en ce moment, d'admirer la discipline et la tenue de ces troupes.

En arrivant à la hauteur des morts et des blessés, les soldats allemands s'arrêtaient et enlevaient les armes qui pouvaient avoir quelque valeur. C'est ainsi qu'un soldat se précipita sur moi, et, me tournant et retournant avec brutalité, déboucla mon ceinturon et enleva mon épée et mon pistolet.

D'autres compagnies passèrent successivement, m'infligeant le spectacle de l'enivrement de leur victoire.

Enfin je vis un de ces soldats, que sa place dans le rang avait conduit en face du zouave dont j'ai parlé et qui était couché à quelques mètres de moi, remuer du pied cet infortuné et lui écraser la tête d'un coup de crosse.

Je crus que le même sort m'attendait, et je remis mon âme à Dieu. Je le crus surtout lorsque, dans cette troupe marchant en ligne, je vis arriver directement vers moi un autre soldat qui devait me passer sur le corps. Mais celui-là, au contraire, était le bon Samaritain. Arrivé à moi, cet homme s'arrêta, me prit la main, et, la serrant avec une indéfinissable expression de bonté, il me dit : « Camarade ». C'était sans doute le seul mot de français qu'il sût, mais il y mit tout son cœur. Se penchant sur moi, ce généreux soldat inclina sa gourde et versa dans ma bouche quelques gouttes d'eau-de-vie. J'étais à jeun depuis vingt-quatre heures....

Après le passage des troupes prussiennes, des médecins et des infirmiers allemands vinrent visiter le champ de bataille. Je vis d'abord briller dans le lointain les énormes lanternes rouges sphériques qui leur servaient à rechercher les blessés. Ils relevèrent plusieurs des leurs, mais aucune offre de secours ne me fut faite, et je ne voulus rien demander à l'ennemi. J'ai su plus tard que quelques-uns des nôtres avaient été recueillis par les Prussiens et conduits dans une grange du village de Loigny.

Bientôt le silence se fit autour de moi, silence troublé par la voix des mourants, appelant en vain au secours. Jamais je n'oublierai ces cris déchirants : « Docteur ! docteur ! l'ambulance ! l'ambulance ! » Hélas ! il n'y avait dans ce champ de carnage ni docteur, ni ambulance.

La nuit vint augmenter les douleurs de notre agonie, et nous fûmes bientôt entourés par un grand cercle de feu. Les Prussiens incendiaient les hameaux des environs ; et celui de Loigny, situé à deux cents mètres de moi, paraissait déjà un vaste brasier. A la lueur de l'incendie, je pouvais distinguer les silhouettes des soldats allemands se chauffant autour des maisons qui brûlaient, et le bruit de leurs conversations et de leurs rires arrivait jusqu'à moi.

Vers neuf heures j'entendis sur ma droite, en avant de Terminiers, un cri prolongé semblable à celui que l'on entend sur la mer lorsqu'on veut héler un bâtiment. J'eus tout de suite la pensée que quelqu'un de charitable venait à notre secours. Je ne m'étais pas trompé ; je rassemblai toutes mes forces et je criai : « Au secours ! » mais la voix s'éteignait. J'essayai alors de me traîner sur la terre dans la direction de la voix que j'avais entendue. Ce fut en vain : j'étais incapable de tout mouvement.

J'abandonnai tout espoir de salut et me résignai à mon sort. Lorsque MM. Bruyère et de Harscouët m'avaient quitté, ils avaient emporté les derniers adieux que j'adressais à ma famille. La pensée des douleurs que ma mort allait leur causer vint navrer mon âme de tristesse ; mais je fus tiré de mon abattement par la contemplation de l'image de Notre-Dame de Lourdes ; elle ne me quitta plus.

Avant la guerre j'avais fait un pèlerinage à la grotte miraculeuse, et j'en avais rapporté les plus vives et les plus salutaires impressions. Depuis ce moment je ne voyais la sainte Vierge que sous l'aspect de la statue de Lourdes. Je puis dire que cette douce image me fut constamment présente pendant la nuit que j'ai passée sur ce sol sanglant où j'ai attendu la mort durant de longues heures. Grâce à Notre-Dame, ces heures, pour être longues, n'ont pas été sans consolations : mes souffrances alors ont été si peu senties que je n'en ai point conservé le souvenir.

Je perdais cependant beaucoup de sang. Ma jambe était brisée en vingt-cinq morceaux, comme on l'a vu depuis.

Vers onze heures du soir, la neige commença à tomber à gros flocons. Peu à peu les cris cessèrent ; les moribonds rendaient l'âme ; le froid engourdissait tout ; il se fit un silence de mort. La neige couvrait tout de son immense linceul. Au sein de ce calme profond, je vis deux formes humaines se traîner vers moi. C'étaient deux jeunes zouaves pontificaux, tous deux enfants du peuple, car l'un était attaché au service du curé de Saint-Brieuc et l'autre était un ouvrier cordonnier parisien. Le premier s'appelait Auger, le second Delaporte. Ces deux jeunes blessés qu'une foi commune avait placés au milieu de la meilleure noblesse de France, étaient de fervents chrétiens, et ils venaient me demander de leur parler de Dieu. Je les entretins de la mort avec cette liberté que donne la foi dans l'immortalité. Nous étions sur le seuil de ces espérances éternelles qui forment comme le prix de ce grand combat qu'on appelle la vie ; et sur ce seuil l'Église a placé Marie, afin d'inspirer confiance à ceux qui doivent le franchir. La Vierge immaculée fut donc l'objet de mon entretien avec ces deux jeunes gens.

Au bout d'un certain temps ils s'aperçurent que leurs blessures leur permettaient de marcher. L'un avait reçu une balle qui lui avait enlevé toute la peau du front; il était inondé de sang. L'autre n'avait qu'une blessure sans gravité. Faisant effort et s'aidant l'un l'autre, ils essayèrent de marcher. Ils me firent donc leurs adieux et ils tentèrent de se rendre au village voisin; mais, avant d'y arriver, ils furent faits prisonniers.

Un autre jeune zouave, qui m'avait vu, se traîna sur la neige et vint se placer près de moi, en appuyant sa tête sur mon épaule. Il y mourut peu après....

La neige tombait toujours; mon sang coulait, mais sans souffrance; encore une fois je ne perdis pas connaissance un seul instant.... Je ne cessais de sentir une paix, une consolation intérieure ineffable. Je ne recommençai à souffrir que lorsque les hommes s'occupèrent de moi.

Vers cinq heures du matin, deux Prussiens, portant de grands manteaux, s'approchèrent et me regardèrent. Me voyant les yeux ouverts, ils ne me touchèrent pas, mais ils dépouillèrent le zouave qui était venu mourir à mes côtés, lui enlevant non seulement ses armes, son caban et sa ceinture, mais tout l'argent qu'il avait dans ses poches.

A sept heures environ, j'entendis encore d'autres voix qui me parurent des voix françaises. J'appelai de nouveau au secours; mais elles s'éloignèrent, elles aussi, et je m'abandonnai à la volonté de Dieu.

Il était dix heures du matin lorsque d'autres voix retentirent, mais celles-là très distinctement et tout près de moi. J'agitai mon bras droit, le seul qui fût libre; je criai de toutes mes forces, à plusieurs reprises. Enfin l'abbé Batard, aumônier des mobiles de la Mayenne, aperçut mon geste et vint de mon côté.

(*Récit du général de Sonis.*)
Le Général de Sonis d'après ses papiers et sa correspondance, PAR MGR BAUNARD.
(Poussielgue, Éditeur.)

TABLE DES MATIÈRES

1792-1804

Un volontaire en 1792. (Fricasse.)	1
Valmy. (Bricard.)	2
Patriotisme des volontaires. (Fricasse.)	6
Un épisode de la guerre de Belgique. (Bricard.)	8
Siège de Nimègue. (Bricard.)	10
La prise de Coblentz. (Marceau.)	14
Un trait de Masséna. (Marbot.)	18
L'ambition de Bonaparte. (Marmont.)	21
Capitulation de Mantoue. (*Mémoires de Napoléon.*)	22
Lannes et l'armée pontificale. (Marmont.)	23
Bonaparte pendant la campagne d'Italie. (Marmont.)	27
Un service funèbre en honneur de Hoche. (Fricasse.)	28
Bataille des Pyramides. (*Mémoires de Napoléon.*)	30
Désastre naval d'Aboukir. (Bricard.)	34
Excursion aux fontaines de Moïse. (*Mémoires de Napoléon.*)	36
Bataille du Mont Thabor. (*Mémoires de Napoléon.*)	38
Bataille d'Aboukir. (Vigo Roussillon.)	39
Départ d'Égypte de Bonaparte. (Marmont.)	49
Campagne de Suisse et bataille de Zurich. (Maurice Dupin.)	51
Un régiment de hussards en 1799. (Marbot.)	56
Le général Macard. (Marbot.)	65
Passage du Grand Saint-Bernard. (Maurice Dupin.)	66
Bataille de Marengo. (Coignet.)	69
Desaix. (Marmont.)	74
Entrée des Français à Florence. (Maurice Dupin.)	75
Un épisode de la jeunesse d'Augereau. (Marbot.)	77
Dans la garde. (Coignet.)	78

1804-1830

La capitulation d'Ulm. (Marmont.)	83
L'envers de la gloire militaire. (Fezensac.)	85
Une comédie de Napoléon. (Marbot.)	87
Bataille d'Austerlitz. (Coignet.)	91
Cantonnements français en Allemagne. (Fezensac.)	93
Un épisode de la bataille d'Eylau. (Marbot.)	94
Un banquet offert par la garde impériale à la garde d'Alexandre. (Coignet.)	101
Les pontons de Cadix, 1808. (*Relation d'un Aide-Major.*)	105
Un épisode du siège de Saragosse. (Marbot.)	110
Siège de Saragosse. (Bugeaud.)	112
Portrait de Lannes. (Marbot.)	115
L'assaut de Ratisbonne. (Marbot.)	117
Soins de Napoléon pour sa garde. (Coignet.)	124
Mort du maréchal Lannes. (Marbot.)	126
Les postillons de Masséna. (Marbot.)	130
Coignet sergent. (Coignet.)	131
Le prestige de Napoléon. (Marmont.)	132
Façons d'agir de Napoléon. (Marmont.)	133

TABLE DES MATIÈRES.

Maria. (Bugeaud.).	134
Dans l'île de Cabréra. (Le timonier Duroc.).	136
Une évasion de l'île de Cabréra. (Le timonier Duroc.).	140
Siège de Lérida. (Bugeaud.).	147
Un grognard qui craint l'eau. (Coignet.).	148
Le roi de Rome. (Coignet.).	149
Une revue en 1811. (Coignet.).	150
Gouvion-Saint-Cyr. (Marbot.).	155
La Grande Armée réunie entre la Vistule et le Niémen. (Ségur.).	155
Passage du Niémen. (Ségur.).	158
Champ de bataille de Valoutina. (Ségur.).	161
La Grande Armée découvre Moscou. (Ségur.).	164
A Moscou. (Coignet.).	168
La retraite de Russie. (Coignet.).	169
Sacrifié pour le salut de l'armée. (Coignet.).	170
Le maréchal Ney séparé de la Grande Armée. (Fezensac.).	172
Retraite de la Grande Armée d'Orcha à Wilna. (Fezensac.).	175
Un combat contre les Cosaques. (Marbot.).	178
Dernière étape de la retraite de Russie. (Fezensac.).	183
Marmont blessé aux Arapilès. (Marmont.).	186
Mort de Duroc. (Marmont.).	189
Le dernier jour de la bataille de Leipzig. (Marmont.).	191
Bataille de Champaubert. (Marmont.).	193

1830-1851

Seconde expédition de Constantine. (Saint-Arnaud.)	195
I. Les préparatifs.	195
II. Assaut de Constantine.	196
Bugeaud et Lamoricière. (Montagnac.).	205
Une marche d'été en Algérie. (Saint-Arnaud)	206
La guerre d'Afrique. (Montagnac.).	208
A Mascara. (Montagnac.).	209
Une tourmente dans la neige. (Montagnac.).	213
La mort de Si-Zerdout. (Montagnac.).	219
Une marche d'hiver en Algérie. (Saint-Arnaud.).	223
La bataille d'Isly. (Bugeaud.).	224
Bugeaud et *Jocelyn*. (Bugeaud.).	228
Horace Vernet à Djemmaa-el-Ghazaouet. (Montagnac.).	229
La capture de Bou-Maza. (Saint-Arnaud.).	233

1851-1871

Bataille de l'Alma. (Saint-Arnaud.).	235
Les misères de l'armée française en Crimée durant l'hiver de 1854-1855. (Mismer.)	237
Histoire d'une reconnaissance et d'un cheval borgne. (Mismer.)	242
Une visite à Sébastopol après l'assaut. (Mismer.).	247
La charge des cuirassiers à Reichshoffen. (L'abbé Lanusse.).	248
Attaque du parc de Villiers. (Ducrot.).	254
Une exécution militaire à l'armée de la Loire. (A. Delorme.).	261
Une nuit sur le champ de bataille. (Sonis.).	264

25725. — Imprimerie Lahure, rue de Fleurus, 9, à Paris.

Imp. Draeger & Lesieur, Paris

www.ingramcontent.com/pod-product-compliance
Lightning Source LLC
Chambersburg PA
CBHW071423150426
43191CB00008B/1020